区域国别史丛书

区域国别史丛书

日本史

[美] 约翰·惠特尼·霍尔 著

邓懿　周一良 译

商务印书馆
The Commercial Press
创于1897

John Whitney Hall

JAPAN: FROM PREHISTORY TO MODERN TIMES

Originally published as: "Das Japanische Kaiserreich"

© S. Fischer Verlag GmbH, Frankfurt am Main, 1987

据美国纽约德尔出版有限公司 1981 年第 12 次印刷本翻译

区域国别史丛书
出版说明

立足本土，放眼寰宇，沟通中外，启智学人，始终是我馆坚守不变的出版天职。其中的一个出版方向，即世界各国历史。二十世纪二三十年代，我馆出版了《史地小丛书》《新时代史地丛书》，系统介绍世界各国历史与地理。二十世纪六七十年代，我馆集中翻译出版了四十余种国别史图书，为学界提供了重要的参考文献。进入二十一世纪，我馆参与《世界历史文库》出版工作，广受好评。

当代中国正全方位融入全球发展的大潮之中，全社会认识了解世界各国各地区历史的需求更为全面、迫切。因此才有了这套《区域国别史丛书》的创设。丛书的出版宗旨可以用"兼收并蓄，权威规范"来概括。就选目而言，既收录单一国家的国别史，也收录重要政治、经济、文化地区的区域史；既收录研究性的专史，也收录通识性的简史；既收录本国人写的本国史，也收录他国人写的异国史以及中国人写的世界史。不论哪一类历史著作，都力求权威可靠，规范可读，可以信从，可供征引。希望学界同人鼎力支持，帮助我们编好这套丛书。

商务印书馆编辑部

2023 年 10 月

译者序

欧美的日本史研究，以美国为盛。美国关于日本历史的研究与教学，大致说来已经经历了三代人。第一代当推长期（1935—1953年）在美国哥伦比亚大学任教的英国桑瑟姆爵士（Sir G. B. Sansom, 1883—1965年），著有三卷本《日本通史》（1958—1963年），而他的《简明日本文化史》自1931年出版后，几十年间曾多次重印。第二代学者的代表人物是赖肖尔（E. O. Reischauer, 1910—1990年，本人采用日音汉字名赖世和），哈佛大学教授，曾任美国驻日大使（1961—1966年）。他著有《日本之过去与现在》（1953年）、《日本：一个国家的故事》（1970年），并在与费正清合编的《东亚：伟大的传统》中撰写了日本部分。赖肖尔对于日本历史颇多独具只眼的见解，他自认为最得意的著作《当代日本人——传统与变革》（1988年）已有陈文寿的中文译本（1992年商务印书馆版）。这两代学者有一个共同特征：他们之中大都或是本人出身于驻日本外交官，或是出身于居住日本的传教士家庭。

美国第三代日本史研究者的年龄与第二代悬殊不特别大，但背景不同于前二者。太平洋战争爆发后，美国一些有条件的大学设立了日文和中文特别训练班，培训陆海军士兵和低级军官，为在日本本土和中国沦陷区登陆作准备。这批青年熟练掌握了口语，复员以后有的重入大学，其中对中日两国历史、文化有兴趣者，充分学习利用中日学者的成就，继续钻研，成了中国或日本文学历史等方面的专家，前者如普林斯顿大学的牟复礼（Mote）、密歇根大学的柯迁儒（Crump）等，后者如普林斯顿大学的詹森（Jansen）、加州大学伯克利分校的谢弗里（Shively）等。本书作者约翰·惠特尼·霍尔（John Whitney Hall）教授则属于兼有第二代与第三代特征的学者。

霍尔 1916 年出生于东京的传教士家庭，1939 年在安默斯特大学毕业，战争期间入海军，复员后 1950 年在哈佛大学获博士学位。他先任教于密歇根大学，1961 年以后在耶鲁大学任讲座教授，兼着一些有关东亚和日本的学术团体的领导职务。赖肖尔在他的自传《处于日本与美国之间的我的生涯》中，提到霍尔是他班上约 20 名海军学生中"最优秀的一个"，"不久成为我的好友，由密歇根大学转到耶鲁大学，成为日本史研究的中心存在。"[1]

二次大战之前，美国的日本史研究多着重于明治以后，涉及中古时期的论著很少。二次大战后，日本本国史学蓬勃发展，出现了如安良城盛昭关于太阁检地研究之类使人耳目一新的成果，地方各藩的政治、经济诸领域大量史料的搜集、整理、研讨也广泛开展。这种情况为美国新一代的日本史研究者提供了条件，从而开阔眼界，把兴趣扩展到中古时代的日本。霍尔的日本史研究正反映这一动向。他的主要著作，除《日本参考和研究指南》（1954 年）这部工具书外，大都集中于中古时期，如作者的博士论文《田沼意次（1719—1788 年）：近代日本的先驱者》（1955 年），对德川时期有争议的著名人物田沼从新的角度进行研究。另一部著作《500—1700 年的日本政府和地方权力：以备前国为根据的研究》（1966 年），则充分利用地方史料，以冈山县为例，探讨了 1000 余年间中央与地方的政治。霍尔参加主编的著作，如与詹森共同主编的《早

1　德冈孝夫日译本，《ライシヤワ——自传》142 页。

期近代日本制度史研究》(1968 年)，与马斯(Jeffrey P. Mass)共同主编的《中古日本制度史论集》(1974 年)，也都属中古时期。霍尔还是《剑桥日本史》四位主编之一，另三人为詹森、金井圆、崔杰士(Twitchett)。中古日本卷的室町幕府章和早期近代卷的导论及幕藩体制章由他执笔。霍尔其他论著俱见《剑桥日本史》各卷末所附参考书目。

　　霍尔学殖深厚，在中古以外方面也有所论述。在他与比尔兹利(R. K. Beardsley)共同主编的《通向日本的十二扇门》(1965 年)一书中，他撰写了四部分：历史、艺术与文化、教育与近代国家的发展、日本经济发展的几个方面。这里呈献给读者的《日本——从史前到现代》*则是一部自前陶文化直到本世纪 60 年代的日本通史。此书 1968 年以德文出版，列入《费舍世界历史丛书》。经过大幅度修订后，1970 年出了英文版，列入《三角洲世界历史丛书》，20 年来重印多次。英文版问世当年，即由尾锅辉彦教授译为日文。日译本的后记说，本书虽采通史形式，但不像教科书那样网罗一切。名词术语较日本高校教科书为少，而深度可与日本所出多达 20 多卷的通史相匹敌，甚至有超过的内容。又说本书长于比较考察与历史联系现实，文字亦优美可读。

　　我们认为，日译者的这些评论不为溢美。本书确是材料可靠，论断平实，分析细致而辩证。分量上详今略古，17 世纪以后约占全书篇幅 55%，文字亦不呆板。书中论点，如谓丰臣秀吉是 16 世纪的产物，也是他对外国贸易和接触外国的浓厚兴趣的产物。关于锁国的看法，认为尽管和世界其他地方隔绝了，德川时期还是个文化和制度都发达的时期。关于德川时期的思想，作者既强调儒家思

---

　　*　本书此次收入《区域国别史丛书》出版，按丛书要求更名为《日本史》，其他一仍其旧。——编者

想所以为统治服务，在于它提供了思想与行动的统一、哲学与行政制度的统一，同时又指出，佛教与神道仍然在起作用。作者认为，德川社会是建筑在三种思想体系的平衡上，三种思想巧妙而切合实际地结合在一起。佛教仍然是统治群众的重要手段。划分得极细的德川社会（藩、村、町、户）加强了神道所主张的地方化信仰。因此，当时的一般日本人都以佛教和神道满足自己的主要宗教需求，同时神道和儒教又帮他形成政治理想，而儒教和佛教则教导他社会行为的准则。关于町人文化，作者认为，当我们说它是商人追求娱乐与松弛的同时，要承认它本身还是有严肃要求和实际成就的。这里仅举书中部分论述，就足以说明作者所提供的确实往往是既具启发性又富说服力的论点，对于我国读者无疑也颇有参考价值。本书所附参考书目，给中国读者提供了一份简要的西文日本史著作目录。本书也有个别错误，如关于南京大屠杀的数字，读者当自能辨别。

　　最后，谈谈由霍尔著作想到的日本中古历史研究中一个不大不小的问题。日本中古时代，有所谓"有职故实"之学，大体近似中国所谓典章制度。直到德川时期，它在日本政治史以至日常生活中还起作用。治史者不可不知，而一般书中往往很少涉及。前引霍尔关于备前国历史的书中德川统治一章，指出了这方面一些现象，是很可贵的。我们知道，将军与大名都照例接受天皇朝廷所赐官号。将军为左大臣或右大臣，大名中"三家"的尾张、纪伊两藩为大纳言，从二位，水户藩为中纳言，从三位。大部分大名多为某国守，从四位下或从五位下。这些官位只是表示身份高下的称号，与朝廷实际政治或地方行政治理毫无关系。此外，德川幕府还有一种区分地位高低的礼节制度，即大名按其亲疏远近高下，在江户将军城堡中祗候的所堂也各不相同。这些所堂的等级和有资格在那里祗候的各级大名依次为：大廊下（御三家、前田家、有时有外样大大名），溜间（任老中、大老的大名，后加高松、松平、保科家），大广间（领地在一国或官阶四位以上的外样大名），帝鑑间（十万石以上的谱代大名），柳间（小外样大名），雁间（一般谱代大名），菊间（小谱代大名）。这些典制细节，不仅与理解当时的严格封建等级密切相关，而且也是了解江户社会不可少的知识。只有知道水户藩主的官阶为中纳言而它又相当于唐朝的黄门侍郎，对通俗文学中德川光国之被称为"水户黄门"才会恍然。各大名、旗本等被授以某某国守的官衔，即成为对他的尊称，口头或书面都以此相呼。如新井白石之被称筑后守，其实他与九州地方毫无关系。此种称号与拥有者的关系之密切，还可从这一事实窥见。明智光秀曾为日向守，他后来背叛主君织田信长，将织田杀死，因而臭名远扬，从此大名都不愿再接受日向守这个封号。

从本书所附参考书目，可以得知西方日本史研究的主要成果。希望我国的日本史学者不断从外国著作中吸取营养，促进我们的日本史研究日益繁荣发展！

1993 年 5 月

目　　录

前　言

我的好友白乐日（Etienne Balazs）接受了为《三角洲世界历史 xi 丛书》写中国史的任务，这就促使我也决定写日本史。他访问美国后不久，即与世长辞，这对我是很大的震惊。我完成这部日本史，也就是对他的纪念。关于此书本身，我没有什么好说的。它的总体结构，是以日本史的早期为重点，这也是由它所属的丛书性质而决定的。我没有试图去追求普通教科书的全面性。日本史使我最感兴趣的无过于日本的政治和社会制度，如何随时间而改变并多样化，以及这基本上是"东方"的文化，如何产生了近代的世界霸权。本书中所举事实，大部分都是出于我想分析这一重要现象的企图。

我首先要感谢在耶鲁大学的我的弟子，特别是罗伯特·博克曼、哈罗德·波莱索、苏珊·汉利、威廉·豪泽和杰弗里·马斯，他们在我写作中就读了手稿，并提出有价值的建议。伯纳德·萨瑟为我编写了参考书目。其次，我要向东京的小学馆致谢，因为本书中大部分图片是他们提供的。金井圆先生帮我取得对这些图片的使用权，我非常感谢。

最后，对柯尔比学院的乔治·S.埃利森教授，我要致以特别的谢意，因为他煞费苦心地准备了一份勘误表，在第二次印刷中这个 xii 表非常有用。

约翰·惠特尼·霍尔

1967 年 6 月于耶鲁大学莫尔斯学院

一、导论：日本的历史地位

1   在 19 世纪中叶，当欧美的旅行者注意到日本这些与世隔绝的岛屿的时候，他们很难想象在一个世纪之内这个神秘的"帝王之邦"将把自己变为现代世界的主要国家之一。在西方人心目中，19世纪 50 年代在远东最偏远地方的是个鲜为人知、十分落后、坚持把自己封锁起来、不和外界交往达 200 年以上的国家。但是今天日本是世界第三工业国，而且曾经试图搞军事扩张，结果把自己的城市变成核战争的最早目标。

今天日本是个道道地地的现代国家。但是，我们对它的历史不
2 如对它超过的西方列强的历史熟悉，也没有对亚洲被认为是古代文化或世界宗教的发源地的其他国家的历史那样熟悉。日本历史没有欧洲历史的主流或异国情调的中国、印度历史那样引人注意，只有日本被承认为一个现代国家，而历史学家又把它放在世界历史范围内来考察的时候，日本历史才显示出它的重要性。

诚然，在世界历史上，日本不是一个主要的、有创造力的力量，至少在最近以前是如此。这些小岛没有自己的值得纪念的文化，足以影响周围的民族。日本的成就是比较有限的。它有个特殊情况，就是生存于中国和西方这两大对立的传统之间。在适应二者的同时，日本通过自己的聪慧，在接受两种传统方面都表现得相当杰出，并达到一定高度。6 世纪到 19 世纪中期，日本一直沉浸在中国文化之中。1854 年以后，现代化的狂潮把日本卷进了日益扩大的西方影响之中。在这两段时间内，日本虽然没有起什么领导作用，

但它的作用也很重要。至少从 8 世纪开始，日本在政治和文化成就方面，在围绕中国的东亚各国中，它是名列前茅的。日本人吸收了很多中国文化的成分——汉字、政府组织、建筑和艺术的风格、哲学和宗教的体系等。但是，几乎在每个领域里，他们都把学到的东西打上自己的印记，从而保留了他们自己的文化风格。一千年以后，日本在东亚各国中又带头学习西方文化。但是，任何去日本的人都不得不同意说这次文化汇合的结果带有日本自己文化传统的鲜明标记。

日本的作用在历史上不能算占统治地位，但在一些情况下，它的行动决定了那块地区的历史进程。13 世纪时，日本成功地抵抗了蒙古，这是蒙古历史上一个重要的转折点。16 世纪末，丰臣秀吉入侵朝鲜，导致了中国明朝的削弱和此后朝鲜的衰亡。17 世纪早期，葡萄牙和西班牙在东亚的扩张野心，一定程度上也是被日本人的敌对行为所钳制的。1868 年以后，作为现代的大国，日本把军队扩张到朝鲜和中国，既伤害了这两国人民的民族自尊心，又改变了西方国家在东亚的利益均衡。在第二次世界大战中，日本既是美国的坚强对手，又是中国和东南亚的主要破坏力量。日本的军事行动，促进了中国共产党对大陆的征服，也有助于各殖民帝国在东南亚的垮台。

到 20 世纪后半叶，日本又重新列名于工业国之中。由于它是第二次世界大战中的战败国，缺乏军事力量，背后又有泱泱的中华人民共和国，它也只好满足于不明确的国际地位。在这个原子世界中，它的政治影响降低了；但它的现代化的本质使它成为先进国家中的特殊一员。

日本历史自有其内在的特点。不论日本在世界列强名次表上占什么地位，日本历史也会既提供知识，也启发你的想象力。因为历史就是一面镜子，通过它，你学会了解自己和自己的社会，而日本给历史学家以深有价值的教训。它较长而封闭的历史，提供了研究一个国家发生和发展的丰富而易于掌握的实例。首先，日本群岛的孤立，使它的历史非常单纯而完整。没有别的文化与之抗争，又没有异族侵略的干扰，日本人民在历史上过的日子是比较平静的。不过，他们的文化也经历了一连串的变化：从6世纪以前的原始氏族社会变成7世纪到12世纪的贵族官僚国家，然后又变成一个封建势力你争我夺的国家，而最后又变成今天这样一个民族国家。日本的变化过程没有周期性，而是直线发展累积起来的。也许是由于它的孤立，而全国社会和文化状况又比较相同，历史学家就能较好地追溯这个进程，比较容易认识外来影响的作用，以及国内制度的衰亡与再生的交织关系。

第二，日本人处于中国文化圈的遥远边缘地带，有可能在大量吸收中国文化的同时，紧紧保住自己的主要制度和价值标准。虽然处在压倒性的中国影响之下，日本制度的历史和中国的根本不同。日本人并不是简单地推出一个中国文化的小型翻版。他们创造出的某些社会制度和政府类型，反而令人吃惊地和西方类似。日本的封建制度、对海洋的向往、强烈的民族意识，都是和中国传统大不相同的。这也许是为什么在东亚人民当中日本人最有条件去接受西方影响。

第三，还有一个原因，就是日本的政治和社会进化特别缓慢，这也有一部分是长期与世隔绝的结果。日本人民幸免于大革命，或破坏严重的外族侵略。在现代以前的历史上，日本结构变化缓慢，这些变化又不是缘于外部压力而是内部力量促成的。结果日本就倾向于把换掉的制度放在一边、弃而不用，但很少把它扫除干净。艺术和建筑珍品，几百年都保存维修得很好，正如同某些家族和官职，虽然早已没有权力和影响，也要保留。毫无疑问，日本皇室是今天全世界皇家中统治最久的，因而连续的因素也经常反映到文化史上。

　　当然，因为日本是作为一个现代化国家而出现，我们才对它的过去感兴趣。因为它成为现代世界上被公认的成员，它的历史对我们和所有其他现代社会也就有了关系。日本的社会史、制度史曾经只是引人好奇的异国风情，现在却成为步入现代化的许多国家的例证之一。尽管日本离我们很远，但日本史对我们是重要的。也就是因为看到日本史本身的价值及其与现代世界的关系，我才写这本书。就行动的广度和激烈程度而言，日本史的戏剧性无法和中国史相比。日本风景的特点在于低沉的色调，日本的历史也是如此，但仍然有其英雄人物和高尚业绩。奈良古都里的寺庙，今天仍然耸立着，同样的是 16 世纪时围绕着它进行过统一战争的那些城堡。现代语译本的《源氏物语》，能把我们的想象力吸引到 11 世纪的宫廷生活中去。学习日本历史可以是一种真正的享受。日本文化的发展既是连续的，又是有变化的。日本人虽然和世界其他地方隔绝，但世代以来他们学会了生活的方法，而我们必须尊重并研究这些方法。

二、日本的历史环境

　　日本列岛的面积和位置为日本人民提供了一个很有特点的基地。北海道、本州、四国和九州这四个大岛和1000多个小岛构成日本群岛。这些岛屿以库页岛为顶点，一直伸展到朝鲜半岛之南，呈弧状排列，由北纬45度北海道的北端延伸到31度九州的南端。日本全部面积很小，大约142,700平方英里，而且岛上多山，只有大约百分之十六的土地是可耕地。另一方面，大多数的岛屿处在东亚的季风区域之内，强大的海流环绕着整片群岛。总的说来，岛上的气候是温和的。

　　上述日本列岛的基本条件，在整个日本的历史时期没有变化。但由于日本内部和它周围世界的生活环境有了变化，这些条件的重要性也就有所不同。今天的日本被认为是一个中等大小的国家，比英国大，比法国小。它位于亚洲的东北海岸，这是一个有战略意义的位置——或者介入大陆上的事务，或者采取超然的立场。尤其重要的是它已经利用机会变成一个海上强国，并通过贸易和海运，把发展现代工业必需的资源不足这一缺点弥补了起来。

　　直到一百年以前，日本还被描述为另一个模样。就大小而论，按亚洲的标准，它是相当大而富足的；但就大陆文化的中心而论，它的位置又是最偏远、最贫瘠的。目前它的资源匮乏，当时并未认为是不利条件，因为在技术方面，它有丰富的土地、水力、阳光和劳动力。早年的日本人对他们的祖国很满意，称之为"瑞穗之国"。因此，与世隔绝和相当丰产的农业基础，就是日本地理环境两个很明显的决定因素。这两个因素加起来，使日本人有可能发展出一种高水平的文化生活。它能和大陆的文化接触，而不被它的影响所压倒。

上个世纪发生了地理因素方面的变化，与之俱来的文化方面的变化，则更富有戏剧性。一个世纪以前，日本可被认为仅仅是东亚社会的一员，在大部分的日本史上，东亚文化环境强有力地支配着日本人的生活。50 年、甚至于 30 年以前，这种生活方式上的遗迹还很明显。所谓"亚细亚的"经济和社会型式还是了解日本生活的主要基础，即使现在也如此。今天的人倾向于用绝对的两分法，把行为方式分为东方的、西方的，但历史学家最好不要忘记，日本在主要文化环境的包围中，经历了多少世纪。

在有季风和季风雨的地区，发展密集型农业主要靠灌溉种植水稻，这种方法很常见。甚至于今天，日本农家以平均耕种两英亩[1]半地来养家糊口，每英亩地能养活的人数，比美国效率最高的农场要 8 多十倍以上。日本能这样做，是因为他们完善了密集技术，依靠灌溉和大量的人力投入，而欧洲的粗放农业，则是依赖天然降雨和加倍提高效益的机器和耕畜。

亚洲农业没有欧洲农业机械化的程度高，但它的耕作方式绝不是原始的。它是在一种高度精密的社会组织和水的控制基础上运作的。多少个世纪发展起来的灌溉系统，承担着繁重的农活，培养幼小的稻秧，并补充土壤里的肥料，这样才能使众多的农业人口丰衣足食。农民都住在拥挤的村庄里，这样他们就可以把最多的劳动力输送到最需要的地方去。

在具有历史意义的季风的亚洲，多数地区经常有农民基地。这

1　一英亩相当于 40.47 公亩或 6.07 亩。——译者

种基地的特点，就是单位耕地面积上农民数目的比例特别高，在整个经济中，农业生产所占的比重也特别高。高度精密的管理水利和村民组织的系统，使这种情况成为可能。这种人类学家所说的农民基地，是相当稳定的，植根于土地之中，全心全意专注着田地和水利的问题。

另外，像多数前近代的社会那样，东亚人通常在基地农民和统治阶层之间有明显的区别。统治阶级的家庭具有较高的文化。以农业为主的经济给农民背上了沉重的负担，他们要养活大约占人口总数百分之十的地主、武士、神职人员和官吏。工商业和其他致富之道都发展得很慢，这就使统治阶级对屈从的农业生产者更加专横。政府是专制的，不受与之竞争的宗教势力和法律的制约。

在东亚，儒家学说是决定人们对农耕文化下的政府采取什么态度的主要哲学。它认为政府必须仁爱而有权威，它把社会看成天然等级森严，由居统治地位的上层、农民、工匠和商人构成。东亚的传统社会，和西方国家出现的多元化的、个人主义的社会极不相同。按照它的深层哲学、它的法律制度和它对家庭及个人的最根本的态度，东亚社会建立了一些准则，这些准则和近代欧洲社会所依据的准则根本不同。

从历史上看，日本是在以中国为中心的东亚文化环境中成长起来的。但是，日本仓促地把自己的文化和来自西方的文化进行交易，在某种程度上像是和中国影响闹了独立。就起源而论，日本人民不属于中国血统。和中国接触以前，典型日本的原始生活方式，在一些根本方面，把他们和中国区别开来。语言的不同最为明显，而基本的宗教信仰、社会模式和政府观念也在本质上有所不同。这些不同不仅存在于原始时期，在整个历史发展过程中，许多相异之点都被日本人顽固地保存下来。

　　历史学家常常评论说日本人有一种专有的特点，使他们与东亚的其他人民不同。乔治·桑瑟姆爵士曾提到过日本人的抗拒并作用于外国影响的"坚实而不吸收的个性之核"。有的作家强调日本社会风习和宗教信仰方面的原始性。另一些作家又认为日本人保留了从氏族时代遗传下来的好战性格。日本人自己则希望别人以为他们与自然及美特别协调，或者以为他们有一种特殊天才，能把外国文化影响吸收到他们所特有的合成体内来。近代作家采用了"民族性"这个说法，来解释日本人的行为模式。当然，历史学家比较审慎，不轻易用这种印象主义的分析法。但他也无须否认，在日本文 10 化中确实存在着一些历史连续性。这种连续性来源于和大陆上占统治地位的准则颇不相同的准则，因而为日本在东亚各国人民中具有个性提供了条件。

　　在这方面，日本人民在对待原始宗教信仰和社会组织上，有许多态度和做法一直没有变化。虽然有儒家和佛教的影响，他们信奉神道。从简单地对地方神灵的礼拜，到富有政治意义的对太阳女神（天照大神）和皇室的敬仰，一直是日本人对政府和社会的重心。皇室的绵延不断，明显是日本历史上的基本事实，它象征着日本人民的和谐及日本政体的团结。但是，还不仅如此，日本朝代的延续还说明日本政治组织上的许多特点。直到最近，日本政治大权掌握在以皇室为首的统治集团手中。这种贵族统治的结构，从它作为原始的氏族统治集团出现时起，就具有明显的特点。有统治权的家族都组织成小集团，每个集团上都有首领掌管政治和宗教。从首领信奉的祖先神祇引出宗教影响和社会声誉。因此，皇室通过亲属关系，首先在日本列岛上建立起来的统治机构，背后为太阳女神所支持。日本最早采取的这个君权形式，一直绵延到现代。

　　早年日本的上流人物，既是统治者又是武士。尽管在7世纪

11 以后，中国文职政府管理的影响在四个多世纪的时间里压制了日本
的尚武传统，但到 12 世纪，战士—贵族又以武士的身份重新出现，
并且直到现在仍是日本最杰出的领袖。在武士领导之下日本出现了
与中国模式对立的那些社会特色，特别是对国家（不是对家庭或个
人）的忠诚之强调、富有战斗性的民族自尊心、军事贵族制所提供
的粗暴但直接有效的地方行政制度。19 世纪接触了西方影响的日
本，意识到自己和中国的区别，并开始对中国影响表示不屑，认为
它是外国的、落后的。

在历史上，日本几个主要的岛屿如果不是统一于一个单一的
政治领导之下，便是由一个融合的集体所统治。九州、四国和本州
是国家在日本最早出现的地方，从来没有发展成为分散而相争的地
区。它们也没有像不列颠诸岛那样出现了互不相干的国家。另一方
面，日本地形多山、变化多端，把它分成若干小地区，而这些地区
就成为省或封建领地。日本政治史上的事件，就是在这多变的土地
上表演出来的。首先安定并在政治上组织起来的，是北九州地区和
濑户内海沿岸。这里成为日本的核心地带，以畿内平原为中心，面
向着遥远的大陆。就是在这里，首先建立并发展起政治中心。只是
到 12 世纪以后，关东东部的大平原才开始与核心地带相竞争。只
是到 19 世纪，以大都市东京为中心的关东地方才统治日本的政治
和经济。事实上，今天日本的许多地理和文化的传统倾向几乎完
12 全被否定了，因为这个国家现在正要越过太平洋和外界联系。而在
国内，现代化的交通网络和地方行政的扩张，使历史上那种以土地、
水源和贵族家庭为文化主要成分的地理划分，已经越来越不重要了。

三、日本人民的起源及其文化

着手研究日本历史的人，都会希望关于他们的起源能有个确
切说法。历史学家追求绝对的起点，并企图根据远古为近代寻求答案，正像马克·布洛赫说的，这是一种"对起源的崇拜"。探索日本人民的确切起源，不会是徒劳无功的，特别因为日本人民在历史上和外界在地理上隔绝，这就有助于把各种早期文物保存到后世。有关日本人的种族如何开始构成的知识，及早期文化合成的来源，对我们研究他们的历史将有极大帮助，可是现在还没有这种知识。

日本列岛和不列颠诸岛很相似，是许多民族在不同时间、从不同地点来定居的根据地，他们来自大陆，也可能来自南方的岛屿。经过历史上的岁月，乌合之众逐渐变成为一个相当融合的群体，在语言、体型、宗教、政治和社会结构诸方面，都和他们的大陆邻居如中国人、朝鲜人和蒙古人迥然不同。这些早期的特点一直保留下来，但其起源则说不清。混合的过程用了多久，以及从何时开始这些早期居民成为日本人，也说不清楚。

日本的土地上出土了一些冰河期动物的骨骼和长牙，说明更新世时的日本列岛和亚洲大陆有陆地相连，这条陆桥正像连接亚洲大陆和新世界的那条一样。这种连接一直保存到第一个原始人进入日本列岛。日本学者发现了一些他们认为是近代以前双足哺乳类动物的骨骼化石，这些动物可能远在20万年以前就在这片土地上游荡，不过还没有有力的证明。同时，1949年考古学家在群马县的岩宿发掘并找到越来越多的石器，这些石器都是距今10万年到20万年之

前的前陶文化时期的。这些石器制作粗糙，有些大件工具和中国、东南亚及印度常见的工具很相像。另一种相当晚的前陶文化的石器也发现了。这种石器又小又薄，还有比较锋利的抛射体。但在这些细石器之外，还找不到动物的骸骨以资证明。不过，联系大陆上类似情况看，我们可以设想，使用这些工具的人具有现代人的体型。

今天日本人的祖先很可能是随着各种新石器文化的人进入日本群岛的。自然，这时候陆桥已经淹没在水下，进入日本的最可行办法，只有横渡把日本和朝鲜半岛分开的狭窄海峡，或是沿着那群弧形岛屿由南向日本行进或由北南下。关于东亚新石器早期人的活动，我们的知识很模糊。但是，如果我们放开视野，看一下亚洲东半部的情况，对日本如何开始有人栖息，可能有些概念。

从大约两万年以前，看来有不断的人潮移出中南亚而向东去。
15 这些人都具有不同的体格特点。最早的一批属于原始黑人和原始高加索人血统，前者的后代生存于马来亚、新几内亚和菲律宾的偏远地区，而日本北部的阿伊努人和澳大利亚的布须曼人则是后者的苗裔。再晚一点涌入东亚的是蒙古人，他们把以前的居民推开，或是在某种程度上加以同化。今天蒙古人种的人彻底地统治着东亚。他们的祖先和他们现在一样，又分为若干小群。他们肯定有不同的体格特点，但更重要的是有不同的语言和文化。在蒙古人中，根据地理而有三种重要语言：在北方草原和森林地带，不同的小群人说阿尔泰语系的语言，包括今天的土耳其语、蒙古语、朝鲜语和日本语。东亚中南部的大部地区，由说中国语的人所占有，而这些语言中又以汉语最普遍，它本身就是一个语系。西藏、缅甸和印度支那人说的也是属此语系的重要语言。奥斯罗尼西亚或称波利尼西亚语，是第三种重要的蒙古系语言，说这种话的人占领了马来半岛的南半部和东南亚的诸岛，远到波利尼西亚。

　　和语言分布图相对应联系着的，是东亚新石器时期居民文化方面的早期分化。北方的森林地带成了猎人的居住地，他们的组织是母系氏族社会。大草原是游牧民族的居留地，他们的氏族组织普遍为父系社会。广大的黄河平原产生了较高的文化。这里人种植小麦和小米，并把居住地组成村落，这都为较高文化提供了基础。今日中国中南部和南部沿海的早期居民，发展了灌溉种稻的技术，形成了海洋文化。最后，在中国南方及东南方诸岛上，主要是渔业社会，这里的人精于设计船舶，而他们的社会特点就是男女有别。 16

　　一直到相当近期之前，关于亚洲大陆上各人种的活动情况，我们都缺乏确切证据。但是我们知道，至少在公元前第二千纪，黄河流域出现了政府并进入了青铜时代。中国文化开始向它南北的边境经常地施加影响。这种文化上的压力，和中国对北方草原和森林的民族周期性的战争，使住在中国文化边缘地带的人民产生一种经常性的动力，要求移动。

　　我们也可以假定，日本列岛开始有人栖息，是大陆上民族迁徙的结果。或者由于中国人扩张的压力，后来又有更小规模、更小地区的迁徙。最后，迁入日本的移民逐渐减少，只有偶然来的漂流者或逃荒的难民。但是有关移民的时间、起源和这些运动的重要信息，仍很贫乏，因而我们对许多问题难免感到困惑。

　　什么时候日本人民实际形成了一个融合的民族整体？这个问题还没有准确的答案。是早在纪元前六七千年前，随着新石器文化时期第一批人就来了？还是纪元后三世纪，多次移民带来各自的人种和文化特点之后？另一个不解之谜，就是阿伊努人的身份。这是一种土著居民，目前大约有 1.5 万人，住在日本列岛的最北面。这些人曾被认为是远古原始高加索人移民的后代，也是最早栖息于这些岛屿上的新石器人。不过这种说法已经基本上被推翻。阿伊努人 17

在日本历史上起了什么作用，也仍然不肯定。最后一个重要的争议是：日本人可能有蒙古血统，他们是纯粹由北方来的，也就是由说阿尔泰语言的氏族社会所构成的吗？或者，他们看得出有较深说马来语的海洋社会的影响，因而是从南方来的吗？因为在语言、社会风俗和宗教信仰上，早期历史上的日本人和亚洲大陆上东北部的人虽然极为接近，他们的语言和生活习惯却看得出有很多南方影响。

　　一旦进入以陶器制作为标志的文化期，考古记录就丰富了。大约在公元前4500年（可能更早些），日本就有了陶器。这些陶器都与游猎和采集文化有关系，从南方的琉球群岛到北部日本，都已找到他们的遗物。在中石器时期，由于他们不从事农业，这些人在山地上吃野味及核果为生，在海边则以鱼类和贝类果腹。他们之存在的最常见证明，就是垃圾堆，主要是这些人在居留地乱扔的贝壳堆即贝冢。幸而这些居留地的遗址被找到、被发掘，证明有住在地面以下的小棚屋的社会的存在。他们的居民用石头或骨头作工具（包括鱼钩和鱼叉的尖端）。他们造出了扁弓，这种弓和日本历史上典型的弓一样。他们显然驯化了狗。他们用手做各种各样的陶器，上面还有十分复杂的花纹。由于这些陶器，这些人才被称为"绳纹"，因为他们做的陶器满是绳状的花纹。考古学家把绳纹陶器在西部日本的消失，定在公元前250年。但是，在北部这种陶器和它的文化，存在得要长得多——一直到更高级的文化代替它为止。绳纹文化的型式在年代和地区上的巨大差异，使考古学者假定它的历史发展有若干阶段，而移民也可能是分若干次涌入的。至于他们的起源，一般都认为绳纹人和亚洲东北部的甚至于美洲的森林文化最接近。绳纹遗址上找到了不少很小的奇形怪状的女性塑像，人们相信这可能就是母系社会的证明。最近学者们声称，他们在新几内亚甚至于在秘鲁发现了与此相关的文化。但是绳纹人在日本居住并发展了几千年，是肯定的。他们创造了石器时代最非凡的陶器之一，其设计之丰富、图案之精美，至今没有能超过它的。

公元前3世纪，绳纹文化被涌入的一群人民所破坏。新来的人文化迥然不同，由于他们制造的陶器而得名曰弥生。这些人精通农业，而且带来了灌溉水稻的技术。他们的来临既是民族革命，也是技术革命。弥生的陶器虽然没有绳纹陶器装饰得那么复杂，但制作精良，是用陶轮转出来的，而且有更多的尺寸和形状。弥生人显然是属于蒙古血统。很明显，他们和大陆上较高的中国文化有接触，其农业技术可能来自中国。他们早期使用青铜器，大部分用于礼仪，也是来自中国。

弥生人居留地的发掘，例如静冈县登吕那个惊人完整的居留地，显示当时的人群居在有许多泥地棚屋的村落里。棚屋由木头的梁柱搭成，上面盖以稻草。这种村落都聚集在小溪旁，或海边平地上，以便营造水田。他们的水稻田都由堤坝围起来，并用沟渠引水灌溉。弥生人带来了牛和马，虽然数量不多。他们的工具主要是农 19
具：木头的锄、耙和铲子，还有石头的斧子和收获用的刀。可是，他们也用石头做箭头和渔具。弥生人似乎一开始就会炼铁，并铸造简单的工具，偶然也发现有些锄头的尖端是铁的。弥生人埋葬死者比绳纹人铺张。绳纹人就埋在居住地，而弥生人用石头或陶瓮作棺材，葬到村落以外的地方去。坟前有低矮的土堆，似乎在预示公元后3到6世纪盛行的那种古墓。

弥生文化在日本很快地传播开来。它由北方的九州开始，公元后1世纪末大约就到了关东平原。在关东的另侧，显然存在着一道边界。这里有绳纹文化的遗迹，也许还混合着阿伊努人的成分，日本人称之为"虾夷"。这个边界一直存在到9世纪。这两种文化虽然不同，这些人又属于两个民族，但除了在北部地区以外，彼此之间没有严重的对立。更确切地说，在日本整个西部和中部，弥生人及他们的文化很容易地和原有的绳纹人互相补充、互相融合到一起了。

我们说弥生人的起源没有确证，并不是否认他们或者是从韩国迁来的，也不是说在当时情况下这种迁移值得怀疑，因为东亚在公元前2、前3世纪时，正是动乱的年代。秦王朝在公元前221年统一了中国，它是几乎用了两个世纪才把各国制服的。在广泛的战争同时，在北方也对游牧民族采取了经常的军事行动。统一使中国军队更向朝鲜深入，结果中国人也开始向那个方向流动。继秦朝而起的汉朝实际上侵入了朝鲜半岛，它于公元前108年征服了古朝鲜国，设立了乐浪郡，其首府就在今天的平壤。因此，秦汉王朝的统一和扩张，把移民运动沿着边界推进，而新的文化影响也波及了朝鲜和日本。

大陆上这些情况，不仅反映在弥生人最初的迁移上，也影响到此后的文化发展。在稍晚的弥生遗址中，发现许多中国东西，例如西汉（公元前202到公元后9年）的铜币和铜镜，而这些东西继续涌入有许多世纪之久。但是，还不到两个世纪，弥生人就开始自己铸造与大陆铜器不同的各种形状和用途的铜器。特别有特色的，是大铜钟和宽而薄的礼仪用武器，例如矛、腰刀和戟。武器的铸造主要在北九州和濑户内海地区。铜钟在濑户内海东端和更往东去的地带发现得最多。朝鲜发掘出了铜武器，中国的铜钟也很普遍。但他们的铜器都是为了实用，而这两种铜器在日本完全不是为了实用，看来只是为象征性的目的。这两个地区铜器上的区别能否说明他们的起源和民族构成的不同，尚难肯定，但是可以证明，弥生人是由许多小群体组成，而这些小群体又分成了氏族。这些氏族迁到日本列岛以后，就时有不和。

日本的考古记录继续证明，公元后3、4世纪时日本文化不断变化。3 世纪中叶，在大和平原地区的统治上层开始用巨大的土丘作为坟墓。大和平原是濑户内海东端发展得最好的地方。在半个世纪之内，这个做法就西传到北九州。在此之前，技术革新的发展总是由西向东，而现在恰恰相反。日本学者称为古坟的坟墓，常常是体积比埃及金字塔还要大的堂皇结构。最大的一个是仁德天皇的坟墓，到今天还有 1,500 英尺长、100 多英尺高。坟墓有若干形式，圆的、方的都有，而最奇特的无过于前方后圆式。其他文化的墓葬中，没有类似的。这种坟墓的出现，被当作日本史前发展的第三个阶段，考古学家称之为古坟文化。这种古坟的修建，一直延续到 7 世纪，在佛教的影响下才废止。

　　3 世纪到 6 世纪的坟墓，实际是当时日本上层人物生活习惯的信息宝库。在古坟下面，都有挖好的通道和宽敞的大石室存放死者。和遗体一起放着各式各样的物件：从象征财富和权力的镜子、王冠、成串的宝石到日用杂物如腰刀、甲胄、马饰、陶器和农具。在坟墓外面，土坡上立着一行行的陶柱，柱顶上有陶制人形，称作埴轮。这些陶俑最生动地揭示了造墓者的生活。陶人穿着腰身合体、纳缝的棉衣，这是北方骑马的游牧民族的典型装束。他们穿戴着盔甲保护自己，还带着铁制长刀和弯弓。马也都装备得很讲究，并有马镫。他们用勾玉装饰自己，也有文身的。他们的房屋现在已经在地面以上，房顶上覆以很厚的稻草，和今天的日本农家很相像。他们越来越多地用铁作农具，说明在耕作技术方面进步很大。他们的陶器和弥生陶器形状相近，但更坚硬，烧制得更好，带有蓝色，称为须惠陶器。这种陶器技术上更完美、形状上更多样。从墓葬品中，可以清楚地看出武士贵族阶级已经形成，他们拥有一个人口密集的乡村的权力，同时从他们管辖的地区征收农作物。

　　古坟和坟内的东西给我们提出了进一步的疑问。古坟时代有无可能是来自大陆的另一批侵略者带来的？北方草原上的通古斯人也许因为汉朝的分裂而漂流出来。是不是这些骑马的侵略者拿着铁刀、穿着铠甲、长驱直下地冲向朝鲜半岛，而把一个贵族政府强加给日本的弥生居民？古坟文化和朝鲜之间有许多密切接触的迹象。朝鲜就有许多和日本相似的古坟（但不包括前方后圆式的），朝鲜新罗国王的金冠上，也有勾玉。但这些相近之处只能说明文化上的接近，不能看作是民族征服的证据。事实上，古坟文化可以看作是弥生文化本身的进化，当然它由于和大陆接触而丰富了自己，但不依赖于来自大陆的任何侵略者。如果说有通古斯的因素，日本史学家倾向于主张这些因素已存在于原来的弥生文化中。

　　许多证据似可支持古坟文化是弥生文化自身进化的结果的理论。首先，我们知道最早的古坟是在日本中部发现的，而不是在侵略者出发的地点九州发现的。最早的那些古坟中的陪葬品，大半是弥生的制品。直到4世纪，古坟里才开始有来源于大陆的东西。我们知道，4世纪时，中国在乐浪的殖民地解体了，朝鲜半岛分裂为高句丽、百济和新罗三个王国，历时900年之久。历史记载证明，日本的武力参加了这些王国的战争。日本人自己也说，他们在4世纪中叶曾在朝鲜南方的海岸伽倻或任那建立了一个军事据点。可以设想，古坟文化的改变是日本人进入朝鲜并吸收了大陆影响的结果。日本领袖在国内外的扩张，也就表现在坟墓的增大。

　　我们一直把日本说成像是一个民族，而到了古坟时代，他们确实已成为一个民族。但是，我们必须回到本章开始时提出的种族成分问题。日本人是什么时候作为一个可识别的民族出现的？绳纹人是今天日本人的直接祖先吗？有的日本学者认为绳纹人的体格很像日本人，足以证明这种说法。但不论民族关系如何，绳纹文化没有给以后日本人的生活方式留下任何重要的东西就销声匿迹，这一点是清楚的。也可能语言上有些残余成分，以及遗传上的遗迹，例如身材矮小、毛发茂密。弥生人则完全不同，就他们的体格、文化和语言而言，更明显地像日本人的祖先。同源语言演变史学家认为，在一千八九百年以前，说日本语的人群就和冲绳人分开。这个时间，似乎和日本弥生人与冲绳人的共同祖先分别迁入各自的家乡，而以后遂失去联系的时间是吻合的。因此，我们虽不知道弥生人和早期的绳纹人如何融合，也不知道他们从高句丽移民吸收了多少东西，但到修建巨大古坟时期，弥生人已经是历史上的日本人了。

四、早期日本国家的形成

以上述的考古学背景为凭，现在我们必须找出日本列岛上最早的统一的政治制度是如何形成的。书面的记载非常贫乏，而在关键问题上又不可靠。书写的艺术传到日本已相当晚，现存的最早的刻字是5、6世纪刻在腰刀和镜子上的。现存最早的历史叙述，是8世纪的。不过，日本最早的两部历史：712年编纂的《古事记》和720年编纂的《日本书纪》，虽含有许多神话和传说，甚至有意的编造，但也是以历史的记忆和家谱的传统为根据，有一定可靠性。而且5世纪以后的事件，是尽可能根据书面记录写出来的。中国人和朝鲜人保存了史书和铭文，可以参考这些检查或核对日本历史。

1940年日本政府大张旗鼓地庆祝日本国成立2600年，用《日本书纪》作为文字证明，因为这本书把第一位日本天皇即位定在公元前660年。这个年代显然是根据中国历史周期的说法编造出来的。今天的历史学家都同意，日本的统一政体很可能是在3世纪末或4世纪初成立的，这正是古坟出现的时代。不仅是中国的记载支持这种假设，大陆上发生的事也足以证明。公元313年中国的乐浪郡撤离朝鲜半岛，这既是朝鲜新成立的几个王国的压力所致，也是中国支援减少的结果。此后，这三个朝鲜王国一面加强对自己领土的控制，一面又互相争战，政治统一似乎还谈不到。这时日本在国内有一定程度的统一，很快就介入朝鲜事务。在鸭绿江畔，414年给高句丽国王立了一个石碑，碑文说391年日本人跨海到朝鲜，战败了百济和新罗的军队。

早在公元 1 世纪，中国历史就提到日本。《汉书》把"倭"这个地方描写成百余个国家聚集，其中一些国家向中国进贡。"倭"也许是"矮"的意思，这个字在汉文和朝鲜文中一直沿用了很久。别的中国史书记载了 2 世纪后半期的战争。《魏志》的描述最为详尽。它也许是从到过日本的官员或商人那里得到的信息，此外还描述了去日本和若干政府中心的路线。它也提到邪马台这个国家由未婚的名叫卑弥呼的皇后统治。

《魏志》描写日本是个秩序井然的社会，等级森严，人们要蹲在路旁向高贵的人表示尊敬。日本人好饮酒，但严格地守法。他们利用占卜和各种仪式。在所谓国家里有官员，并征税。有的"国家"有国王，有的"国家"有王后。这一事实也许说明，那时上流 26 社会正从母权制向父权制过渡。

不幸的是，《魏志》中有关地理的报导，是不准确或歪曲的，因而邪马台的位置和卑弥呼的身份也无法确定。日本史学家倾向于认为，邪马台可能指的是日本中部的旧都大和，而卑弥呼可能就是姬子或"太阳公主"（后来日本统治阶级的家庭成员常用这个称号）。关于卑弥呼还有更有趣的故事：《魏志》说为了平息日本诸国之间的争战，各国国王在卑弥呼领导之下实现了联合。这位女王过着女祭司的生活，并以法术治理国家。她死以后，就给她堆起一个极大的土丘。日本的统治者把怀有巫术的太阳公主作为祖先，而巨大坟墓时代即将开始，这些都只能供我们想象。中国的记载和日本传说之间的联系，是如此单薄，至多可供我们思索而已。不过，无论从任何方向，我们考察弥生文化如何发展到古坟文化，或是考察战争的诸国时代如何走向全面统一，都是在研究日本国内历史，这却是事实。

在世界神话中，叙述日本历史的传说似乎是原始的、缺少变化和想象细节的。没有文化英雄，也没有高高在上的神来指导人类的命运。创造世界的问题被简单而天真地处理，传说故事最多的，是关于早期的统治家族的祖先身份和谱系。《古事记》和《日本书纪》的记载，显然是企图从许多传说中编出一个连贯的叙述，而民俗学27 者则能从其中分辨出人类发展的几个阶段及若干地区。这些也许反映日本人早期祖先的活动。

传说由开天辟地开始，混沌之中出现了两个神——一男一女，叫做伊弉冉和伊弉诺。他们好像是用钓鱼的方法，把一块块陆地拼成日本列岛。后来又生出了高天原神，这个高天原是在海洋以外，人类栖息地之上。这些神中有天照大神（即太阳女神）和她的兄弟素盏鸣尊，是司风暴的神。他们又生出了下一辈神，好似是后来在日本争权的人的祖先。从漫长而复杂的谱系细节和这些叙述中的地方色彩，日本传说的主要特点得到了证实。

传说故事的以后章节包含着若干个时代，但其焦点集中在三个主要地区：北九州、日本海上的出云与大和。这三个地区中的头一个和末一个，都和天照大神有关系，而出云则是素盏鸣尊后代的故乡。姊弟之间经常处于冲突之中。她在许多方面都像一个典型的使用魔法的首领，穿着和武士一样，使用魔术，并且拥有象征权力的铜镜和宝石项链。她成为一群称为天孙或太阳族的地上统治者家族的祖先。素盏鸣尊成了出云族统治者的祖先。最后，这些神的争战由天上打到地下。天照大神派她的孙子琼琼杵尊到人间，并给他三件宝物以为权力的象征。他有许多武士和仆人作为随从，据说这些人的后代构成了后来的大和贵族。他先在北九州居住下来，两个世代以后，琼琼杵尊的孙子神日本磐余彦离开九州，打到内海去占领28 大和。他在那里建立政府，被尊为日本的第一位"天皇"神武。他的继承人最后征服了出云和日本其他没有平定的地方，从而完成了建国大业。出云的首脑们虽然被剥夺政治权力，还都可以继续去礼拜素盏呜尊的神殿。

我们从考古记录、中国史书和日本的传统历史看到第一个日本国家的建立。传说历史有多少值得信服，仍然是争论的问题。但随着更多的证明在别的来源出现，它的轮廓也得到证实，神武这个名称和统治国家的天皇这个概念，都是日本史学家后来编造出来的，因为他们要竭力仿效中国朝代的传统。历史学家对神武本人和他东征的真实性表示怀疑。不过，大和出现了许多强盛的家族，由一个天照大神家系的领袖统率着，这一点是无人怀疑的。这就是日本第一个政治霸主的来源，他控制着我们所谓的大和国家。

到此为止，我们仅仅是基本上从政治和制度的外部记录来考察大和国家的形成。但是，根据我们所知的日本原始社会的结构及其巩固的过程，也可能从内部来设想这段历史故事。中国史料已经提到日本统治家族和老百姓的严重对立。日本历史学家和社会学家仔细分析日本记录，使我们对早期日本社会的组织能有更进一步的了解。从结构而言，日本社会是由三种人组成的：氏、部和臣。

第一种"氏"一般译为氏族，虽然"有血统关系的族人"也许更确切。"氏"肯定不是社会学所谓的一个种族的族外婚分支，而 29 是许多有血缘关系的家族。他们的血缘关系可能是真，也可能是假，但他们是在这个血统的领导人之下以父系权威团结到一起的。他们形成了由上层阶级组成的特种单位。因为是上层阶级，氏人都有姓和尊称。他们信奉一个共同的监护神"氏神"，常被认为是他们的祖先。他们都服从族内主要房头的家长，他的身份叫"氏上"，意即首领。氏上被认为是氏神的直接后代，既是这父系氏族之长，也在拜神仪式中任主要祭司。他的权力是世袭的，也是宗教的，并且有镜子、箭和宝石等类东西以为象征。

作为统治阶级，氏依靠其下层的普通劳动人民。这个阶层叫
"部"，是根据地区或行业而组织起来的。在某种程度上，部不是自
由人，因为他们要为氏服务而受限制。和氏一样，他们也有一个共
同的信仰对象——地方神（产土神），或者他们为之服务的那个家
族的氏神。大部分的部组成农业群体种植水稻，为自己和他们的主
人生产粮食。其他的部则有不同的专长，例如服部是纺织工，陶部
是制陶工，鹈饲部是渔工，弓削部是制弓工，或者其他职务如当兵
或在家内服务。

当时的第三类人是"臣"，主要在家庭内供驱使，总共约占全
人口的百分之五。这些人主要是当家仆，现在还不能证明日本曾经
采用大批奴隶进行经济活动。

在大和霸权形成的过程中，拥有政治和军事权力的是氏和他的
侍从部及家仆。有的氏逐渐变得强大起来，就控制了邻近的氏，并
30 把较小的家族吞并过来，形成了更大、更复杂的地方霸权。就是
这种做法，引发出日本早期的地方政治社会。随着许多氏在强有力
的领袖的组织之下，开始把许多小地方占据下来（自然包括一些山
地），许多小的政治单位开始形成，这就是中国人所说的国家。然
后许多这样的氏聚在一起，就是中国史学家所说的"百余国"了。
开始时，可能这些国家是彼此独立的，稍后由于地理原因出现联
合。这些联合体只要有强大的力量或领导，就被置于单一的权威之
下了。

太阳族的首领大抵是循着以下过程在大和崛起壮大。首先是
地方上的小霸主，然后在日本中部成为重要力量。首领扩大自己影
响的方法，是降服周围的氏，或者与他们联盟，使之纳入自己日渐
强大的家族组织之中。用武力征服、通婚或利用天照大神（太阳女
神）的威名所带来的精神力量，太阳族的家族成员取得了自称是全

日本君主的位置。太阳族王朝的兴起和中国王朝的兴起迥然不同，这一点很有意思。日本王朝的建立不是一个超级军事力量大规模征服一个国家后，强加给这个国家强有力的中央权威，而是一帮氏一步步慢慢努力爬上日本统治家族阶梯的顶峰。在斗争中，太阳族的首长也使用武力，但在可能情况下，他们也用和解和外交手腕，试图用神力赢得敌对的氏的联盟。因此，在大多数情况下，他们并不消灭其对手，而是纳入势力均衡之中，自己去做宗主及和事佬。这样组成的政治结构，与日本人的个性分外协调，从而形成了在日本 31 历史上重复多次的模式。

　　大和霸权一旦形成，就有它某些结构上的特点。在权力等级的顶端，是太阳族主要家族的首领。他的周围松散地围绕着关系密切的同族各房，构成了太阳族的氏。支持统治地位的氏的，有大批为之服务的或可称为仆从的氏，一般称为造。（因为有的仆从氏的姓以部字结尾，可以设想，这些人或者是监督在统治家族里服务的部，或者他们自己就曾经是某些部的首脑。）在大和首领的直接侍从中，有些是专门做某项职务的，例如军事的、神职的或工艺的，他们被称为伴造，即陪伴的家庭。有的人是大和霸权在地方上的支持者，被称为国造，意思是地方上的家庭。

　　太阳族和它的仆从及陪臣（这里借用一下封建主义的名称）高踞于政治军事力量均势的顶端。这种均势的构成，一方面是关系亲密的氏，另一方面是更多的原先被征服而现在被联合的氏。我们可以设想：在开始形成的时候，大和联盟正在扩张的强大力量来自太阳族、它的旁支和它的仆从的总和，但这个集体在国内绝没有占压倒优势的军事力量。所以联合和妥协的因素就进入了这个结构，而那些没有关系而被征服过的房头，在这个均势中变得和与太阳系有血缘关系的人同样重要。为了利益，各氏族都明争暗斗，而大和首领只扮演和事佬的角色。因此产生了一种能动的张力，反而有利于均势的稳定。事实上，太阳族也就永远不能摆脱和事佬的地位。

32　　当然，此外也有别的因素来稳定大和的政治结构。只要可能，这个权力的阶梯总是由家庭关系联系起来的，不论是否是真正的家庭关系。用巧妙的通婚办法，或者把仆从的氏家的男子或女子输送去服务的方法，都使太阳族和它所征服并联合的家族之间筑起坚强的纽带，从而能亲切地控制着他们。只要可能，权威总是用家庭关系来维持，而这种以家庭为基础的权威是得到公认的。

　　宗教在维护霸权方面也起了重要作用。它还为团结社会和领导机构提供了理论根据。直到今天，日本人民的原始宗教还保留着可观的生命力，它现在的名字叫神道。虽然今天有许多不同的宗教信仰和宗教活动都归属在这个名称之下，但日本人早期的宗教活动的构想是简单得多的。他们只是想努力把自己和家乡以及当地社会政治直接联系起来。他们没有教义，没有经文或发展了的玄学体系。神道的两大特点，一是天真地相信神力的保护作用或毁灭作用。另一特点是相信不论由于地理关系或家庭关系，都要和地方社区有密切的联系。早期的日本人和不认识的神灵直接而快乐地接触，通过崇拜加强了他们对社区的凝聚力。

　　神道信仰的主要组成部分，都包含在相当少的基本概念和神圣物件之中。崇拜的对象是神，常常译作"上帝"、"神祇"或"精灵"，最好把它描写成为地方化了的、来源于自然或人类的精神力量。人们相信神具有针对某些地区或针对某些人类活动的威力。一个氏所崇拜的氏神，是他们这一氏的人或图腾的祖先，而且这些氏神被认为有能力保佑氏和它的地区。根据神力大小的不同，一个神可以保佑一个村落或者更大的地方。另外，某些一般化了的神灵，

33　例如稻荷即稻神，全国都信奉他。

人们相信"神"，明显体现在某些具体物件上，这些物件就是神体。自然界里就有神体，例如一块石头、一棵树、一座山或是一个瀑布。神体也可以是一种象征性的东西，例如一面镜子、一块宝石或者一座粗糙的雕像。一个社区或一个家庭崇奉的神体，绝大多数是摆在"宫"里成为祭祀的对象。祭祀就有具备仪式的祈祷和斋戒。鸟居或一个简单的入口，常常是宫的存在的标志。

早期的日本人把宗教信仰与宗教活动紧紧地和他们政治社区的结构结合在一起。在居住着农户和工匠的村落里，一般人都信奉当地的神以求得保佑，并显示团体的意识。当地的首领通过他的家系所独有的神体，供奉自家的氏神，从而显示他对他属下的氏的成员的权威，以及他和他家属拥有的对该地区的影响。因此，当大和首领宣称他对整个日本列岛有权统治时，他在圣殿前对天照大神的礼拜就是表示他君权概念的必要部分，这个概念支持着他对日本的政治权势。

就是在这些拜神的仪式中，我们能最清楚地看到由神得来的神力如何支持政治权威。我们知道，太阳族的首领有三件圣物作为神的地位和世俗地位的象征。在这些东西中，镜子可被认为是天照大神的"体"，素盏鸣尊的刀可被认为是大和征服出云的证据，而那条项链则是天照大神把王位传给太阳族氏的一代代首领的最直接的象征。因此，这项链就成了日本天皇即位的最重要标志。人们认为项链上的玉（或称宝石）代表灵魂，可以进入持有者的身体并把他变为一个活神仙去和天照大神交流思想。因此，太阳族总是把镜子放在伊势[1]的天照大神的神殿里，把刀放在热田[2]的神殿里，而项链

1　在三重县伊势市。——译者

2　在名古屋市。——译者

则直接由君主保存。

按照神道信仰,早期的大和国家采取了以下的形式。太阳族的首领通过天照大神的法力保佑整个国家。小一些的氏的首领,就通过小一些的地区性的氏神来保佑他的地方,并行使对地方的统治权。国家管理和神的崇拜联合在一起,事实上"政"这个字代表了两种功能。政治上的权威——不论是得自武力或者是长期以来的社会声誉,都要得到宗教信仰的认可。早年的传说里有许多烦琐的世系资料,其重要性在于把神的阶梯写进神的世界,让它和大和政权刚建立起来的政治体制相配相称。

从2世纪到5世纪,日本人民的社会结构、政治组织与宗教信仰,与当时大陆上类似的各方面的做法截然不同,这是很明显的。就是因为这个原因,大和时代早期人民的生活细节就很重要。在开初的几个世纪里,日本人民是在和中国联系很少的情况下,发展其政治体制及独特文化的。在此后的几个世纪里,尽管中国文化有强大的影响,大和国家制定的政治和社会组织形式的主要特点,相对说来,没有受影响。上层家族组织的氏的体制,尤其是以和事佬及祭司长统治上层家族集合体的大和王权的形式,直到现在还是日本政治的特点。

五、大和国家及中国影响的传播

在日本人民的历史上，有两次似乎完全被外国影响所吞没。一 35
次是在 7 世纪，这个国家全心全意接受中国文化；然后在 19 世纪，日本又受到西方向东亚的冲击。我们该如何解释日本人对外国影响的热切而不加批判的欢迎呢？有人不客气地指出，日本人主要是模仿者，没有足够的创造力来维持自己的独立的文化。又有人说，日本的善于模仿是由于地理上的孤立，使他们忽而忙于模仿，忽而又安于国内的平静。乔治·桑瑟姆把 8 世纪描写成为日本人民觉醒、为中国的超级文化所震惊的时代。阿诺德·汤因比则把日本看成是在中国监护之下第一次走上高水平文明的舞台。两位史学家都认为，日本被中国的范例所折服，而要奋起模仿、追赶。

但是，单从中国化考察 7、8 世纪，就忽略了日本历史上极端
重要的国内成分。这两个世纪里的主要政治及社会变化，绝不能简 36
单解释为急剧倒向中国文化的副产品。645 年的大化政变，传统上认为是有意识地追赶中国的开始，但也是努力搞中央集权化、使新兴贵族阶级的特权制度化的开始。理解日本的中国化，不能不考虑国内的深刻变化，这变化影响了 6 世纪的大和国和它的社会基础。

自从 3 世纪大和国建立起，太阳族的首领和支持者都不断扩大影响，巩固霸权。《古事记》和《日本书纪》关于早期“天皇”的编年史不尽可靠，但是叙述了一个经常在扩张着的势力，而这股势力从大和派出兵力去统治（某些情况下是恢复统治）边远的地区。5 世纪可能是古大和国的鼎盛时代。开始时的统治者是仁德天皇，

他的巨坟据说是用 20 年筑成的。最后的统治者雄略天皇是一个古怪的君主，他不断致力于增加贡品。他夸耀自己在东边支配着 55 个省、西边 66 个省，还有 15 个省在海外的朝鲜。他这种吹嘘亦见于中国史书。中国史书上还记载这个世纪中有倭五王遣使进贡。

到公元 6 世纪，一个比较先进的政府机构就可以看出轮廓。大和联盟的首领自命为真的天皇，已经向氏上们提出要求更多的抽象而绝对的统治特权。他声称这些氏上就是他的官员，要按他的意向行事。更加准确的一套等级称号（姓）也定出来了。"直"、"宿祢"、"真人"和"朝臣"最高，是授予与大和氏的主要家系最近的家族的 "臣"是和皇家系谱离得较远的重要首领。"连"是没有血缘关系的仆从各氏中最大的首领所能得到的最高位置。

最后，在天皇领导之下成立了一个政务机构，各大首领都有代表。再晚些时候，又委任了代言人首领"大臣"和"大连"作为国家主要大臣。同时又努力把地方政权更直接地置于中央政权之下。全国分为许多称为"国"的单位，其势力范围大致和地方主要的氏相当。在这些单位里，统治的首领又被降为"国造"。换言之，在可能的情况下，他们被目为任命的官吏，虽然开始他们都是大和国难以驾驭的属下。同时，在大和及其他更远的国里，统治者家族得到新的从事农业或工艺的"部"，也积累了更多的财富。

扩张财力的倾向，不仅限于领导家族。这个时期起，庞大的坟墓十分普遍地出现。在大和及其他边远的国里，氏的首领迅速加强对土地上的劳动力和资源的控制。地方的统治者有权联合兵力，参加大和对朝鲜的远征，间或对大和首领的权威也提出疑问。因此，大和统治者不得不常常需要依靠他的特别卫队，或者求援于"大伴"和"物部"这两个主要以武力著称的氏族，来维持均势。

到 6 世纪，日本在东亚诸国中，不是无足轻重的国家。日本人从 5 世纪起，在朝鲜就相当活跃，而且在任那地区，已经得到了一个行动基地。在高句丽、百济和新罗这三角斗争中，半岛上的立足点显然扮演了重要的角色。在历史上，日本和百济联盟的时候最多，也许因为它的位置在沿着日本到中国的海路上，有战略意义，也因为它有较高的文化成就。但是，532 年新罗和百济联合攻打任那，日本失去了半个在朝鲜的势力范围。30 年后，日本人在 562 年被完全赶出任那。但是，他们对大陆还有很大兴趣，在北九州的太宰府[1]建立了一个对外的新中心。想要恢复任那这个立足点的零星努力，继续了一个世纪。668 年新罗在中国的帮助下统一朝鲜之后，日本从半岛撤退就是必然的事。

日本人 6 世纪时的武功，揭示了他们已经掌握了相当的资源。他们有几百只战船的舰队和数以万计的军队。而且在军事行动的后面，我们还可以看到日本是日渐成熟的国家，其文化成就也在提高。日本人对任那有兴趣，一是军事价值，二是这个基地使他们从朝鲜得到新知识和熟练工人。难波[2]是大和在内海东端的港口，这里经常来往着许多进贡使团，有的是日本去中国，有的是去朝鲜国王的宫廷。大陆来的难民或俘虏，大和国都乐于收留，对有地位或有才艺的，还给以属于外国"氏"一级的荣誉称号。他们的姓"秦"字和"汉"字，昭示后人他们来自中国。另一些人划为工匠或服务的部，由大和从事服务的氏来管理。

5、6 世纪时，大批大陆移民持续地进入日本，新技术和新思想也随之而来。根据《日本书纪》的说法，关于孔子著述的知识，是在 5 世纪初年由王仁这个学者介绍给大和贵族的。这是一个方便的

1　在今福冈市。——译者
2　今大阪市。——译者

时间来确定汉字在日本的传播。但是，一段时间里只限于朝鲜和中国的移民能写汉字，这些移民是给统治上层当文书的，"史"就是大和统治者给他们的高贵的称号。这几个世纪里也引进了新的灌溉技术，改进了稻田的组织，采用了更精确的历法和许多别的创造革新。大概是538年，佛家的教义传到大和，这是通过朝鲜吸取中国文化的最高点。

不过，对政府和社会以及普遍流行的宗教信仰所能承担的压力而言，大和在文化和观点上的变革，也只能到此为止。当大和的统治者设法改变以血缘为基础的氏族制度为中央集权的严密管理的国家结构时，私自强大起来的氏族开始把太阳族的首领变为毫无势力的傀儡。当新的家族在大和兴起而有权势，或在偏远地区拥有独立势力的时候，以血缘关系或神道信仰为基础的权威体制开始瓦解。敌意分裂了大和的联盟，边远地区和驻在朝鲜的武力都起来造反，所以6世纪在日本是个特别不平静的时期。事实上，就是因为名叫磐井的九州首领造反，日本才在562年没有守住任那。大和处于政治危机之中。有好几十年徘徊于两个可能之间：分裂为若干互相争夺的小国，还是改进为一个新的、稳定的、更中央集权的国家组织。最后，倾向于集中的力量胜利了，而这个结局得之于来自中国的新影响。

到6世纪末，3世纪汉朝灭亡之后就一直分裂的中国，又在隋40 朝（581—618年）和唐朝（618—907年）进入复苏时期。中华帝国的威武庄严又在许多文化纪念物上显现出来——在城市里、在皇宫里、在工艺品上、在公共建筑工程上，还在派往国外的大军上。日本人被这些弄得眼花缭乱。在这汤因比所谓的"远东文化"中，有两点对日本人最为重要：一是唐朝完善了的政府体制，另一是在中国皇帝的管理下和各宗派中国化的情况下，佛教教义制度化了。

唐朝诸帝把中华帝国的政府机器组织得更加匀称、更加有效率，的确是天才。他们完善了拥护皇帝及其权威的中央官僚机关，41
精心搞好地方政权和税务，并把政府的理论和实践固定在一套系统的法典里，这个理论是随着中国政治史的过程而发展出来的。它有三个中心原则，根本上和大和早期的原则相对立。第一是绝对君权的概念，按照伦理学规定，君主是受命于天的。第二是皇家仆从政府的概念，也就是说，受过训练的官员要根据皇帝的意愿服务。第三个原则是全国都在皇帝的相同的法律下，得到公正的治理。这本是很理想的原则，但中国人也常常偏离。事实上，唐朝的社会在结构上比这种想法要贵族化得多。不过，不论在实践上唐朝有什么错误，它的模式代表一种极有效的中央化和官僚化的制度。作为一种组织国家资源的手段，大和时代的日本人想象不出任何更有效的办法。

强大的宗教力量也被利用来支持中国的政权。至少在公元前1世纪，佛教就传入中国，它长期在理论和组织上有所发展，并时时调整以适应国家的利益。佛教具有普遍的号召力。它在中国有许多分支、许多寺院、众多的僧侣、丰富的经文和复杂而美丽的偶像艺术。到6世纪，佛教在中国和朝鲜都成为一股主要力量。特别值得注意的是，唐朝的统治者利用佛教为服务于国家的工具而获得成功。他们用佛教仪式和精神感召力来支持绝对的君主，并引用佛教理论来支持统一帝国的道德基础。

538年佛教传入日本，立即引起政治和宗教上的反响。大和的上层家族是靠他们祖先的神而享有威望的，佛教对他们成了一大威胁。因为，如果佛的法力高于所有地方上的神（据说是如此），他42
们由神而来的权威又将如何？6世纪中叶，大和国王咨询他的顾问要不要供奉朝鲜来的佛像时，在日本的上层家族中引起了极重要的冲突。意见的分歧使苏我家族和以具有大连称号的物部与中臣两家族为首的家族联盟成了对立面。前者是比较新兴的、雄心勃勃的大和族后代，任大臣之职。后者是一些长期为大和族服务、比较保守的家族的联盟。物部家是世袭将军，而中臣家是从事神道仪式的。两派的争执把大和分裂了几十年。到587年，始终鼓吹新宗教的苏我家在战争中击败物部，保证了佛教被接受。

587年的胜利，使苏我家在大和国内权力高涨，不可一世。在此后的60年内，苏我的首领相继统治大和的事务，几乎到了要篡夺王位的地步。592年，在消灭物部中立了功的苏我马子部署了对大和首领（他的外甥）的暗杀，并让一个女性推古天皇（他的外甥女）取而代之。推古天皇的侄子厩户丰聪耳尊，同时被任命为摄政，在身后谥为圣德太子。他虽娶苏我氏之女，但对统治家族的权益卫护备至，苏我的扩张受到限制。

归功于圣德太子的所有行事是否真实，并不是最重要的。但在他有生之年，大和统治者肯定了解到佛教可以保卫政府、维持社会安宁。他们一定也看到建立中国式帝国的可能性。在这样的帝国里，君主受到忠心臣民的拥戴。如果我们愿意相信传统的、理想化的故事，那么，圣德太子一生都致力于提高大和天皇在国内外的声誉。他青年时代和苏我并肩战斗，使佛教成为国教。后来又慷慨地给佛教机构捐献，使他的家族成为这个新宗教的主要施主。有几年他企图恢复日本在半岛上失去的权利，595年和602年两次远征去夺取任那。然后又放弃了他的军事行动，在607年与重新统一的中国开始了直接交往。

圣德太子希望通过政治改革加强他家族在大和的权威，但是不太成功。他试图使大和国王得到承认，承认他是帝国的君主，具有王权的道德属性，并得到朝廷和官吏的支持拥戴。603年，他发布了朝廷官吏十二等级的新制度，意在赋予皇帝权力来重新决定官吏的等差。604年，他又发布了十七条政府法令，想借它体现新的政治道德的气氛。他借用孔子有关国家的学说，把君臣比作天地。在与中国的官方通信中，他努力采用新的表达王权的名词，用中华帝国的概念来肯定大和首长具有"皇帝"和"天子"的尊严。

622年圣德太子逝世。苏我马子不久也退出政治舞台。大和便陷入极猛烈的政治抗衡之中。从此以后，在中国影响之下的体制及文化的变化，都和分裂各大首领的派别活动，有更密切的关系。有一个家族联盟谨慎地出现了。它的领导是中大兄皇子（一个皇家的王子）和中臣镰足。这个联盟的目的是粉碎苏我派，并把圣德太子所预想的政治和行政上的改革进行下去。这个联盟与归自唐朝、有第一手学习经验的顾问们亲密接触，其结论是最基本的体制改革必须由他们的直接行动来实现。645年，中大兄皇子在一次朝廷典礼时，亲自参与谋杀了苏我马子的孙子苏我入鹿，因而为消除苏我的影响作了准备。这一举动使诸首领如此震惊，因而胜利者能很快着手他们政治改革的计划。646年元旦，他们发布了有名的诏书，宣称新的年号为大化，意思是巨大的变化。他们还宣布改组政治制度。以中国为样本，他们号召取消私有田地和为氏族服役的部的组织。他们申明天皇有权拥有全国的土地资源。他们号召建立一个永久性京城，而国家行政区划用国、郡、里这种制度，同时制订一个人口普查计划。在土地测量以后，按等分给耕者，赋税将按制度收缴。上层阶级将授以官职，并根据等级和身份领取报酬。

645年的政变和646年的诏书，显著地激发了皇族的干劲。他们要权力，他们要赶超中国。不过，一个国家不能在一夜之间就改好，这也是不言而喻的。（事实上，现代史学家对这份改革诏书有怀疑，因而也怀疑是否有事先拟好的改革计划。）改革进行得缓慢而重实效。把耕地归公是中大兄皇子提出来的，他主动放弃自家田产献给国家。属于天皇的田地，也比较容易改为公产，由公家管理，但其他的田地便比较困难了。645年，在难波修建好中国式京城，里边有皇宫和公共建筑。649年中央政府的八个部门成立，并任命了官员。652年，第一次最大规模的土地分配在京城地带完成。668年，中大兄王子作为天智天皇登上了宝座（668—671年在位）。他满意地看到，把政权集中在天皇手中的许多步骤都已完成。

天智一死，发生了一场严重的皇位继承的争论，有几个月日本中部陷在流血战争之中，显然有害于改革。但是，这场号称"壬申之乱"的斗争，却使一位具备所有绝对权威特点的天皇即了位。天武皇帝（673—686年在位）像早期历史中任何日本统治者一样，凭武力而掠得大权。王族的家长握有足够权力去进行领导，这还是几个世纪以来的第一次。所以，天武能完成中大兄皇子的计划，并采取了多年来被上层氏族这些既得利益者反对的措施。686年他死之后的几十年中，平城京（通称奈良）建成，有齐全的官僚机构。行政管理、地方政府、税收和军事都有成套的法令。这一伟大改革的最后几步，都是天智的继承人们以极大的热忱完成的，是很可观的初步成功。

不过，还有一个问题要提出。如果7世纪后半期的改革只是不可抗拒的中国影响的结果，或者是日本强大政权施加压力的产物，那么怎么没有更多的反对，特别是来自氏族首领的反对？毫无疑问，答案在于改革具有更广的社会涵义。尽管改革措施开始时不受独立的大氏族欢迎，但最后对整个统治阶级还是有利的——把这个阶级变为稳固的、文雅的贵族阶级。

7世纪破除大和统治的传统结构时，既考虑到皇家，同样也考

虑了氏族的首领。因此，我们可以设想，氏族首领们不会不欢迎更 46
强大的中央领导和地方行政及土地管理上的高效新技术。再者，大
化改新也没有剥夺大家族世袭的影响和财富。在大多数情况下，从
前的大家族都巩固了特权地位，并安排进天皇朝廷。实质上，这新
的政体不过是在氏族首领和他们的财源及政治力量之间，插入了一
个集权国家的公共机构而已。从前这些家族靠他们历史上的声望和
手中兵力来保持自家的荣誉和权力，现在则有皇家的制度、法律和
政府机器作后盾，特别是政府有能力为他们按制度收税。

从长远来说，这种条件对从前上层的氏族是有利的，特别对那
些与宫廷接近的氏族。这些人很快迁入京城，形成新的贵族阶级。
他们从皇家的封地上和奈良及全国各地的税收中，得到最大的好
处。大的公共设施、皇宫、政府衙门、寺庙、道路和灌溉系统，标
志着奈良的鼎盛时期。这个新的集权制度，是为了贵族、属于贵族
的制度。日本不仅改变了它的政治制度和文化模式，而且创造了一
个新的、将存在五个世纪的社会机构。

在漫长的日本历史中，我们可以把 7 世纪看作一个向贵族文
化过渡的时期。在这个世纪里，从前的氏族把自己改变成贵族（日
本人称之为公家）。这个阶层以新的皇家朝廷为中心，抛弃了原有
的地方色彩和好战特点。上层的氏族带着他们的谱系进入贵族时
代。在 9 世纪的《新撰姓氏录》里，大约记录了 1,100 个氏族。他 47
们放弃了独立的军力和财力，却享受到极讲究的生活方式，从而得
到新的荣誉和安全。只要他们能维持一个相当有效的政府机器，就
能给国家提供和平与稳定。在历史上，12 世纪以后，他们的政权才
显出不足之处，而他们的社会身份直到 1945 年才取消。

六、贵族时代

奈良和大宝制度

　　在标志日本进入贵族时代的 7、8 世纪的成就当中，公共建筑和佛教艺术始终吸引人们最大的注意力。这不仅是因为它们在美学上杰出，而且因为在今天的奈良和它的周围，人们还可以见到许多这样的纪念物。可是政府方面的成就，无疑对日本人民的历史发展有更深远的影响。虽然 8 世纪特有的政府形式——行政法令和征税手续终于废弃，但它们为直到 15 世纪的立法制度奠定了基础，而且在更长的时间内，给日本人民以权威、行政组织、税收和司法程序的概念。大宝时期的制度（702 年实行）像欧洲的罗马法，在以后的整个封建时代都是行政管理的持续的基础。1868 年当日本人渴望在皇家权威下重振国家的声望时，他们索性把奈良官僚制度那一套名词都搬了出来。

　　贵族时代早期的两大政治纪念物，就是在 708—712 年完成的京城奈良和大宝法典。京城奈良呈长方形，大约是 2⅔ 英里乘 3 英 里，城里有皇宫、政府建筑、道路和寺庙。它体现了国家的权力和财富以及包含在大宝法典里面匀称协调的行政及社会概念。它没有防御的外墙，这说明日本的孤立地位，没有外国侵略者，甚至也没有什么重要的国内敌人。

　　大宝制度显示出奈良的新政府最理想也最先进。从这些制度中，中国对日本政治的微妙影响看得很清楚。不论日本人如何要赶超中国，他们还是小心谨慎地要保卫自己政治和社会传统的最深处。大宝法典包含两部分："律"，即刑法，和"令"，即行政制度。后来又增加了补充的称为"格"和"式"的先例和规则。对许多现代日本史学家说来，日本早期的贵族时代大宝律令的色彩如此浓厚，简直可以称之为律令时代。

　　事实上，原来是太阳族的主祭司，在奈良成了一个通过中央集权的官僚政府以绝对权威来统治全国命运的皇帝。日本皇帝这时采用了天子或天皇的称号，并利用上天授命与贤德仁慈而统治天下。这些借来的概念支持他，使他合法化。不过，日本皇帝并未失去他原有的世袭大祭司的身份。他继续执行神的职务，并自信是天照大神的后裔。这足以证明，日本人对中国的国家学说作了许多调整，这是其中的第一个。他们在依赖中国制度的某些特点的同时，声称天命永远赐给天照大神后裔的皇家，统治的皇帝自然而然是贤德的。他们就这样地想方设法维持皇家世袭的不可侵犯性。

　　随着君权概念上的这些增加，社会理论（或阶级理论）和支配 50 人民对财富与权力来源的关系的概念，也发生了变化。大宝制度舍弃了氏族社会的地方独立的做法（这是原始封建主义），而代之以用血缘关系区分的皇家臣民。法律把这些人分为三等：皇帝和他最近家属；"良民"（又可分为官吏和国家佃户）和没有自由的"贱民"。

　　王室和为之服务的官吏组成了贵族。他们有特殊社会身份，与政府又有特权关系。从此时形成的朝廷等级制度，最能看清此点。王室的四级是给王家成员保留的，下面是臣民八级，而这些臣民又细分为三十级。不过，贵族总的有三大类：头三级是特别具有特权的，只有少数在大化改新和壬申之乱中与王室最亲近的家族，才能得到这个位置。第四和第五级划归了大化以前的"朝臣"和"连"，构成了朝廷贵族的大部分。在这个层次以下为下层朝廷贵族和从前"国造"的后代，他们的特权削减得很多，形成了所谓的地方中上层阶级。

贵族的等级和政府官职，都因品位而在津贴和俸禄上有所区别。高级的能有一定数目的私人侍从、所分配土地的利润、赋税的某些减免、国家对外贸易中的份额和儿子承袭职位的特权。较低级的贵族和地方中上阶级也有官地，但其他特权则很少。

按照大宝制度的规定，政府机构有中央和地方两层。就对称和职能原理而论，它和唐朝模式相仿，但完全相同的很少。事实上，
51　它保存了不少日本的特点。例如：和中国的制度相反，天皇领导下的中央政府分成两个主要部分："神祇官"和"太政官"。第一个掌管天皇的神道仪式，第二个则负责国家行政管理。这个管理机构由三名大臣领导，不同于中国之由负责政策和行政的部门领导。这些大臣是太政大臣、左大臣和右大臣。因为太政大臣一般都是名誉职，真正的行政权力操于左大臣或右大臣之手。这种安排和大和时代的大臣与大连相近。

大臣通过弁官指挥八个省。又按以下部门分左右：中务、式部、治部、民部（主要是土地、人口和税收）、兵部、刑部、大藏和宫内。书面上曾经设立过检查机关，但实际上没有什么重要意义。京城里的卫兵是由地方征集而来。

中央政府的官员主要是从朝廷贵族以外的人中选拔出来的。因为等级倾向于世袭，各级行政官员就从等级合格的家庭中选拔来担任那个职位。政治制度并非严格世袭制，任何职位选择官员的余地都较大，而一个人在这职位阶梯上活动的可能性则很小。中国选拔官员的办法是用人唯才和科举制度，日本人从未采用。他们在京都也设立了一所太学，但它主要为教育贵族子弟服务，而他们的职位

是早就得到保证的。

　　地方政府由京城中心的首都开始，分为左右京两个区，并向外延伸到国。这些新的国虽然保存了旧的名称，但每国都是由几个旧有的国组成的。9世纪时有66个国，管理国的国司从京都派出，占领国府职位。新建的国府是仿效国家京城的。 52

　　国的内部分为郡，郡又分为里，后来改称乡。因为郡的边界往往和旧时的国的边界吻合，大化以前的国造家庭成员任郡司，是很普通的。新制度把中央任命的高职位的国司加在只有中上阶级身份的郡司头上，就是要用中央的权威压抑地方。为便于京都监督地方，修筑了道路，还把若干国组成若干行政区。奈良周围的畿内，则作为特殊的地区。畿内以外的各国分为七个道，并有七条主要公路。

　　从政府的观点看，新近制度化了的地方政府，其最终目的就是要提高土地管理的效率，并增加国家收入。大化事件之后，政府已经阐明国家资源（特别是稻田）为皇帝私产的原则。为了体现这一原则，政府试图实行分三步进行的土地税制度：完全控制劳动力（以人口普查为基础），生产基地的公平分配（通过土地分配）和统一的税收及收入的公平分配。这些步骤的胜利实施，是日本早期贵族时代的卓越方面之一。670年开始人口普查，周期性地进行到9世纪，不过后来没有开始时频繁。以人口普查为基础，农村人口是按户登记的，然后把户组成村。户是土地分配和纳税的基本单位。 54

　　为了便于按均田制公平分配土地和稻田（此时已被认为是公家产业），根据所谓条里制分割成相等的田地。稻田分成大约半英里见方的四方形。这些方块又分为36块大小相同、编了号码的小方块（被称为坪，面积等于一町），而它们又分成10条，每条一段，当时大约是0.3英亩。这些条形田地，成为定期分配给耕者的单位，而这样分配下去的田地就是口分田。今天在日本从南九州的某些地方到关东平原的北部，还能看到条里制的遗迹。既然没有迹象表明日本在 7、8 世纪时被突然地要施行的不受欢迎的均田制所困扰，可以设想，在大化改新以前，合理分配稻田的制度，由于它本身技术上的优点，而已经得到采用。

在均田制下，耕者按照不同类型得到相等的一份稻田：六岁或六岁以上的男子得两段，女子得男人定量的三分之二。领受口分田的人，必须耕种田地并缴纳租税：租是粮食税，庸和调是纺织品税，还有杂徭和兵役。纳税要交实物，而交通运输条件又不允许大量商品流通。因此，收税重点就放在劳役上——或者直接用杂徭和兵役，或者间接通过家庭生产，特别是生产纺织品。在很大程度上，丝绸当作货币用，把它当作劳动力的付款手段也很普通。

55　　　奈良试验的征兵制，肯定是大化改新中最不成功的一方面。兵役是男性臣民的责任，并强行以之代替农产品或杂徭。理论上，每国应有三分之一的男子在征兵名册上，并在国内部队中轮流服役。在应该服役的时间内（从 20 岁至 59 岁），每个应征者应该在京城服役一年、边境三年。服役期间，应征者必须提供自己的装备和口粮，一般由抽调他们的民户负担。当然，总有可能调整年龄，或用农作物或银钱来找人代替。结果军队纪律松弛、士气低落，最后变成一群苦力。

奈良城（正式名称为平城）是 710—781 年的都城，它是日本在中国的影响和贵族的领导下，取得新进步的例证及概括。贵族的宫院和公共建筑证实了皇家的尊严和新的国力。在奈良的极盛时期，日本成了东亚事务的重要参与者。通过难波港口，派出过九个使团去中国唐朝（9 世纪初叶，又派过两次），并与渤海国即今天的中国东北通好。在奈良之外，新招募的军队在关东北面抵御虾夷，并在九州南面抵御隼人，扩大了皇家控制的范围。

从古平城的遗物中，今天还能看到突出的文化及智慧方面的成就：设计精美的木结构的药师寺、新药师寺和唐招提寺；东大寺的艺术珍品佛教塑像和绘画；或者存放在皇家宝库正仓院里的日用手工艺品。正仓院所藏有 9000 件以上，其中许多为圣武天皇所有。这些东西既显示了本国工匠的技巧，也说明当时日本在海外接触的广泛。因为在库房里，中国、印度甚至波斯的产品，和国内生产的、有大陆风味的产品摆在一起。这里有对外贸易的产品和国内匠人的出品：绸缎、金器和铜器、漆器、螺钿和玻璃器。

奈良贵族在文学和历史方面的成就也很重要。按中国方式修史，始自《日本书纪》（720 年），其目的在于给日本这个国家及其皇室在历史上找一个位置。结果编纂出六部这样的历史，直到 9 世纪末的宫廷事件都包括在内。各国的地方志，称为风土纪（713 年编纂），也记录了那些新成立的国的历史、地理和特产。同时，贵族们利用中国的汉字，在《万叶集》（约 760 年编）里表达了极为丰富的诗情。它是一部有 4000 多首诗歌的集子。这些歌的形式不同于中国的诗，但它们亲切地展现了奈良贵族在从事政府、外交、远赴任所或从军边塞时的活力和感情。

中国对日本影响最大的时期，可以用日本接受佛教为标志。佛教进入日本，既是一个重要的宗教，也是一个强大的组织。接受一种新宗教，必须看做是任何人民文化史上的转折点。佛教传入日本，正像基督教传入不列颠岛，就是这样的转折点。事实上，有些史学家写日本早期历史时，就把日本分成很清楚的两段：佛教传入以前和以后。佛教对日本的影响，肯定比对中国要深远得多。直到今天，日本在全世界范围内还是佛教的堡垒之一。

佛教在初步得到圣德太子和苏我氏族的庇护之后，又邀得中央大和贵族的恩宠。政府出资修建了华美的寺庙，并拨给大量土地。

令人难忘的佛教仪式，被吸收进宫廷的礼仪，而贵族家庭开始把建造古坟的资源，转向对"家庙"（氏寺）的施舍。佛教作为一种宗教和一股文化力量，变成了贵族生活中不可缺少的一部分。到8世纪时，佛教组织在京都和各国都根深蒂固，在许多方面享受比神道更高的官方位置。

不过，佛教并没有挤垮神道。就信仰和实践而言，佛教进入日本生活的层次和神道不同，它满足不同的精神需要，而没有削减旧的传统。在很多情况下，佛教的外表对日本人是很合拍的。例如修建家庙即氏寺，就和保持祭祀家族或祖先的殿堂的办法不谋而合。我们以后还将看到，日本人进行过多次努力，想把这两个宗教糅合在一起，但神道始终是日本人民和他们社会制度及祖国的主要纽带。

佛教在日本共计起了三个主要作用。第一，它作为一个宗教，给日本带来了新的信仰体系和虔诚的态度。第二，作为从大陆到日本的宗教组织，它是中国文化给日本的主要传递者。第三，作为一个有社会影响和经济实力的宗教组织，佛教在日本政治事务中，也成了主要力量。

作为一种宗教，7世纪时的佛教自然和今天的大不一样。在早期，除一部分僧人以外，很少人懂佛教玄学，而个人超度得救的想法，尚有待于发展。佛教使人敬畏，这主要是因为它被认为有神奇的魔力，并能防备灾害，报答信徒和善人。因此，佛教最早受到礼拜的是佛所能体现的最直接的形式，如药师、四天王和观音。寺庙都得到施舍，并配备了僧人，为的是让他们读经，因为佛经都是有保佑能力的。奈良的六家宗派，主要是致力于研读某些佛经的僧人小组，被认为是保卫国家的重要工具。最后终于建起了一个护国寺的网状系统。在佛教进入日本的头几个世纪里，它对俗人生活，没有什么影响。

　　佛教作为中国文化运载工具的作用，很快显示出来。佛教吸收进中国文化，意味着建筑、绘画和僧人组织都带上浓厚的中国色彩，而且输入日本的佛经是中文译本。奈良时期到日本的中国文化人，绝大多数是僧人，他们是在信仰热情驱使下，才冒险渡海而来的。与此相反，没有一个出名的儒家学者曾经移居日本。因此，日本人向中国唐朝所学习的，很多都是经过佛教僧人的眼和心过滤之后的。中国僧人在日本传播有关中国文学、艺术、数学和医学的知识，并帮助设计了桥梁和灌溉工程。自然，在所有这些方面，日本人都学习得又快又好，所以今天在奈良周围还可以看到一些唐朝建筑和艺术的最佳代表作。

　　佛教组织被授予经济及政治权力，这一现象出现有一缓慢的过程，原因在于公家和私人为了得到精神上的保护及社会声望和幸福，都对寺庙施舍。这种政治利益和宗教利益交织在一起的现象，是从一开始就存在的。这一点在奈良城看得十分清楚。这座城里最后共建了 48 座佛寺，大部分是国家施舍。其中以东大寺为首，它是皇家的家庙。它是代表皇帝、保卫国家的国家宗教活动中心，其重要性以后还要进一步阐述。

　　指派僧人念经以起保护作用的官方政策，在日本开始得很早。但是，736 年华严宗传入后，可能这才系统地采用为国家政策。华严宗在中国也为国家需要服务得很好。741 年，奈良政府提供施舍，让这个宗派在境内各国建立庙宇，并和省会密切联系。这些庙宇包括国分寺和国分尼寺。僧尼都要在全年内的指定日期或有紧急情况时，应召去念经。

　　东大寺是大和京都的国分寺，居各地国分寺之首。747 年圣武天皇下令，开始制造一座巨大的卢遮那（毗卢遮那）佛像，要把这华严圣殿的中心像安放在东大寺的大佛堂中。此像高 53 英尺，据说需要 300 万磅以上的铜、锡和铅，还有大约 15,000 磅黄金。它耗尽了这个新国家的财源和精力。但是在 752 年给佛像"开眼"的盛大典礼上，日本实际上成了东亚世界的佛教中心，因为远在占婆和印度的官方代表和僧人都到日本来参加。但是这尊大佛的主要意义，在于它代表着卢遮那，而卢遮那这宇宙之佛，又象征着宇宙间的精神统一。圣武天皇自称是卢遮那的"奴隶"，从而能自居为佛在尘世上的代表。正像卢遮那以其各种显相统辖宇宙的各方面一样，天皇也保证他国内的和谐。这是宗教象征的最高运用——支持国家。

皇家政府在神道之上和神道之外从佛教得到一整套强有力的宗教上的认可。世俗权威与佛教组织之间的关系和国家与神道之间的关系相似，这一点是值得注意的。佛教的僧人不像欧洲的罗马教皇那样，自命为高于世俗的统治者，在精神上也没有权威。但是，通过君宠，僧人混入高级职位而干预政治的危险，是存在的。奈良政府在这一点上是脆弱的。

皇室和奈良的官员资助佛教，最后发生了困难。不仅是佛教组织的需要使国家财源枯竭，僧人也越来越多地卷入政府事务，而大佛的铸造，首开其端。大宝法典对僧人的管理，有极明确的规定，国家对僧人制度也有严格控制，但是没有真正努力去把民间组织和宗教组织分开。在社会上层尤其如此——经常有奈良贵族分子补充入僧侣的行列。佛教的僧侣生活或直接、或间接地为贵族提供了一种具有吸引力的生活方式，皇帝和皇后自己也隐退到僧侣式生活，或者让家族中多余的成员去为僧为尼。对于更下一层的具有野心的贵族说来，僧侣更是不受身份限制的晋身之阶。

僧侣介入政府事务的危险，由于孝谦（女）天皇和道镜和尚之

间的臭名昭著的关系而突然戏剧性地展现出来。在天皇的宠幸下，
764 年道镜被任命为太政大臣，766 年又得到法王称号，多少类似 61
一个僧人天皇。770 年道镜又表演了图谋王位的丑剧，但是朝廷大
臣们的反抗和天皇的及时逝世，使他垮台并遭到流放。在皇族和朝
廷支持者中，这一事件引发了对佛教僧侣的政治影响的强烈反响。
在中国，皇家政府以一系列激烈的迫害和没收财产来对付佛教的威
胁，而日本则以极迂回的办法来处理这个政治问题。皇帝和他的朝
廷很快舍弃奈良，而以另一个新的都城取代了它，奈良的寺庙也和
这个京城割断了关系。

平安时代和藤原的兴起

　　道镜事件之后，皇家竭尽全力以躲避佛教寺庙的影响。幸而
781 年即位的桓武天皇是个强有力的领导人，对国家政事力求掌握
坚定的方向。桓武在位时（781—806 年）和他以后的三位继承人
（在稍低的程度上）强化政府、改革制度，把皇家政府的权力在短
时期内重振起来。桓武的第一个措施是最有戏剧性的。784 年，他
放弃了首都奈良，企图把朝廷重建在长冈，但因为监工的官员争吵
而失败。另找到的新址平安京（现在的京都）是 794 年建立起来的。
新城比老城稍大，面积约为 3 英里乘 3⅓ 英里。它的位置是奈良那
些巨大佛寺所达不到的，而奈良佛寺的总部又不许迁入新京。

　　桓武天皇在平安京把他的注意力放到若干国家管理的紧迫问题
上。为了加强中央行政，他建立了新的政府机构。一方面绕开大宝 62
官僚的机构，一方面给皇帝和他亲近的顾问以更多直接而有效的权
力。原来非正规的一伙参议，现在成了重要的顾问部门。一个叫作
藏人所的档案管理机构，成为行政衙署，集中了政府的行政职能。

一个叫作检非违使所的皇家警察部门，发展成为中央政府执行法律、惩办罪犯的效率最高的机关。为了改进地方行政和税收办法，勘解由使本是委派去审计退职国司的账目的，最后成了中央政府和各国之间的主要纽带。在坂上田村麻吕领导之下，对虾夷的边境战事重新加剧。由于最初的失败，征募来的兵士因笨拙、缺乏锻炼而在792年被淘汰。代之而起的是一种被称为健儿的地方民兵，是由各国的中上阶层征集而来。这种办法很有效，我们将很快地看到它对各国的政治发展产生了深远的影响。

最后，桓武天皇和他的顾问们在扶持两个佛教宗派上也起了作用。这两个教派在理论上和实际上都愿意远离政治，而这一点是比较符合朝廷需要的。在这两个教派中，天台宗是最澄（或传教大师，767—822年）在805年创立的。他在中国留学一年之后，回到日本，天皇允许他在京城北面的比叡山坡上修了一座延历寺。空海和尚更以弘法大师（774—835年）著名，他806年由中国回到日本，创立真言宗。他的寺院修在京城以南的纪伊国中部的高野山上。奈良教派的庙宇以城市为基地，把自己卷进政治活动中心，而这两个新教派则放弃了这个传统。822年天台宗受命设置独立的戒坛，有效地打破了奈良教派的独霸局面。

新的首都及其复兴的朝廷，又统治了差不多半个世纪。这个政府很稳定，仍然恪守大宝法典提出的原则。虽然此后平安朝还统治了三个世纪没有遭到反对，日本政府的性质和贵族生活的方式，却经历了深刻的变化。日本生活开始出现潜在的改组，这个过程虽然很慢，但它的方向很快清楚表现出来。在国家机构的上层，大宝观念中皇帝通过自己贵族的强有力统治，逐渐让位给某种新的权力的改组。在这个新格局中，皇帝个人失去强大的政治影响，而这个影响转给了朝廷里的大家族和佛教寺院。最后，藤原家族在朝廷中取得了最占优势的地位。天皇虽然仍旧是无可争辩的君主，但降到近似大和时代晚期那种身份——只不过是个神圣的和事佬和最高合法性的象征而已。

　　同时，随着贵族家庭在京城和地方牢固地加强了自己的地位，政府事务走向分裂和世袭的趋势日见明显。最后，大宝的土地管理制度废除了，代之以叫作庄园的私人所有制。然后，随着中央对全境的控制的削弱，军事贵族把各个国接管过来。这些变化虽然结束了大宝制度，但对宫廷贵族的权力和财富并未波及。公家在京都继续过着富裕而高雅的生活。这时除中国外，他们和外界没有来往，越来越倾向于发扬本国情趣，尤其是在文艺方面。10 和 11 两个世 64纪，平安朝的文化达到了高潮。11 世纪伟大的小说《源氏物语》中描写的公家生活，直到今天，在日本人的记忆中还认为是日本贵族生活真正的理想方式。

　　藤原家族到平安朝上升到优越地位的过程，和日本政治进展的慢节奏十分合拍，因为这个家族几个世纪都忠心耿耿地辅佐天皇，并常常支持天皇维护朝廷的势力平衡，皇家在开始时没有顾虑到藤原可能成为他们的危险对手。

　　藤原家族的来源，可以上溯到大化政变。在策划对付苏我氏的首领中，有个人叫中臣镰足，后来得到很高的位置和荣誉，并被赐姓藤原。镰足有三个孙女嫁到皇家。在整个奈良时期，藤原家族的成员常常是国家事务的领导，间或也把女儿嫁给当政的天皇。但在7、8 世纪时，皇室还能维持高居于包括藤原在内的贵族之上的地位，保持优势，因为他们依靠做大臣的皇族成员的才干，或者佛教僧侣的支持。

　　当奈良朝接近末期时，上述两种支持力量都靠不住了。佛教僧侣要侵犯君权，最后只有迁都来对付这个威胁。强有力的君权的领导，经常受到派系竞争和觊觎王位者的威胁。为了减轻这种威胁，圣武天皇开始贬抑皇族中的过剩成员，赐姓给他们，把他们变为天皇的"臣民"。桔、平和源这些家族的来源，就是如此。朝廷贵族
65 的地位使他们不能妄想皇位，而他们作为皇家血统的直系后代，则被期望成为君权的忠诚支持者。但是，皇家在朝廷上从来也不是权力强大到能自己站住的集团。在整个奈良时期，藤原氏始终在贵族中占领导地位。事实上，反对道镜的斗争，就是一个藤原领导的。把京城迁离奈良的策划者，又是一个藤原。结果，皇家对藤原氏的依赖到 8 世纪末有增无减。

　　迁到新都不久，原来藤原氏由于内部纷争而分裂成若干敌对的派别和解了，所谓的北系得到无可争议的控制权。良房（804—872 年）是天皇宠信的顾问，857 年他接受了太政大臣的殊荣，这也是藤原家族飞黄腾达的开始。第二年婴儿清和天皇亦即他的外孙即位，他自己取得了摄政的称号。不仅娃娃登基被认为不正常，一个不是皇子的人出来摄政，也是第一次。更荒唐的是天皇成年以后，他还继续摄政。884 年接替良房作藤原族长的基经（836—891 年）又成了光孝天皇的摄政（约 884—887 年）。他采用了关白这个称号以后，关白就专门表示成年天皇的摄政。从此以后，摄政关白的复合称号和为皇家提供配偶的特权都为藤原家所垄断。这使藤原氏对平安朝的王位和宫廷得以牢牢控制，而这种控制以后还延续了两个世纪。

　　这不是说藤原氏就没有对手。皇家不时在别的家族中挑拨离间去反对藤原，或者避免任命摄政。最后，皇家内部也出现了一个
66 脱离天皇的据点，它就是退位的天皇即上皇的机构。上皇院成立于 1086 年，以后的几届退位天皇得以在家族和行政事务中与藤原氏抗衡。

986 年以后的大约 100 年间，藤原氏赢得了对朝廷上所余对手的决定性胜利。他们的控制几乎是暴君式的，没有他们同意，几乎就无法委任一个高级官吏。藤原氏兴盛时期的焦点开始于道长（966—1027 年），他实际上统治了京都的朝廷 30 年。四个天皇是他的女婿，还有三个是他的外孙。有一首和歌传说是他作的，歌云："此世即我世，如月满无缺"，充分表达了一个攀登到顶点的人的心情。

在藤原家族爬到有强大政治势力的地位同时，日本政府的形式也出现了根本性变化。政权的分散导致了世袭的家族政府的出现，这种政府很像从前的氏族制度。事实上，这只是自古以来在贵族家庭内部一直通用的行政方式的重现。正如赖世和（即赖肖尔）所说，贵族家庭和僧侣寺庙变成了"古老、集权国家的多元继承人"。面对一系列行政管理的职能，藤原氏不得不在自己的机构之内做各种调整。可以设想，当藤原氏公开把私人管理机构当成政府部门时，大氏族处理事务的私家管理机构，又出现在人们眼前。政所是藤原氏的行政办事处，发出的命令具有官方命令的效力。藤原家族既未篡夺皇权，他们的私家权力也就包含在高官和大量土地所赋予 67 的合法范围之内了。

到了 10 世纪中叶，日本的国家及政府与大宝制度中体现的官僚思想已经相距很远。首先，偏离中国有关政府的概念，或者是最根本的。中国的原则是国家存在于构成高级官员的贵族之上、之外。9 世纪时，日本废除了重新分配土地、制造钱币、官方修史、遣使到中国等等做法。这不仅说明京都朝廷和唐朝的疏远，也说明双方在政治力量、社会情况、日本统治阶层内部的土地收入方面有深刻变化。宫廷社会早就进行了调整，社会上和政治上的等级阶梯差不多又相等同，几乎恢复到大化改新以前的样子。结果体现在大宝法典中的政府机制，变得越来越多余。可是，日本人从未把这个机制废除，这也是他们办事的特点。它只是下降为一个礼仪的机构，在几个世纪里用以证明新出现的私家权力中心的合法化，并提供一个在里面争权夺利的架构。

宫廷家族事实上变成有自己附属的行政机构的公家机关，藤原家族是最明显的例子。从藤原氏我们可以知道日本贵族仍然是依照氏的模式组织的。分支家庭都围绕着一个中心人物，这个人物就是氏的首领。藤原氏的北家即北系，主要权力仍然由北家的主要领袖掌握。氏长者不再作为祭司起作用，但是这个家族保持着自己的祖先神殿春日神社和家庙兴福寺，这两处都在奈良。氏的领袖自然要维持家庭内的仪式，并公开资助这些仪式和其他宗教机构。

藤原氏的族长是这个家族利益的主宰者和管理者（即"别当"）。他主持家族会议（即"评定众"），并调节各种管理部门的活动，例如行政部门（"政所"）、军事部门（"侍所"）和上诉法庭（"问注所"）。当皇家成立了上皇院的时候，藤原家也有类似的部门。因此我们可以想象，其他朝廷家族和寺庙一定也用这种简单而直接的办法来监督自己的内部事务，并管理日益扩大的土地。事实上，管理土地是所有贵族的头等大事，因为在庄园制下，政府的经济基础已经分散。

私有土地的发达并不是大宝制度的个别失败，也不是贵族的特殊剥削形式。倒不如说它是私有制的基础——私人权利的蔓延。它存在于许多层次，还是许多平行发展的结果。在上层，在贵族之间，自然存在着追求生计、官阶和公家土地的倾向，并使这种土地易于变成永久财产。土地权问题的另一面，是耕者的土地使用期在缓慢而持续地向永久性发展。一方面是由于重分土地的办法趋于废

除（在本乡本土重行分配土地的最后记录是 844 年），另一方面则
是耕者在官地之外，一般利用开荒得到私人的稻地。

实际上，开拓新田为拥有私人田地提供了最直接、最明确的
手段。政府经常需要更多的田地分给人民，这就迫使它鼓励人民开
荒，并给新田以特殊权利，来诱导人民这样做。因此，开荒者开始
享有土地的所有权一世、二世或者三世。743 年圣武天皇下令，不 69
把新开的土地纳入口分田系统，并允许开荒者永久拥有田地，公田
的概念就不复存在了。

在私有使用期之外，又给以各种豁免办法，这是和大宝制度最
基本的分歧。首先，随着租税的豁免，以及地方官吏对民事、刑事
司法权的被剥夺，国家对土地的独立权威也逐步削弱了。豁免地租
是由豁免粮食税开始的，然后又扩展到其他项目。寺庙和神社一般
都享有对土地的某些豁免税待遇，朝廷贵族在某些财产上也享受豁
免待遇。所有这些豁免办法，都可以由官方的措施或朝廷上的影响
而获得。最后的豁免，以及把免租的公田变成私有土地，是使地方
政府的地籍官和警察官不能进入土地，也不能检察土地。因为有了
这两种豁免权，日益增加的私家财产就处于皇家地方政府的视野之
外了。这就是日本人所谓庄园的起源。在这种制度下，庄园主负责
管理绝大多数事务，并享受全部经济权益，而这些从前都是属于中
央政府的。

这种类型的私有制，8 世纪时已在日本零星地出现，此后则持
续发展。庄园主能得到的特权和豁免权，由于官方的承认而牢固可
靠。同时，有些相关的做法增加了庄园的规模，也提高了各地庄园
的同一性。通过买卖，有的庄园变大了，也有非法侵吞公地的，但
最多的情况还是通过寄托把周围免税土地兼并为更大的地块。13 世 70
纪当这些办法发展到极点时，估计全国大致分成了 5,000 个庄园。

主要的大庄园主只有几百，而庄园分布的形式则是分散的。例如1150 年藤原赖长在 19 个国里有 20 个庄园。950 年前后，奈良的东大寺在 23 个国里都有庄园，总面积在 14,000 英亩以上。石清水八幡宫神社在六个国里统辖着 34 个庄园。

人们常有一种印象，以为庄园是通过自私的宫廷和宗教势力以非法手段取得的，但事实上大多数庄园是在大宝制度的合法框架下产生并得到承认的。结果，原先存在于地方政府中的国家制度里的许多行政和税收措施，吸收了庄园内部组织。也就是说庄园制本身成为政府结构，它是由旧有的地方行政和土地管理的皇家机关直接演化而来的。

一般说来，在庄园制下，在构成庄园居民绝大多数的劳动人口之上，有若干层所有者和若干级管理者。最高的是主要所有者领主或领家，特殊豁免权是以他的名义取得的。但是，这样的所有者又把他的财产委托给本家，此人在朝廷的较高地位，足以保证庄园的合法性。由于京城一带多数所有者不住在庄园，他们依靠庄官管理土地、收租及招募劳动人手。通过庄官，所有者实现财政管理、警察保卫和全面监督。在正常情况下，这本是地方政府的职责。土地上的真正劳动者庄民，是拥有农民的名主，他们对土地或对他属下的耕种者拥有某些权利。

按照庄园的做法，在与土地的关系这个等级表上，每一身份，不论是领家、庄官或名主，都有一定的权利和义务，反过来他们对土地的收益，也可以有一定的要求。这种关系的本质和要求的范围，都表现在职能或称为职这个概念上，而这个概念在庄园运行中十分关键。职在庄园中的概念就是要依法界说土地权和收入的关系。例如领主拥有领主职，而领主职说明领地性质和领主收入的种类和数量，像地租（年贡）、生产的实物（"加地子"）和代役金

（"公事"）。因此，日本领主领取全部领地收入的一部分，和欧洲从前领主只得个别地块的收入有所不同。职也规定庄园内较低职务如管理员或耕种者的权力和收入。每一类型的职接受与它所规定相适应的份额，所以职就等同于土地财产的意思，它可以世袭，可以分割，甚至在整个系统中的每个职能的限度之内可以转让。

归根到底，由庄园产生的土地法及地方行政模式，和大宝制度的精神是格格不入的。一方面，庄园内部的权威关系虽能用皇家法律作出合法解释，但只是私人协议的产物，既是个人的，也是世袭的。另一方面，在庄园制下，身份的报酬并非基于税收所得的职务薪金，而是一种报酬费。在庄园里，耕者也不是处于官方管辖之下、交纳统一的税金。他把自己看成是由于私人恩惠而对某些上层人物欠下商定的钱款。就这样，庄园制成为政治和社会关系方面大规模回到世袭制的基础。

平安时期中叶，政府结构和土地税措施都发生了变化。我们不必把它看成是 8 世纪官僚理想的退步。诚然，宫廷家族和大寺院 72 这时正从事于直接、并且看来有讽刺意味的竞争，以夺取国家的资源。但是这些贵族的利益也立了功，就是它为全国提供了三个世纪的安定统治。而且他们在地方上的作为，则是为了提高农村甚至边远地区的文化和经济生活的水平。为了夺取土地而激烈竞争，经常有许多朝臣被川流不息地派到各省，他们都热衷于扩大耕地的界限。陆路和水道都改进了，以便把边远庄园的产品运到朝廷的土地所有者那里。他们也鼓励庄园变成手工艺品生产和商业活动的中心。和京都的耀眼发展相比，当然不被注意，但是高一级的文化因素却逐渐地大量流入了地方。

自然，政治和经济向世袭制转移，第一个受益者还是那些朝廷家族。在藤原时代，那些大的朝廷家族享受着农村领地送来的丰富物资和服务，把一个贵族文化的时代推向高潮，这种文化集中体现了日本人民对朝廷生活和贵族价值的理想。物质上的丰富和文化上的独立（不再受中国影响），导致了内容和精神状态都不同于奈良的生活方式。

当然，关于11世纪的朝廷生活，我们了解得比8世纪的要多得多。有许多细节的绘画，当时散文中也有平安风物的详细描写。可是我们也不要以为所有的平安人都享受着源氏物语的主人公光源氏那样追求女性、追求美的生活。在朝廷喜剧、庆典和游行的背后，在漆饰的庙宇和皇宫背后，还有庄园管理者和成群的劳动者的平凡而乏味的世界，这些人都是从各国召来的。为了兴建新的庙宇和住所，他们有木材要拉，有砖瓦要运。皇宫门口要有守卫值勤，而京都和地方之间的来往非常频繁。

平安朝的朝廷生活最不同于奈良时期的特点，就是许多对中国模式的依赖已经消失了。吸收中国文化已经超过有意识的模仿。平安朝的文化既是自由自在的，也是富有创造力的。皇宫建筑的风格即寝殿造，利用没有漆的木料和茅草屋顶，通过把房间和甬路都不对称地安排在花园或池塘一起，以求得建筑物和周围景物连成一体。另有一种新的称为"大和绘"的家庭画，叫作绘卷物，以用图画在长卷中叙述故事见长。这种画卷经常以地方上家庭场面或历史事件为主题。

朝廷文化最卓越、最经久的产物，当属文学。一种本土的字母即假名的发展为贵族文学的繁荣铺平了道路。假名使日本人写自己的语言比从前用复杂的汉字时简单得多（《万叶集》就是用没有简化的汉字写的）。平安文学的突出代表作是奉天皇之命编选的歌集《古今集》（编于905年）和女散文作家的作品：紫氏部的《源氏物语》（约1002—1019年）和清少纳言的《枕草子》。到11世纪末叶，男性作者崭露头角，他们的兴趣更多地转向叙述历史和政治事件。《荣华物语》（约 1092 年）写的是藤原道长引人入胜的兴起经过和他的豪奢生活。

　　平安朝的朝廷生活，显然有吸收了佛教信仰的迹象。当然，天台宗和真言宗的教义复杂奥秘，对大多数日本人的内心思想还是格格不入的。佛教僧侣仍然被认为是有魔力消灾祛病，而赞美寺庙的宗教仪式或佛像，也只是从欣赏美的角度出发。到 10 世纪，容易接受的新教义在贵族之间传布起来。他们信奉净土或西方乐土的阿弥陀佛，并相信佛要普度众生的誓言。传播这些思想的，有僧人空也（死于 972 年），他曾在京都的街上散布这种教导。还有僧人源信（942—1017 年），他写的《往生要集》成为极流行的小册子。源信描绘地狱的恐怖和天堂的迷人，还有念佛的灵验及末法的思想，也就是说世界已经濒临佛法的末日等等。这在当时人民的情绪上，产生了极大的影响。佛救世人的思想画在许多来迎图里，而当时人把来迎图放在行将死去的人身旁，使他们在临终时有所希望。

　　佛教还有一个方法深入到日本人的宗教信仰之中，就是进一步吸收并同化神道的神社崇拜。到平安时代，佛教僧侣已经掌握了相当多的地方神社，认为日本的神实际上就是佛教神在地方的显现。事实上，天照大神就是"大日"，而大日又是卢遮那的别称，亦即遍照佛。这些都有助于把佛教和神道融合起来。12 世纪神道的僧侣把两部神道这一调和理论又系统化了。也就是说，佛教找到了使自己适应日本文化的又一方法。

七、封建时代

武士和镰仓幕府

　　12 世纪的日本史上有两件大事。一是 8 世纪以来朝廷贵族和大寺院垄断权力的情况不复存在，另一是历史学家称为封建主义的政治权威和土地管理的新制度出现。在日本本土内政治和社会进化的历史进程，第一种情况是个特别好的例证。公家虽则失去在国内的统治地位，他们并未被彻底消灭。社会进程缓慢而迂回曲折，结果是朝廷贵族开始被搁置、后来又被降低到仅在礼仪上受到尊敬而清贫的地位。这种变化的发生很有特点——缓慢而不为人所注意。没有明显的转折点，也没有什么斗争。连给 12 世纪抹黑的民间骚动和战事，在当时也好像没有什么重要性。

　　不过，到 12 世纪末叶，日本社会和它政府的模式，已经发生了重大变化。促成这种变化的因素明显可见：地方上军事贵族（武士，或称侍）对国家事务的作用愈加重要，具有广泛的民政权力的军事司令部（幕府）的建立，和在权力行使中对封建的主从关系的

进一步依赖。这些因素放在一起，标志着社会构成、权力结构和行使政治权力之合法基础的基本转变。

　　如果说这些发展代表封建措施进入了日本政治，首先要把大宝制度和某些新出现的行政办法作一比较。新办法的特点就是军事首领和部下之间的权威的关系。这仅是庄园制普及的偶然结果。庄园

制是在大宝制度合法框架下发展起来的。如果朝廷家族给维持中央
官僚制度以及它的地方分支以足够重视，庄园制本是可以支持皇家
政府的。但是，皇家政府的机关，既不受重视，又没有独立的经济
力量，就逐渐失去维持法律和秩序的能力，特别是在农村里。正是
这种情形的变化，导致司法机关的私有化，最终导致地方的、然后
中央的行政军事化。

　　恰当地使用封建主义这个名词，要求我们进一步说明，并需要
进一步比较日本的制度和中古欧洲的制度。把欧洲封建主义的概念
转用给日本，起源于 19 世纪中叶去日本的欧洲访问者，他们首先
注意到当时的日本和他们记忆中历史书上理想化了的封建主义的相
似之处。这个名词终于为日本和西方历史学家所采用，而且还流行
于普通谈话中，当然不免有误用之处。封建主义这一词在日本史上
常是不加分析地作为说明的概念，而近年又在历史学家中引起不同
意见，认为该词用在日本不恰当。但是，13 世纪日本军事贵族发展
起来的政治机构，无疑地和封建的欧洲颇为相似，所以这主要是语
义的、定义的问题。也就是说，一个精心考虑出来的封建主义的模
型，对日本或欧洲都适用。对理论和比较二者有兴趣的历史学家，77
正是在这一点上感到日本史特别与世界有关。一方面，像朝河教授
试图发现的那些相似之处，可以导致一个有牢固基础的概念即封建
主义的历史现象。而另一方面，那些不可避免的相异之处，正好阐
明日本和欧洲文化的区别，并突出了日本历史的特点。

　　也许构想封建主义的最有用的办法是最简单的，那就是认为封
建主义是一种社会，在这个社会的各层次中，民政、军事和司法的
政府组成部分都融为单一的权威。这种公家和私家职能之融合体现
在地方上有权势的军人身上，而军事行动和价值自然在整个社会里
最为重要。朝河教授说，封建主义的出现，需要某些先决条件，这

也许是对的。它需要以土地为基础的经济，需要一个中央集权的国家的"幽灵"来提供合法基础或框架，还需要全副武装的武人和社会其他人之间在军事技术上明显的差距。欧洲学者强调封建主义必须有"野蛮化"或"部落条件"，对日本却不太重要。

如果欧洲封建主义是罗马社会的解体和新人侵入的结果，在日本则是文人贵族爽性让位给出身于较低层旧贵族的武人贵族。作为一个新兴的统治阶级，武人贵族的特点是来自农村，而且倾向于通过私人的投合而把武力组织到一起。在他们的圈子里，权威表现为首领和部属的关系，而不是文官之间的关系。在典型的首领—部属关系中，首领（日本称为殿）要求他的部属（即家人）为他忠诚服务，而酬之以扶养——最常见的形式就是封地（日本叫知行地）。封地的持有者通过在地方上行使武力统治，奠定了一种社会制度的基础。在这种社会里，社会地位及行使公共权力和拥有私人封地是一致的。自然，除了军事方面以外，在庄园制度普及的过程中，大多数上述情况都不明显。领地在早期不过是某些庄园里部下的职能赋予的权利，但是庄园在经济上起了过渡的作用。因为一方面职的权力是作为军事效忠的部分报酬颁给部下的，但另一方面它在最后就成了出现真正封建领地的基础。

具有封建主义特点的这些做法的普及，并不是一下子出现的，也不是在全国范围内均匀地出现的，而且也没有和皇家的制度突然决裂。封建主义的做法的出现，也就是武士（或作侍）掌握政治经济领导权，这个过程是经过若干世纪缓慢到来的。历史学家习惯把这个过程分为三个阶段：镰仓时代（1185—1333 年），在这个阶段里，军事领导及封建主义的做法与京都皇家势均力敌；足利时代（或室町时代，1338—1573 年），在这个时代，武士接管了政府中皇家制度的剩余部分，并取消了宫廷的大多数所有权；德川时代

（1603—1867年），在这个时代，武士阶级已经毫无疑义地是国家的统治者了，同时也更加依赖政府的非封建措施。日本的武人贵族即武士，始终是关键人物，下面我们要谈谈武士的起源。

11世纪时，对朝廷贵族而言，武士是没有想到的问题。但是，也可能日本地方上的贵族历来和军事很接近。虽然建立了征兵制，技术上解除了地方贵族的武装，上层氏族的子孙继续在武装部队中占有显要地位。事实上，在奈良时期，贵族中有雄心的子弟也许把从军看成最有吸引力的事业。因此，792年征兵制崩溃之后，地方首脑的家族成员被征召为军事力量的主要来源。精英武士的观念又复活了。随之而来的，就是武人贵族所特有的军事训练和军事装备上的"技术差距"也出现了。地方武人上层的扩张，和他们对政府民政的蚕食，标志着所谓"武士的兴起"和日本又回到个人带武器的社会。

最早是在9世纪，地方的首脑要求武装他们自己和下级，以便更好地执行任务。这种做法开始于东方各国，是各国民间武力和警备力量衰落的早期征兆。随着地方情况的恶化，中央政府委派各国国司或者他们的部下做行政司法长官（押领使）或军警（追捕使）。这种委任开始是暂时的，给文官以募兵的权力，并使用武力保卫地方、维持治安。随着地方官吏越来越用世袭的方法承袭他们的官位，地方上的骚乱时间也越来越长，军事称号就变成永久性的，而且压倒了文职官员。

在庄园里，当各国的行政官员越来越不能保证地方安全时，管理阶层也发现有必要把自己和部下武装起来。结果在地方政府和庄园内，领导层人士开始从自己的部下选拔战士。他们在正常情况下是卫兵，有特殊情况时，就是惩罚的力量。在庄园系统和皇家政府剩余下的机关里，军事任务成了正规的服务项目。在各国，

有钱有身份的家族都要训练他们的家族成员骑射和剑术。这些是
80 技术要求很高的本领，而昂贵的战马和盔甲这些装备，又把他们
变成军事精英。

所有这一切，直接影响文职权威与政府其他各级行使权力的机
构的关系。因为行使权威的能力越来越依靠武力，出任文职的也要
有自己的军事或警卫力量。因此中央和地方的各级政府都招募大批
武士供驱使。到9世纪末，在京城的藏人所纠集了自己的武装警卫。
京城的帝国警察（检非违使所）也从地方进行招募，藤原把私家武
装配备到他们的军事机构，组成了家族警卫，以为摄政关白或其他
重要成员的爪牙。六支宫廷卫队也变成皇族的私人保镖。连寺院也
为了保卫自己而从庄园召来大批的武人。

地方上的上层阶级变成了军事精英，这并没有破坏社会的秩
序，因为它仅把体现私有化的庄园倾向带进了政府其他部门，而
武士不过是提供武力和以管理地方为职业的官员。他们的军事服务
是在朝廷的现行军令系统下进行的。但是，武士开始发生了新的兴
趣，发展了超越旧权力结构的新的联系，特别是他们和地方势力结
成集团并与朝廷利益发生冲突时，他们就成为问题了。

在10世纪，地方上开始形成名叫党的武士集团。这些人或因
各种各样的利害关系，或因家族关系，而联系在一起。大多数的集
团中，都有一个亲属核心或仪式上的亲属关系。这种核心，在日
本的家族结构中早就形成为特点。家族集团的家长和他的近亲一门
81（或一族）形成一个单位。家族的旁支是世袭的随从，叫作家之子，
而没有血缘关系的随从，则称为家人。因此，家族的称呼是表示关
系的，不一定与血缘相关，而集团的首领继续在家庙或保佑地方的
神祇前作为宗教仪式的领袖。由于这个原因，此时的武士集团，常
被称为氏族。

　　以家族为基础的组织，加进了武力联盟的成分。战事把散处四方的人吸引到一个卓越的领袖身边。在这种情况下所达成的军事同盟，往往是亲密而持久的。就是这种个人的军事联盟，成为一种新的权威制度的主要特色。这种制度可以和欧洲的领地制度相比。地方上大的军事家族集团，一般都由于国内的长期骚乱而形成，而且倾向于团结在派到地方执行军事或警卫任务的朝廷贵族的周围。这些家族既有军事头衔，又有社会声望，纯属地方的领袖很少能与之相匹敌。藤原、平、源这些家族越来越多地充当庄园的管理人员、国司的副职或者国司机构的常驻官员。因此，他们很快在久居当地的上流社会中得到拥护，成为地方上的领袖。

　　10世纪和11世纪的几次动乱，为某些较大的地方集团中具有潜力的军事领袖提供了崛起的机会。第一个就是东部地方的平将门。此人性格刚强、胸怀大志，是桓武天皇的五世孙。935年，他攻打并杀死了他的亲戚常陆国的副职平国香。939年他占领了下野和上野的首府，自称是关东八国的主人，甚至自封为"新皇"。最后他被杀。藤原秀乡（新任命的下野国押领使）和平贞盛（即平国香之子）平息了他的叛乱，平贞盛因此被委以镇守府将军的荣誉职位。同时在日本西部，海盗在内海日渐猖獗，干扰了税收货物的运送。藤原纯友从首都被派去平靖海盗，而他自己也变成土匪，威胁那个地区。直到939年，当地的某些贵族，组成一个军事集团，藤原及其部下才被杀或流窜他乡。其中之一就是源经基。

　　在这些事件发生之后，平氏和源氏两个家族在地方上日趋显要。源经基的儿子满仲和藤原氏结盟，不久就在地方上担任各种官位，还得到许多庄园，并从庄园中为藤原家族的警卫招募武装力量。紧接着源氏这一支（即清和源氏）在京都和地方担任了不少朝廷任命的官员。桓武平氏一支定盛的后代在东部各地占重要地位，但平氏其他各支则集中在内海一带。东部各地从1051年至1088年发生一系列动乱，这些军事行动为源氏领袖提供了在关东声誉鹊起的机会。到11世纪末年，形成了两个各具特色的集团：源氏集团在义家领导下在关东建立了强大的根据地；平氏集团在几位退位天皇的宠信下在家乡的势力盘根错节。

11世纪时，很明显，新的地方贵族不仅维持地方上的和平，也参加朝廷上日益加剧的斗争。此时，新兴阶级的一员几乎可以纠集足够有权力的分子来控制朝廷事务。又经过一个世纪，皇家由于宗派主义和不理朝政而衰败到使这一可能变成为现实。

到12世纪中叶，太上皇的院所、藤原家族和一些寺院之间发生争吵，京都陷于混乱之中。朝廷的利益越来越依靠地方上的下属，去处理地方事务并补充他们个人的军事警卫，朝廷开始失去了在京城控制事态的有效能力。同时延历寺和兴福寺这两个大寺院向皇家提出要求，利用大批粗暴兵士进行威胁，更增加了混乱。如果有人兵权在握，又想不顾朝廷而一试命运，这正是时机。头一个利用这个情况的人，就是平氏家族的领袖平清盛（1118—1181年）。

1153年平清盛升为桓武平氏这一支的首脑。他曾经担任若干地方的显赫职务，并且作为安艺国司，得到朝廷第四级的高位，这对于一个地方出身的人来说是极不寻常的。1156年退位的天皇崇德和当朝的天皇后白河之间利害相冲突，宫廷内部的派别之争引起了军事行动。保元之乱的结果，支持后白河天皇的平清盛取得决定性胜利。在失败者一边的则是源氏领袖为义。后来为义被处死刑，这就大大削弱了源氏在朝廷的地位。1106年，唯一的较有名气的源氏领袖源义朝参加了企图消灭平清盛的阴谋。但平清盛又胜利了。源义朝死后，平清盛在朝廷上再没有军事对手。后来，平清盛又提升到第三级参议，这是第一次使地方出身的贵族跻身于高级朝廷贵族之

列，并参加朝廷决策机关。也就是从这个位置开始，平清盛进而统 84
治京都。

平氏霸权是以权力为基础的。他的权力来自广泛占有的庄园
和有战略地位的地方官吏的支持。平清盛的强大则来自他的精良部
队。但是他的合法性，正像藤原那样，是靠向朝廷渗透而取得的。
他主要靠在中央政府内取得高位，并利用机会和皇家通婚。他自己
作了太政大臣，他的儿子成了内大臣，有 16 个近亲成为高官、30
个成为中级官吏，还有许多别的亲戚成为地方长官或京城内警卫军
的首领。到 1180 年，他把他仍是婴儿的外孙放在皇位——安德天
皇，自己在宫内就成了事实上的最高权威。平清盛在六波罗的皇宫
卫戍部代替了藤原氏的政所和作为京城政权主要所在地的退位天皇
的院所。因此日本历史学家有时候就把 1160—1185 年这个时期称
为六波罗时期。

平氏家族对朝廷的控制并没能持久。平清盛的粗暴专政立刻引
起朝廷和僧侣的剧烈反对。一度是他恩主的后白河天皇也成了反对
他的主要力量。1180 年形成了一个反对平氏的阴谋集团，集团中包
含有些源氏家族、园城寺和兴福寺的僧侣和后白河的儿子以仁王。
这一密谋被残酷地粉碎了，但是用以仁王名义发出的起兵号召到达
了清和源氏所在的东部各国。清和源氏一支的领袖的继承人赖朝
（1147—1199 年）立即响应，举起义旗。有讽刺意味的是他在 1160
年曾以年幼而被饶恕不死。义仲（1154—1184 年）是更远一些的
源氏家族，他在信浓也聚集了拥护者。1181 年平清盛逝世，平氏家
族只能对源氏家族采取守势了。

源氏和平氏之间的斗争（所谓源平战争）从 1180 年持续到 85
1185 年。从关东开始，最后重点移到日本的中部和西部平氏主力最
集中的地方。1183 年赖朝控制了关东，义仲占领了京都，而平氏

则撤回到他们在内海的根据地。这时赖朝怀疑义仲在京都的行动，派遣了两个弟弟义经和范赖率领关东军去反对他。1184 年义仲被消灭，义经继续统率关东军，在平氏撤回内海的时候，义经打了一连串的漂亮仗。在坛浦，平氏的部队几乎全被围困在船上，这是和源氏的最后一次交锋，平氏被歼灭了。在结束平氏霸权的这场海战中，安德天皇被溺死。同时，代表日本皇权三件神器之一的神圣宝剑也随之失去。

　　源平战争在日本历史上留下了特别浪漫的章节。这是一场主要的战争，战士来自全国各地。军事规模之大和持续时间之久，都是日本前所未有的。加之战斗方式是身披重甲的战士和他的对手短兵相接，更出现了许多英雄轶事。大多数的平氏领导早已完全接受了京都朝廷上的生活方式，他们和源氏部队对阵时，这场战争的尖锐性也更加深了。粗野的关东战士和习惯于高雅的朝廷方式的平氏相对阵，一直是源平战争描写中最引人同情的部分。因此，这场战争给日本人的想象力留下了强烈的印象而产生了一种浪漫体文学（特别是《平家物语》）。从这种文学又产生出理想化了的武士行为和许多故事，成为以后戏剧化的能和歌舞伎的基础。

　　从历史观点来考察，这两大武士集团之间的战争也有重要意义。源平战争在很大程度上为武士在国家领导中取得了新的地位，导致在赖朝的领导下建立起第一个全国的武力霸权。赖朝要用远不同于平清盛的方式来控制这个国家。他在镰仓另行设立了一个军事司令部，这个司令部远离京都，赖朝就用这个办法绕过了朝廷，而新兴的军事贵族把朝廷的权力废弃在一边。

　　1180 年，源赖朝开始在伊豆国纠集武力反对平氏。他的本意仅是响应以仁王的命令去恢复他家族的财富，并把平氏赶出东方各国。结果却形成了一个对全国的军事保护制度。平氏曾经集中注意力于渗透进政府的文官部门，赖朝则恰恰相反。他尽量利用他在军事斗争的动乱年代中从朝廷夺来的武力和警卫权力。严格地说，赖朝建立的幕府并非篡夺权威，因为它是得到皇家制度允许的。但是，赖朝获得权力的程序和平氏所用的相反：他不急于进入宫廷，而是首先建立军事力量和个人的组织，然后求得朝廷的荣誉和头衔，最后是合法性。

在源氏领袖中，赖朝似乎是对当时的"政治需要"最有眼光的。在他初期成功之后，他谢绝去京都接受可能迅速升迁的头衔。他把战功的光彩让给别人，自己却守在关东地带，从事巩固根据地的艰苦工作。所以在整个源平战争中，赖朝守在东方巩固他的土地所有权，奖励他的随从，建立起一支对他忠诚的御家人队伍。他在镰仓的司令部，越来越具有当地行政中心的特点了。

作为源氏的公认首领，赖朝 1185 年最后战胜平氏，威信倍增，从朝廷得到许多权力。这些权力大部分是国家的军事力量和警卫力量，也包括某些收取庄园赋税的责任。1185 年他承担了总追捕使（武警首领）的头衔。他在西部各国就有权委任军事人员，同时还有权干预朝廷和寺庙对庄园的占有。1190 年，他又接任了总守护（各国总的武装首领）和总地头（即武装的土地总管）的头衔，权力进一步增大。1192 年，他最后得到将军称号，而他所有的权力也得到合法化。

赖朝的身份因接受朝廷的高级官位而提高，他的财富也由于获得许多庄园而猛增，当他成为将军时，实际已是政府文武两大部门的主要权威。作为清和源氏的一系之长，同时又是朝廷的第二品级，他直接拥有大量平氏充公的庄园（大约有 120 个，分布在 39 个国内），并由退位天皇的院所予以肯定。此外，他还有许多别的庄园，是他的追随者委托给他的。作为将军，他成了关东八国和西

部的丰后的国守（即所有者）。在另外七国，除名义外，他实际上
也是所有者了。在这些国里，他有权指派长官、文职官吏，甚至于
某些庄园的官员。在别处，他的权力稍受限制，但是和他新建立起
来的两类官职的权利是紧密相连的。这两类官职就是军事地方长官
（守护）和军事土地长官（地头）。这些官职的任命是赖朝的扩大了
的体系的标志。

88　　　1185 年在大多数国内设立了守护，它原来的意思是帮助赖朝
肃清军事抵抗的残余力量，守护在各国以监督军事和警卫事务。同
时设在土地上的地头，是要帮助庄园官吏征收地租和紧急军事费用
的。因为赖朝认为坛浦战争之后，需要这笔钱以消灭残敌。他在御
家人中新委任的军事人员，并没有代替当时存在的各国的文职管理
机关或庄园管理员，而是同时并存。这些人对将军形成了一个逐渐
遍及全国的关系网，这个网最后把镰仓司令部不仅变成地方权力机
构，而且还是一个国家行政机构。

在权力高涨的过程中，赖朝曾经声言他要保卫皇家，而不要破
坏皇家。同时他也小心翼翼地为自己的行动寻求合法根据。因此镰
仓幕府是建立在朝廷指派的合法基础之上的。将军拥有的组织几乎
能执行所有地方政府的职能，而且比朝廷贵族执掌的、日见衰落的
国家机器效率要高得多。因此，赖朝创立了一种以封建命令为基础
的行政制度，它最后代替（或吸收）了以京都为中心的文官政府。
镰仓成为这些新机构的中心，并成为武士阶级的城市，这标志着日
本历史的重要转折点。

北条氏统治下的镰仓

在源平战争结束后的一个半世纪，这时期的突出特点是京都和

镰仓两大中心之间的政治和文化的平衡。开始，这种平衡可以说是势均力敌的：京都还保持着作为朝廷贵族的城市和高度文化中心的荣誉。地方上的武士兴起以后，贵族的财富和他们维持高雅生活的能力并未急剧降低。他们遍布各地的庄园，现在还能继续维持其贵族生活，因为和老的管理人员并存的武装地头，把庄园管理得更紧了。毫无疑问，相对军事贵族的权力而言，文官的权威处于不利地位，而这些年内政治影响的平衡，经常是离京都而偏向镰仓。1221年出现了一个重要的转折点。退位的天皇后鸟羽从附近的皇家庄园和某些佛教寺院纠集了一批武装力量，目的在于摧毁幕府。作为回答，镰仓的领袖就派去大队人员，把他们所谓的天皇"造反"镇压下去了。结果幕府没收了更多的公家庄园，在京都设立了相当于将军副职的探题（位于六波罗，即旧的平氏司令部），并把地头制度推广到全日本。很明显，这时的权力平衡偏向镰仓一边，而他们也开始越来越干涉皇家的事务，例如继承皇位和藤原的摄政问题。

　　作为一个新的政治中心，镰仓有两个主要机构。源氏一派的司令部，在赖朝时代可能包含 2000 个武士家族。这些人或者曾向赖朝表明了效忠的关系，或者是以其他方式取得御家人身份。它同时也是幕府的司令部。镰仓这个地方也由一个简陋渔村发展成相当大的城市。重要的源氏仆从在这里盖起了府第，新的佛教宗派也修起了作为本山的寺院。幕府作为一个行政组织，没有皇家政府那样复杂，几乎完全任用的是御家人。幕府的行政机构和藤原的家族政府及上皇的"院所"相一致，简单而有效率。

　　从历史上看，幕府最早形成的机构是侍所。这是赖朝在他开始和平氏作战时建立起来的，逐渐变成军事和警卫的司令部，负责策略的制订、军事人员的招收和任命及对御家人事务的一般监督。它主要的长官是从和田家选出来的，他是赖朝的主要部下之一。行政

处叫公文所，后改名政所，是一个行政管理和决策的部门。赖朝在
京都皇宫选来了一名法律专家大江广元，让他负责这个部门。问注
所是上诉法院，执行刑法并保管各种审判和土地的记录。它的第一
首长也是京都来的行政专家三善康信。在赖朝时期，这三个部门形
成幕府的高级行政机构，而这三个长官又在行政部门首领执权领导
下，形成一个咨询机关，他们在将军面前讨论政策。这些简单的中
央行政机关，在幕府存在的大部分时间内满足了它的要求。

　　在镰仓以外，将军的部下还占据各种地方职位，这些职位多半
是早已存在于皇家地方行政和庄园管理的框架之内的。作为地方长
官、京都派来的司法官员或庄园管理员，他们都像文职官员那样工
作。在此之外，又派遣了新的地方军事长官和军事土地管理员。地
方上的地头作用相当于庄园管理员或国的税务官。其最大的特点是
将军委任、对镰仓而不是对京都负责。最初，地头的职责是加强地
方行政，负责监督土地税的征收和分配。但他们并不是尽义务的。
地头一般通过分得职的一部分作为报酬。例如在 1221 年以后新委
任的，普通是领到土地税的十一分之一和生产实物的一半。还有一
种加征米，大约为土地税的五十分之一，是征收来维持集中在镰仓
的军事机构的。因此，军事官员对庄园的收入的汲取是不轻的。

　　在地头之上是军事长官守护，他们往往选自地头中的较有实力
者。每人可以负责一国或更多国，和已经没有权力的文职长官同时
存在，作为高级执行官员。他们的重要职责之一就是监督地方上的
将军部下，并为各种军事警卫分配任务。

　　赖朝虽然是个精明的领袖，却没能保证自己后嗣地位的蝉联。
近亲中所有的对手都被杀掉了，1199 年他逝世时，留下了两个不成
材的儿子，显然没有能力控制源氏家族。因此，在赖朝当年的部下
中就开始了权力之争。赖朝遗孀北条政子（1157—1225 年）和她

娘家的男性逐渐掌了权。北条政子的父亲在 1203 年成为政所的执权，这样一来，他就相当于将军的摄政。直到 1333 年灭亡，北条家族通过这个位置统治镰仓幕府。1219 年，一个傀儡将军（藤原氏家婴儿、赖朝女儿的后代）来到镰仓，1252 年以后，被命为将军的皇室王子不过是门面，在幕后治理幕府的实际是北条氏。

北条氏的摄政期持续了 100 多年，它给日本带来了强有力的政府和相当的稳定。有讽刺意味的是北条氏属于平氏血统，在通过赖朝和源氏结盟之前，这个家族深深地扎根于伊豆国。作为幕府的幕后权力，北条氏产生了一系列能手，成功地建立起镰仓幕府的政治地位。但是，北条氏逐渐把别的职位也吸收入幕府之内，控制了侍所、将军在京都的代表及全日本大部分国的守护位置。1225 年产生了一个国务院（评定众），主要意图是给非北条氏的人更多机会参 92 政，并管理幕府，但这个机构最后也被北条氏所主导。

镰仓政府给人印象最深刻的特点，是它相当公平且效率较高地注意了维持和平，并稳定各国的秩序。作为各国官吏或守护及地头等的将军部下，在管理土地所有权和使用期权限中，发展了一种粗暴的、经济主义的制度。到这时候，古老的大宝法典的技术性规定在各地都已很难适用，因此北条氏就在 1232 年制定了一部法典，它是给在幕府任职的御家人定出来的管理原则和规章。这就是《贞永式目》（或者更确切地称为《关东御成败式目》），也就是日本的封建法第一次成为法典。它的基本原则是宗教机构和朝廷的土地所有者的利益必须保护；它要求武士贵族恪守庄园法的条款并尊重上级；它还阐明了地头和守护的职责以及镰仓朝廷的功能。

13 世纪末，日本战士遭到蒙古大汗忽必烈大规模水陆夹攻时，是对北条氏领导的最富戏剧性的考验。忽必烈在侵入中国本土的大部和朝鲜的全部以后，1266 年遣使日本，要求日本归属为蒙古帝国的附庸。如果由京都的皇家顾问处理此事，日本人肯定会接受这个条件，但执权的北条时宗断然回绝了来使。忽必烈因此准备进犯日本，从新近征服的中国和朝鲜征集来船只和水兵。1274 年，约有三万人的蒙古和朝鲜混合部队从朝鲜港口开赴日本，他们在北九州靠近博多的地方登陆，遭遇到镰仓从各地支持者召集的军队。正好 93 这时来了一场大风暴，侵略军被赶回朝鲜，并受了严重损失。

忽必烈现在更加决心使日本屈服，在他继续征服中国南部的同时，仍然派遣使臣来日，并作第二次东征的准备。时宗也不示弱，把忽必烈派来的使臣立即斩首。沿着博多湾的海岸他建起了一道长长的防御墙。在九州，他设立了一个军事司令部，新集结起来的部队也都部署完毕，并接受了蒙古人曾对他们用过的集体战斗技巧的训练。1281 年，忽必烈从朝鲜和中国派来了号称有 14 万之众的军队。这些部队虽然在有限的地方登了陆，但由于防御墙的保护和日本人的作战能力，蒙古人未能深入内地。经过大约两个月的战斗之后，又来了一场风暴，打散了这巨大的侵略军——能逃回朝鲜的逃回朝鲜，剩下的或者被日本人屠杀，或者被俘虏做了奴隶。这是日本历史上直到现代为止的最大的一场来自海外的争战，而日本成功地保卫了自己。

因此日本人认为，在忽必烈的领导下蒙古人所遭受的很少失败中，日本是有份的。蒙古人因失败而感到痛苦，1283 年忽必烈又设立了一个司令部为第三次出征作准备。但这个司令部在 1294 年忽必烈死后就解散了。不过，在日本，北条氏设置的军事戒备状态，直到 1312 年才解除。和蒙古人的冲突，也给日本人留下了深远的影响。在对保全了国土感到满意的同时，也有持续的恐怖心理，特别是在军事领袖的心中。镰仓还面对着两个意想不到的问题。一是庙宇和神社。在敌人入侵的时期，念经念咒的噪音响成一片，他们

认为蒙古人的失败是神力结果，特别是神风的力量。神风是日本的
守护神发出来对付敌人的。二是参战和阵亡的人基本上都在九州，94
这些人的家属需要赔偿。侵略军没有留给日本任何土地以为战利
品，镰仓也就没有什么可以使他九州的下属满意。尽管北条氏成功
地抵御了蒙古的侵犯，但日本一个极重要的地区被扰乱了。北条氏
面对的问题，终于给他们带来毁灭。

　　在这一事件中出现在世界历史舞台上的日本武人，是日本文化
的一种特殊产物。武士在东亚社会的领导类型中是与众不同的。他
和中国的学者型官吏毫无共同之处；在生活方式和价值观念上，与
大致同时的欧洲骑士倒比较接近，这是很有趣的。虽然是封建环境
的产物，他们与仍然掌握着京都的朝廷贵族，也是完全不同的。到
12 世纪末叶，武士成为日本较高文化的主要代表，而不仅是在政治
和军事方面而已。在这时，武士的生活方式还没有占主导地位，但
是日本文化正在越来越多地受到这个新兴武士阶级的兴趣和价值标
准的影响。

　　武士虽然也是统治阶级，但过的生活和朝廷贵族大不一样。他
们基本上是地方上的贵族，以当兵为天职。他们和公家不同，全神
贯注于军事和土地的问题。大多数的武士直接与土地管理有关，就
住在土地上或土地附近。宫廷贵族远离土地，住在京城的孤立世界
中。武士和追求高雅技艺的公家不同，强调骑术、射术、剑术和领
导兵士的本领。他们赞扬忠诚、正直、无畏和节俭这些品德。这个
阶级的两个主要象征是剑（武士之魂）和樱花（樱花在第一阵风来 95
时就要落下，正像武士为君主效命，死而无悔）。武士经常在为君
王效命和给家庭争光中，被许多责任纠缠着。他还不得不在田地里
过艰苦的生活，坚信这种磨炼是在培养性格。节俭是他们的处世格

言，这不仅因为武士是以土地的有限收成为生，而是认为奢侈会导致软弱。因此，他蔑视朝廷大臣的舒适生活，以为它缺乏活力。他甚至也蔑视采用容易的办法来自杀。武士把自杀作为一种"光荣的解脱法"，来表示"真诚"或对自己上级的反对，而这种做法又成了时尚。但是，这种公认的自杀方法"切腹"实在可怖而耗时间。在某种程度上，这也是野蛮的证明。武士在绝对权威下，过着极端严格的生活，死亡的威胁经常在他左右。他必须粗鲁、豪迈，特别是动作果断。

随着武士阶级掌握了越来越多的政府权力，他们逐渐把自己神秘化，说成是日本社会中唯一的合格领袖。他们蔑视老朽的朝廷大臣和铜臭的商人，并以自己所从事的职业是为全体谋福利而自傲。在13世纪时，这种情绪还没有完全发展，但是已在酝酿之中。直到17世纪，理想化的武士道信仰才被阐述出来，儒家的原则也被用来提供更一般的道德支持。

正像中世纪欧洲，日本封建时代早期也充满宗教狂热。镰仓时96 代宗教的觉醒不仅是新阶级兴起的结果，而且生活和文化的模式也在变化。平氏和源氏之间的战斗、京都和镰仓之间的权力消长，也给人以不安全感。对许多人说来，这是个混乱的时代，只能令人悲观。对"末法"的恐惧仍然继续，而站在衰落的京都来观察世界的人，只能设想不幸的日子将来到日本。

但是，新教派的传播和佛教信仰深入日本社会，有更积极的原因。新的觉醒满足了国内新阶级和新教派的需要。武士贵族虽然粗鲁，但对佛教也深有兴趣，他们中不少人到晚年就加入僧侣的行列。在武士社会中，僧侣阶层起着很重要的作用：僧侣提供了有教养的人才，这些人可以给没有文化的军事行政人员作书记、作顾问。寺庙又是文人墨客的隐避所，并给要逃避武士的人提供了一个安静的去处。新的觉醒也说明地方上生活水平和文化程度的提高，因为许多宗教活动和对这些活动的支持都来自农民和下层武士。到13世纪中叶，佛教机构成了日本各阶层生活的组成部分——从最低的农村社会到镰仓和京都的贵族社会。重要的宗教中心也在各地普遍地成立起来。

镰仓的觉醒部分地也是对旧有的佛教教团的反应，对天台宗和真言宗的神秘概念的反应，对奈良六宗派对人生所持的等级观念的反应。13世纪出现的新宗派，把佛教的教义介绍给最寻常的俗人，并开辟了拯救众生之路。新的宗教使佛教的原则大众化，并主张更直接地以情感表达信念，也就是教义的自由化。新领袖往往出身低微，鼓励把佛经译成简单的日文，参加俗人的集会，甚至于声称为 97 了了解普通人的问题，僧侣也应该结婚、有家室。

形成那些新宗派的宗教思想，对当时说来，也并非是才出现的。平安时期的寺庙早就为镰仓的觉醒作了准备。在那些庙里崇拜阿弥陀佛和禅宗的冥想，都是众所周知的。镰仓时代发生的，不过是从前在寺院教团里的次要理论，现在在新领袖的手里变成了独立宗派的基础。第一位和这个旧教团决裂的是法然上人，他在1175年创立了净土宗。在较早的源信教导的感召之下，法然上人宣讲人不能通过自己的力量救自己，因为人只有依靠外力才能得救。他声称人要寻求解脱痛苦和死亡之道，必须认识到只有相信佛的原始誓言，才能得救。这种信念必须以极大的诚心重复佛的名字。对法然说来，念佛就足够了，别的什么都不需要——不要庙宇、不要寺院、不要什么宗教仪式或者僧侣。而且在佛的眼中，一切都是平等的——高和低、男和女。这种极端的看法自然受到原有宗派的反对，在1207年他就被放逐出京都。此后他飘泊各地，结果进一步传播并普及了他的教义。

与此同时，法然的一个徒弟亲鸾（1173—1262年）进一步简化了这些教义，并说只要有诚心，叫一声阿弥陀佛，就可以得到拯救。他极力反对设立寺庙，他带头打破传统，结婚、吃肉，过正常的世俗生活。他相信如果一个好人可以得救，一个坏人更能得救。亲鸾创立了一个独立于法然的宗派以外、叫作净土真宗的宗派，或98 简称真宗。后来的流行称法是一向宗。净土宗和真宗都很流行。他们虽然认为僧侣组织没有必要，但大量的信徒群体仍由寺庙和僧侣为之服务。今天在日本真宗的信徒最多，净土宗次之。

日莲（1222—1282年）在1253年建立了法华宗，它也是依赖诚心的，只是目标不同。日莲是个好战的关东人，教他的信徒念南无妙法莲花经。他深信他的宗派是自救和救国的唯一真正之路。他攻击所有其他的宗派，并斥责支持别的宗派的国家领袖。他甚至于批评幕府，并预言如果别的理论不被制止，就要有外族的侵略。日莲的宗派，一般就用他自己的名字，是佛教团体中最有战斗性、也最有民族主义思想的。他的名字就是太阳和莲花，也可以认为是指日本的佛教。他思想里有极端的民族主义，他常说他相信日本是神的土地，而日本的佛教是唯一真正的佛教。

赖肖尔教授注意到一个有趣的现象：镰仓时期流行的佛教在许多方面和基督教相似。他们强调只有一个救世主（即是神）、天堂、地狱和狭窄的生路的图像，对忠诚的强调，以公众祈祷和念经表示宗教热忱及上面提到过的一些方式，都很相像。上述三个流行宗派也形成了教会，而这些教会在此后的几个世纪里成了为下层社会提供智能和文化生活的重要机构。最后，有的宗派，特别是一向宗，99 把自己组织成自卫和自治的团体以抵抗上级领导。15世纪时，一向宗在僧侣领导之下控制了加贺和能登两国，并开始治理这两国几乎有一个世纪之久。16 世纪末，大阪堡垒般的庙宇曾在强大的封建主军队的围攻下，巍然屹立了十多年。

新教派在民间日益流行的同时，老一些的教派并非奄奄一息。事实上，它们也在复兴和改革。特别是天台宗和真言宗，他们在地方上的分支庙宇，也成了教育和慈善事业的中心。在镰仓时代的前几十年里，全国都致力于重修毁于源平战争的奈良东大寺。在全国范围内发起募捐，而赖朝是奉献最多的。在寺庙建筑和佛教雕塑方面引起的兴趣，发展成为具有可观生命力的新古典主义。

镰仓时代还有一个宗派运动，它在一定意义上是沟通新旧教派的，这就是禅宗。日本在 7 世纪时就有这个主张沉思的教派，到 12 世纪和中国恢复接触，才有两个天台的僧侣受到鼓舞，在传统的教派之外，另立禅宗。荣西（1141—1215 年）两次访问中国，在 1191 年回国之后，开始鼓吹禅宗，建立临济宗以反对天台宗。他的徒弟道元（1200—1253 年）在 1227 年从中国回来后，建立了禅宗的曹洞教派。荣西像法然一样，因思想问题被逐出京都。但和法然不同的是，他在镰仓得到新的军事政府的恩宠，并开辟了幕府和禅宗的亲密关系。荣西回到京都，因为有镰仓的支持而兴修建仁寺，这是第一个专为禅宗活动而兴建的寺庙，随后就引出在京都和镰仓兴修五个官方寺庙（五山）的运动。最后，禅宗终于在全国传播开来。

禅宗不赞成老的教派，主要以其仪式烦琐和墨守成规，所以它 100 也是一个改革的教派。禅宗主张沉思的主要目的，是用佛教原始经验以求得"悟"。禅宗的信徒为了求得悟，必须经过严格的精神和身体的训练。他们需要坐禅，并研讨理智上不能解决的问题（即公案）。通过后一种手段使个人脱离对理智的依赖。也许在禅宗能最清楚地看出基督教和佛教的区别。禅宗的悟在某种程度上很像中古基督教的顿悟，但它的结果并不是公认的或社会的。悟了的人得不到社会上的职务而只是个人能生活得没有烦恼、没有牵挂。就这一点对武士贵族就特别具有吸引力。如果禅宗能让人理解自己、信赖自己，它也能造就有坚强性格的活动家。

禅宗在宗教范围内是反对理智的，但不主张退出充满活动的世界和文学艺术。实际上，在镰仓时期和此后的几个世纪，禅宗僧侣和寺院在鼓励高级文化方面，起着重要的作用。禅寺的寺庙建筑在京都、镰仓城的附近及主要的国的中心，但他们不同于奈良的宗派，和政治保持距离。禅宗的寺院只是在不和武士贵族的事务沾边的情况下才出头。他们用山的名字命名其庙宇，表示要重返自然。因此，在武士世界中，禅宗的寺庙越发成为学者和艺术家的主要隐避所。而武士出家者成为禅宗僧侣的人数最多。禅宗和北条氏执权的关系特别密切，其僧侣被任命为北条氏的书记、教师和顾问。而执权们自己又是这一宗派的在家信徒，依赖禅宗的训练，求得101　精神力量。强悍地抵御了蒙古的北条时宗在画像中经常穿着禅宗的长袍。

京都和镰仓设立的、官方支持的禅宗寺庙网，许多新教派的传播和一些老教派的复兴，大大增加了日本的宗教活动和宗教在日本人生活中的地位。我们又可以和欧洲比较一下了。作为社会良心和逃避战争世界的隐避所，封建日本的佛教和欧洲的基督教占有相似的地位。但是，这两种文化中，宗教机构和国家的关系是很不相同的。佛教寺庙可以致富，个别僧侣也可能得到军界要人的宠信，但宗教机构作为一个整体，在政治上没有地位，是不能影响国家事务的。在日本，佛教的最高僧侣也不能给领袖行什么涂油仪式，也不想介入京都或镰仓的政治决策。对于宗教机构，国家在日本一直比在欧洲控制得严。

但是，在这个时期的高级文化成就中，宗教显然是主要的影响。在文学、艺术和建筑中，宗教提供了内容，而他们的作者也多半是僧人，京都朝廷的典型作品《方丈记》为退休的神道僧人鸭长明（1155—1216？年）所写，他以一个宗教隐士的身份来回顾朝廷生活。吉田兼好（1282—1350年）是个有名的诗人和朝廷官员，退休之后，遁入佛门。他写的《徒然草》就是以伤感、哀婉、凄凉的笔触描写过去的贵族生活。最能代表武士社会的是一种战争故事，这些故事在叙述武士阶级的战功的戏剧性情节中穿插着佛教的教导。创作于12世纪初期的《平家物语》在这类作品中最享盛名。它叙述的是平氏和源氏之间的斗争，特别是平氏的最后失败。这本书为后来的日本作家提供了不少故事情节，但它最大的重要性还在于为佛教对武士阶级行为的评价奠定了基础。

足利霸权

镰仓幕府成立后大约100年内，日本的文职和武职机构互相支持，使国家有一段时间在政治上相当稳定。但是，14世纪就出现了政治崩溃和社会不安的迹象。京都的朝廷进一步分裂成为派系，而他们之间的争吵随着领地收入的减少而愈演愈烈。1259年废除了皇位继承的长子继承制，皇家的族系分为对立的两支：年长的持明院支和年幼的大觉寺支。1290年北条氏设法在二者之间施行一种极不可靠的轮流继承制，以为妥协。同时，藤原家也于1252年分成五摄家，皇家摄政也由这五支轮流。

镰仓内部的四分五裂，也毫不逊色。将军的多年下属，权力已经扩张到能和北条氏抗衡。他们公开地表示怨恨，反对北条氏独揽幕府的事务，或者把国内的军事领导权大半在自己内部瓜分。例如，足利家族是三河和上总的守护，这两处在镰仓的左右，具有战略价值。他们在国内发展了一批有力的拥护者，就越来越不情愿听从北条氏执权的命令。像足利这样的家族证明在镰仓之外，一种新的军事领导正在兴起。原来对将军忠心耿耿的御家人，也开始随地区而分散，而许多家族（一般有守护的身份）则作为中级力量而出现于镰仓和各国之间。

作为土地管理员的较小的武官家族的独立力量，日见衰退，这也促进了御家人制度的没落。原因主要是经济的。随着第一个地头的任命，随着原来的大家族都分裂为许多分支，本来丰厚的财物都被分割为微薄的遗产。此外，抵抗蒙古人也增加了压力。因此，到13世纪末，许多将军的下属都感到无法再为镰仓继续服务。他们依赖地方上的守护或地头以换取经济上的支援和保护。他们的封建主义忠诚开始转移。

在14世纪的日本，政治和社会问题下面存在着文武两方面对庄园所有权累积起来的紧张形势。双重管理的办法从一开始就不稳定，现在地头更在各地征取大份额的收入。他们这样做，可能是出于贪婪，也可能是由于在庄园管理工作上出力最多。14世纪时，许多朝廷大臣之家不得不把他们的庄园一分为二（所谓下地中分），一半给朝廷上的所有者，另一半给地头。京都的朝臣也日益抱怨军方管理员连属于他们的一半土地的租金，都没有交到。

摧毁镰仓幕府，并把政治和经济秩序彻底改组的事件，在历史上称为建武中兴。这次中兴是后醍醐（1318—1339年在位）天皇在1331年发动的，他属于年轻的大觉寺一支。这次的中兴虽既不合时宜，又完全失败，但其结果是深远的。因为他立意不让年长的一支回到皇位，并梦想恢复当年的皇权。他发动了一系列事件，这导致了北条氏的毁灭和国家机构的根本改组。

　　北条氏的倒台是突然而出人意料的。1331 年后醍醐曾经发动了一场愚蠢的反叛，在失败后为镰仓的部队所俘，并被流放到隐岐岛。不过，他设法从岛上公布了他的奋斗目标。1332 年逃离该岛之后，他成了一个大规模的起义军领袖。他身边有许多强有力的军事领袖，这些人都是对北条不满的。其中的足利尊氏就为后醍醐攻陷了京都。还有新田义真摧毁了镰仓，消灭了北条氏家族。

　　从 1334 年到 1336 年，后醍醐占领着京都，企图实现他恢复皇家政府的计划。但是，从一开始就有一道深深的利益的裂缝把他和他所依靠的军事领袖分开。后醍醐不仅要恢复天皇朝廷的旧机关，而且要重新坚持对军事部门的控制。因此，他把将军的称号颁发给自己的儿子护良亲王，并随意地任命朝臣为守护，作为给他的支持者的报酬，而这些报酬却远远低于他们的愿望。1335 年，心怀不满的足利尊氏起来反抗后醍醐，并着手建立自己的新幕府。1336 年他从后醍醐手中夺来京都以后，拥立持明院一支的光明天皇，以便使自己的地位合法化。两年之后，在 1338 年，他得到了将军的称号。

　　后醍醐中兴的失败和足利幕府的建立，并未立即给日本带来和平，因为后醍醐和他的追随者跑到吉野的山中，继续和他的继承人自称为合法的君主。在此后的 60 年里，两个系统的天皇争夺皇位，而在全国范围内，两个皇室同时存在又为各地存在的战争提供了借口。这些零星战斗统称为南北朝战争。开始于 1331 年的骚乱直到 1392 年才完全解决，因为倾向于地方主义和封建权威的新的政治势力的平衡，至此已经存在。

　　北条氏衰落后出现了新的政治秩序，其最最重要的特色在于幕府的所在地是京都，而不是镰仓。武装力量把皇家的首都团团围住。当然，皇家的中央政府的遗迹还保存着，而天皇也还被承认为合法的君主。各国似乎还算是国家行政的下属部门，庄园法也依然是土地管理的基础。不过，尽管皇家仍然占有高品级、高称号，自称对远方的庄园有所有权，但已经失去了所有政治权力及对自己土地的行政和财务的干涉能力。他们现在要完全依赖军方的土地管理者去领取各国交来的收入。与此相反，足利的将军们虽然也垂涎高品级、高官位，但不依靠这些来行使权威。将军现在被公认为国家的统一权力，并且能以皇家的名义发号施令。

武官力量吞食文职力量，或者是不可避免的，但这个过程却被后醍醐在无意之中给大大加快了。他要重建一个联合政府，就尽量地把文职和武职的行政捏合在一起。例如：文职长官不派到地方上去，因为守护（常常是朝廷贵族）常被指派去代替他们，就有了文武职的双重身份。所以在中兴失败之后，武职官员就承袭了一份大得多的权威。

皇家也以相似的方式失去其在首都作为独立的政治的和经济的
106 力量。1321 年，上皇的院所取消，许多皇家的所有权也都转给国库，这都是要恢复中央集权政府的理想形式。后醍醐被逐出京都，皇家也就失去所有这种土地。因此，皇家和指望朝廷向军人争取施舍的京都的公家，真正开始了经济困难的时期。这些公家都作为宫廷文化的象征勉强存活，最后和皇族一样，降为为礼仪而存在。其实，皇族早就接受这个地位了。

足利幕府虽然获得许多政府大权，但想有效地控制全国，仍有困难。皇家政府的瓦解，已经破坏了镰仓时期军事政府赖以运转的法律和制度的结构。镰仓将军的下属，作为个人早已软弱无力，但他们是分布在老的皇家系统的地方机关之内，还能发生全国性的影响。1338 年以后，老的统治破坏了，国内唯一的权威就是将军和他的下属守护。足利霸权完全依赖将军的力量和封建联盟的制度去控制部下。足利家族虽比任何他的下属都更富有、更有兵力，但还不足以单独地统治国家。因为将军的属下也都是拥有相当实力的地方霸主。将军和守护之间的力量平衡，从来就是微妙的。因此，足利幕府就采取了一个强大军事家族的不稳定联盟的形式，而将军在这个联盟里往往只享有不稳定的卓越地位。

有时足利氏的将军们也能和各种势力结成联盟，以此保持几十年的和平。最值得注意的这种时期是从第三位将军义满（1358—1408 年）的晚年 1392 年开始的，并在他以后两代继承人手中持续了 50 年。那时候南方的朝廷已经投降，九州也已平定，顽抗的守护如山名等也同足利讲了和。义满能以绝对霸主的身份统治全国，在足利家族中是空前绝后的。正是在这个时期，幕府的政治结构也最完备。 107

也许足利政府制度的最大特点在于守护所扮演的角色——既是中央政府的官员，又是地方上的军事首领。幕府的中央机关是由将军的高级部属配备的，自然也就成了足利势力均衡中的因素。在这些中央机关中，首先是管领，一般都委任给三个最强大的下属之一（三个家族是斯波、畠山和细川）。这三个家族一起被称为三管，他们在足利的下层中，有能力维持重要的权力平衡。因此他们形成了将军的内部保卫线，集体行动起来时，可为将军提供统治其他下属的必要支持。

在主要行政者之下，最重要的就是武士管理机构的首脑所司。所司一般从四个家族（山名、一色、赤松和京极）之一中选出，负责军事计划、纪律和警卫保护。他也监督京都所在的山城的守护，并统率将军在京都的卫队。这四个家族是支持足利的第二道保卫线，一般被称为四职。

政所首先负责将军的财产，问注所则司文书，并保存地籍记录。引付众负责调解争端（常常是土地问题）并决定惩罚办法。总 108

的行政政策，要在评定众这个高级官员委员会上讨论。将军还依靠一大批行政人员（奉行）担任特殊任务，这些人往往是从家庭内部的侍从中抽调出来，而不是来自守护。

足利体制的另一特点是在京都以外的地方用大批地方代理人代表将军。在镰仓设立了关东管领这一岗位，正像北条氏曾在京都设立代理人一样。第一任的管领是尊氏的儿子，足见这个岗位的重要。关东管领主要负责关东八国，相当于第二幕府。九州、日本中西部和北部也都设立了管领。这些岗位一般都委派给部下各家，他们同时又是这些地方的守护。

到了义满时期，大多数的守护都经过将军的认真挑选，被认为是可靠的。事实上，多数都是足利家族的亲戚，虽然他们的姓氏很不一样，他们全是被称为一门的同宗子弟。没有亲属关系的其他守护，则被称为外样。最受信任的自然是足利支系的子弟，像细川、斯波、畠山、一色、山名和今川这些追随尊氏来自三河与上总的家族，他们被依靠为足利权力结构的核心和幕府主要机关的首脑。外样守护有两种类型，所享受的待遇也不一样。像岛津和大友这些离京都较远的守护，只不过肯定了他们早已占有的土地的所有权，他们因此得到了大片的独立土地，但几乎完全被排斥于幕府的事务之外。那些离首都近的守护，如京极、六角、土岐和大内，在足利尊109 氏早年开创事业时就支持他，这些人被认为更加可靠，在幕府内委以重任。

到了14世纪末叶，守护已经发展成地方上的统治者，因为事实上他们不仅取得了早期文职和武职首长的权力，而且也拥有地头的职能。守护的管辖权被称为管国（或分国），意思是指定的国（或分配的国），这还反映着平安朝晚期私有国的概念。守护权限的扩大，也不是随便得到的，在许多情况下都能在足利氏的立法制度中找到根据。在足利法令中，特别规定追捕罪犯和调解土地纠纷的新权力，这就使守护能进入属于文武官员的土地。对寺庙、神社的监督权和丈量土地权也从国司手中转让过来。在军事权威范围内，守护现在也确认地头的土地，更可能的是把管理土地的作用也置于自己支配之下。军事服役是以守护的名义招募的，守护就成了地方武装力量的首领。因此，将军的部队是由守护领导的分散的小分队组成。当守护能分配战争占领或荒置的土地时，他们在地方上的独立性就几乎完全了。

一种叫半济或半权的办法，大大地方便了守护，使他们得到了地方上的经济权和土地所有权。在足利尊氏早期争夺权力时，作为争取军方支援的手段，允许守护"为军事之需"，把不在当地的庄园主的应得收入，扣掉一半。这种做法开始只是有限的、临时的，最后就变成普遍的了。对于朝廷贵族，这自然是很大的打击，因为他们已经在下地中分这个分田制度下，把所有土地的半数匀给地头了。不过，行使半济权的是守护而不是地头，这一点更为重要。这意味着地方上的武职官员自动地获得他管辖区内的一切非军事庄园 110 的经济权利。这样，守护逐渐成了日本农村的真正主人。日本历史学家称之为守护大名，就是拥有广大土地的地方霸主的意思。

我们知道足利氏守护的权力正在膨胀，同样也要了解他们仍有不得不应付的问题和弱点。守护的辖区是国，也就是国家分割的一部分，他们就在这部分土地上行使将军给他们的某些权力。在多数情况下，守护手中的权力和他在辖区内的权威是有相当差距的。皇家体制这时候事实上已经灭亡，而军事联盟和封建统治的制度又未成熟，守护在自己国内往往只有一部分土地直接属于他，而他主要的土地反而在别国。而且，他辖区内的军事家族也不为他效忠。因此，守护就不得不在地方事务上依靠将军，而这种必要又使他插手足利幕府的政治。中央和地方的这种利益冲突，最终毁灭了那些较大的守护家族。因为当他们日益注意京都的事务时，就面临和自己的国失去接触的危险。在大约一个世纪内，这还不是严重问题，1467年应仁战争开始时，问题的严重性就明显了。

在整个足利政治历史中，贯穿着封建势力和残余皇家体制的不断斗争。早期的足利氏政治的过渡性质，也表现在聚居京都的武职贵族的生活中。以将军为首，守护的大家族从地方来到京都定居。他们开始摆出旧日贵族的有文化派头，修建宫殿、布施寺庙，按照朝廷的方式穿着、举动。在生活上，守护尽力地要证实他们已经取得的新身份。

足利氏将军义满是融合高度贵族方式和军事力量因素的最好例证。他九岁就继承了父亲的将军之位，少年时代在管领细川赖之的辅佐之下。他的早年处于不断的军事斗争之中。1379年，他成功地对付了斯波、土岐和京极这些家族即将爆发的叛变。他还粉碎了足利氏家族关东一支想把幕府权力中心迁回镰仓的努力。1390年他摧毁了美浓和尾张的守护土岐康之的反抗。第二年他成功地抵抗了山名氏清，此人是日本中部的守护，拥有11个国，顽固对抗幕府难以驾驭。但他把山名的国削减为伯耆和但马两个。1392年，他设法解决了皇室南北朝之间的冲突；1399年又打败了日本西部六国的守护大内义弘。

同时，义满已经在日本全国开始了若干堂皇的巡视。1388年，他大张旗鼓地巡游了富士山一带各国，借机对关东加紧了控制。次年，他又去高野山朝拜京都以南真言宗的大庙，和内海地区中部的严岛神社。1390年，他的注意力转到日本海上诸国，当年去了越前，1393年去了丹后，同年又去了伊势的皇家神社。每次出行都是想把足利氏和某个重要的宗教标志联系起来，并以将军的权力和声威来震慑地方上的军事家族。

在朝廷内，义满也经常设法提高自己的身份。1394年，他在接受了内大臣和左大臣的称号之后，把将军的职位让给自己的儿子，以便接受太政大臣的位子。这样一来，他就升到了文武官职两个系统的顶点，他还为此公布采用两种不同的正式签名方式。在京都郊外的北山，他扩建了居住的府第，并于1397年在那里修建了 112 金阁寺。他过着非常豪华的享乐生活，有时他骑马，穿着中国明朝皇帝给他的礼服；有时候他宴请天皇，平起平坐。1407年他妻子得以继承已故皇太后通阳门院而被尊为皇太后，也是他的胜利。1408年，他儿子成年，庆典在天皇的参加下举行，好似他儿子是皇家血缘的王子。这种君臣的亲密关系是空前的，而事实上也没再有这种过分的公开表演。

义满殁于1408年。他的儿孙依次继承他的位置。1428年他的孙子去世。由于政治和经济情况恶化和足利领导削弱，幕府的稳定性也开始动摇。第六个将军义教（1428—1441年在位）显示了魄力。他警觉到关东有相持不下的争吵，于1439年就与上杉联合反对关东管领足利持氏，肃清了这一家族在关东的支系。三年以后，义教在1441年被他的主要侍从之一刺杀了。此人叫赤松满祐，是日本中部三个国的守护。他显然是对将军的过分控制不满，他的行动对足利家族的权力是一大打击。

第八代将军义政（1443—1473年在位）证实了他所过的奢侈绚丽生活之空虚无用。在他任期内，部下之间经常争吵，幕府的经济基础也因国内的骚乱而动摇。在1467年到1477年期间，守护自相残杀，就在京都巷战，把这个城市毁掉一半。在此过程中，义政却作为一个世俗的僧侣，安闲地住在京都的北山郊区的府第里，建造银阁寺以和义满媲美。他在1473年退位，1490年逝世，在此期 113

间对艺术给予了极大的关怀，并成为中世纪日本文化繁荣时期的最大赞助人。

文化的发达和经济的增长

日本 14 世纪和 15 世纪的历史上最迷人、似乎也是最矛盾的方面之一，就是它的政治秩序虽然混乱，但文化和经济的发展在全国都很可观。从以后的时间来回顾，这两个世纪产生的艺术形式和阐明的美学价值观念，直到今天都是日本人最赞美的。也就是在 14 世纪和 15 世纪，日本才开始以一个海洋国家屹立于东亚，其内部经济的发展使之生气勃勃。

自然，这个矛盾有一部分是历史学家造出来的。因为他们夸大了存在于许多地方的战争的破坏性，同时又轻信政治力量的分散一定对国家不利。在这两个世纪中，分散肯定是文化和经济发展的积极因素。正是在守护的赞助之下，日本才形成了多元经济，并有能力去支援边远各国的都会的文化。

足利的文化繁荣是以将军在京都的府第为中心，在各国守护的司令部，也有一定的发展。这是三种因素的结果：它是文武两方面的贵族融合的产物，它吸收了来自中国的新影响的营养，反映了禅宗庙宇在文化方面所起的新而日益增大的作用。它的历史重要性主要在于它注入了某些普遍的品质，而这些品质又能够经受时间的考验，直到后世的日本人都能接受。因为平安朝虽然发生了一种更 114 加绝对的贵族思想，它产生的模式在以后的年代里却高不可攀，因为它是以财富、荣誉和悠闲为根本，而这些都是只有贵族才能享有的。足利的产物不是如此严格地只限于高贵的生活，而是包含着后世和日本社会各阶层都能接受的、凡人都有的因素。

　　幕府由镰仓迁到京都，这象征着贵族社会里两个层次的融合。直到 14 世纪以前，公家垄断了日本的高层文化，甚至于在镰仓也只有极少数的武官家族的生活，能够得上贵族的标准。武士进入天皇和藤原氏的城市以后，他们就成了朝廷上流社会的参加者。就这样，足利氏的军事贵族，也模仿公家的样子，接受礼节、诗歌、音乐或文学的训练，并把朝廷的礼节加到自己的仪式中去。

　　新的中国影响并非是什么突然和中国恢复接触的结果。从平安时期末叶开始，和大陆交往的节奏就变快了。13 世纪期间，许多僧侣来往于中日之间。蒙古人的侵略企图，大大地刺激了日本的造船业和航海能力。因此，在足利时代，特别是 1368 年明朝建立之后，中日之间和京都某些禅宗寺庙与中国南部的寺庙之间，开始建立了经常的联系。1342 年日本把天龙寺商船派往中国，1373 年明朝的洪武皇帝遣使到日本，1401 年义满最后接受了明朝的属国"日本国主"的地位，这都是经常交往发展的里程碑。结果日本人就能直接获得中国文化的知识。不过，在 7 世纪时是政府的组织最吸引日本人的注意，而七个世纪以后，日本人最感兴趣的则在宗教、艺术和技术这些领域。在足利的文化繁荣中，几乎在各方面都看到中国的影响。这在一定程度上，也可以解释足利成就的折中性与普遍性，而这些特性又在日本历史上长期地保存下来。

　　对足利氏将军们的文化世界说来，最不可缺少的是禅宗的僧侣和京都城周边的禅宗寺庙。他们对禅宗设施比北条氏施舍得更慷慨，几乎把这个教派变成幕府的官方机关。梦窗国师（1275—1351 年）成为足利尊氏的精神顾问，并倡议足利尊氏修建天龙寺以纪念后醍醐。此后的幕府都以临济宗的僧侣为顾问。1386 年义满为禅宗采用了一种官方组织的制度。五山成为官方庙宇，享有特殊地位。在作为总部的南禅寺之下，有等级森严的京都五大庙——天龙

115

寺、相国寺、建仁寺、东福寺和万寿寺，和镰仓的五个大庙。在五山之下有十刹，包括着60多个国庙，而国庙之下又有200多个地方庙宇。虽然……国建支庙的做法好像是来自中国的宋朝，但它和奈良时代建立国分寺的办法很相似。这些庙叫做安国寺，事实上是要起保卫和绥靖的作用。幕府不但支持这些禅宗机构，也监督它们。它规定级别和薪俸，并把整个系统置于一个幕府官员的统治之下。

足利将军们使用禅宗僧侣更甚于北条，把僧侣当作他们政府的有文化的分支。在京都，相国寺成了对外联络的中心，外交文件在这里起草，充当足利氏代理人的僧侣，也在这里作好航海去中国的准备。不过，足利氏将军们主要是寻求精神顾问和消遣的伴侣时，才找到五山的僧侣。这种对僧侣的依靠，看来是由于宗教的考虑。例如：足利尊氏的一生都在征战之中，他背叛了北条和后醍醐，是个飞扬跋扈的领袖，而他却生活在很不稳定的精神世界之中。到了晚年，他开始为自己灵魂的未来而担忧，就终日与禅宗僧侣为伍，而梦窗国师就是其中之一。如果说北条氏是要从禅宗汲取力量以解决实际问题，足利氏将军们则是依赖禅宗逃避现实。在义教以后，足利氏的首脑越来越多地过着半僧侣的隐退生活，以摆脱周围不愉快的现实。

足利氏文化繁荣的两个顶点，出现在第三和第八两代将军的保护赞助之下，即义满和义政。义满退休到别墅之后，把北山这个名字给了第一个顶点；而义政别墅在东山，就用它来称呼第二个顶点。这两个人代表着将军对艺术的鼓励的相反性质，正如同他们的别墅代表着当时人所称道的各种美。义满是个成功的统治者，他的生活极为奢侈豪华。他留给后人的纪念物就是金阁寺。这是一座用黄金装点的亭阁，四周环绕着宽敞的池塘和鹿苑。他在这里收藏亚洲各地的艺术品，并且以歌舞戏剧来招待宾客。他的鉴赏力是折衷主义的，喜欢色彩和异国情调。虽然喜欢猎奇并显示新奇的猎物，义满和他的侍从的趣味却是富于教养的。金阁寺虽然华丽，但是设计在一个自然的环境之中。

　　义政生活于将军权力衰落的时代。他本人在体质上和道德上都是弱者。好像是对那个时代绝望的补偿，他身边吸引了一批为数不 117多的高超的僧侣和艺术家。这些人发展了一种高级的艺术欣赏力。成为他的纪念碑的银阁寺表示了当时鉴赏家要求于所有艺术的神秘品质。他们要努力追求自然的内在意义和人的艺术创造，而这些都来源于佛教禅宗的内省品质。

　　在足利氏文化两次繁荣的高潮之间，可喜的是美的动力和趣味二者的巧合。那时的趣味融合着贵族的高雅、武士的活力和禅宗寺庙生涯的深邃。这种敏感综合地表现在美学词汇中："幽玄"指表面之下的神秘，"侘"指孤独的神秘，"寂"指变化的神秘。这些词一直用到现在，而且被认为极富于日本风味。总之，他们要逃避现实的或显著的，他们喜欢的是象征性的、暗示性的和深远的。

　　在足利时代的艺术和娱乐之中，也许茶道（茶之汤）是对理解其他方面最关键的了。在足利时代早期，武士贵族中以饮茶为社交消遣，是很流行的。一般在饮茶的同时，都要陈设着耀眼的茶具、瓷碗和漆制的容器。在义政时代，由于村田珠光（1422—1502 年）的影响，饮茶变成了半宗教的美的娱乐。一小群人聚在一个寂静的所在，一边饮用以一定仪式准备好的茶，一边欣赏装饰这寂静所在的艺术品或是饮茶用的茶具。因此茶道就成了传播艺术趣味的媒介物，它涉及的范围很广，例如建筑、绘画、插花、陶器和漆器等。

　　足利时代的建筑特点是采用自然木料，并使建筑物附属于周围的自然背景。有两种影响似乎是混合起来构成了家屋的风格，它是现代家屋风格的直接原型。中国南方的影响表现在五山的庙宇 118

上——厚重的屋顶用不曾漆过的暗色柱子支撑着，墙上涂着白灰泥。别墅和楼阁里则是日本本土的宫殿风格。所谓的"书院风格"（书院作）广泛运用"叠"（席）来覆盖整个地面；"床之间"则是可以陈列艺术品的室内壁龛。那个时代最有名的两个建筑，当然是金阁和银阁，二者主要是望远的高台，从台上可以凝望四周有水、有石、有松的花园。两处的设计、布置都耗费巨大，使人能捕捉到自然的世界，使沉思的心灵感受到人和环境的关系。庭园艺术和建筑学同步发展，并创造出许多供人沉思的花园，有些一直保存到现在。西芳寺就有一个花园，地面上铺满了苔藓。龙安寺只用沙子和石头给人造成假象，以为是小岛在汪洋大海之中。不论有多大，也不论是什么风格，足利时代的花园坚持一个原则，就是把大世界浓缩在人能掌握的空间之内。

足利时代最伟大的艺术，无疑要属绘画。虽然水墨画主要地派生于中国山水画，它的画法和当时的心态十分合拍。许多画家都是僧侣，他们得到灵感，掌握了娴熟的技巧和新鲜的想象力。这种被称为水墨的单色画舍弃了艳丽的色彩，着重讲求笔法。在雪舟（1420—1506年）的手中，这种画上升到印象主义的泼墨画，极端写实地再现雪盖山谷的家乡景色。

一种具有完全不同的感召力且更能代表武士贵族的社会生活的艺术，是被称为能—狂言的戏剧形式。能是严肃的、以宗教为背景的戏剧演出；狂言是喜剧性的穿插。能—狂言就是将军和守护喜欢炫耀的主要方式。但是，只有当环绕京都的非宗教机构的一些人把若干戏剧成分加进去时，这个新的戏剧形式才得以完善。到了镰仓时代，宫廷的传统的假面舞、各种神道和佛教举行仪式时的舞蹈和劝善戏，已经发展成多种戏剧形式，有的严肃，有的通俗滑稽。奈良兴福寺所属有舞蹈及演员行会，他们的技艺最为先进。观阿弥

（1333—1443 年）和他的儿子世阿弥（1363—1443 年）就是义满从这类行会选拔出来并加以扶植的。他们在把舞蹈和音乐吸收进我们所知道的能中，起了作用。结果，戏剧的形式就是非常风格化的音乐剧，这种剧里音乐、舞蹈、诗歌、服装和面具都和谐地融合在一起。像希腊戏剧一样，它的面具非常重要。没有布景，但是常有合唱队把戏的主题点明。

能，基本上是在神道和阿弥陀信仰的感召之下的产物，但是在以禅宗气氛为主的义满统治时才完善起来的。因此，它具有典型的北山时代的"有节制的华丽"。演员穿着织金的艳丽服装，华美优雅，但舞台上空空荡荡，一点儿也没有夸饰。戏词都是抒情的，极富诗意，舞蹈也很优美。戏剧的主旨或者是神道的，在于祈求某个神，或者是充满阿弥陀信仰的同情或者对拯救的寻求。动作是象征性的和暗示性的，而不是写实性的。这种富丽、有诗意的高雅和神秘意味的统一体，正是世阿弥在演出中要努力达到的能代表幽玄的那种品质。狂言滑稽剧有许多是摹仿武士社会的，描写了较下级社会逐渐混入高级文化世界。它穿插在严肃的能之间，可用来活跃气氛，而且常把社会上能的主要的保护赞助人拿来开玩笑。

我们不要设想镰仓时期日本经济仍然是停滞不前。足利时代初期，我们就注意到日本经济的戏剧性增长。首先在农业方面，生产的增长引发了新的商业活动。在地方军事领袖的鼓励下，日本农民开始采用新的耕作技术。更好的农具、像黄豆和茶叶这些新作物及更多地使用耕畜，卓有成效地改变了农业技术。新建的灌溉工程和对河流的加强控制，增加了耕种面积，因而在许多地方农业生产加倍增长。随着原先仅仅为地方生产或是供给庄园主消费的货物都进入市场，商业化的耕作和手工业生产就有了扩大基础的可能。生丝、大麻、亚麻、纸、染料、漆、蔬菜、油和许多农村的副业产品，也因充裕而供出售。

在村庄或庄园的水平上专业分工，也产生了新的手艺人。木匠、盖屋顶的、陶工、铁匠、织工和酿酒工都脱离了在农业社会的庄园中作半时专业工人的地位。逐渐地他们形成了自己的组织以保护自己选择的专业。13世纪中叶，北条氏把某些商业区安置在镰仓，并把工匠和商人集中到指定地点。被称为座的行会组织，大约就在此时出现了。到了15世纪，座的数目大大增加，并发展了一种极像某些欧洲中世纪行会的组织形式。座由商人和工匠组成，他们声称对某些商品的制造和销售有权垄断。他们这些权利是得到大庙、神社或一个贵族家庭的保护的。在法律保护不太起作用的年代里，找一个保护者的这种制度却是商人和工匠的主要依靠。座总是在京都、奈良和镰仓的有声望的地方的周围。随着守护的出现，也出现了以地方为根据地、并以地方上的保护人为依靠的座。专营某些商品或土产的座，首先形成了以市场经济为基础的商业流通网。航运和驮马一般也都普及了，不再只限于给庄园主运送税收。

商品经济发达的一个重要标志，就是在流通和交换中越来越多地使用硬币。由于日本政府已经很久没有铸造硬币，新的流通媒介主要是来自中国的铜钱，虽然未经铸造的金银也可以按重量使用。随着交换经济扩大，商品买卖也都远距离地进行，货币变得十分需要，就是向农民征税，也可能是用铜币。16世纪，封建主开始以多少贯钱来衡量他们的封地，而不再用粮食。但这并不意味着土地税也是按硬币征收。

不论是农民或封建主，他们用钱就需要把产品换成现金，这样就出现了兑换者和典当业者。最常见的是地方上的借钱者和大城市里的商人。前者往往是农村货栈的商人或酿酒商；后者则长于和封

122

建权贵搞经济往来。寺庙在那个时代也起了重要作用，因为它们有
能力积累大量储备，而它们的声望和道德权威，也便于索取欠债。
在京都和奈良有总部的大寺庙和它们在地方上的分支，甚至发展出　123
一种发信用状的制度，它们也有办法运转大笔资金。

　　由货币的使用，我们可以看到商业的发达，而商业的发达又带
来许多重要的后果。例如，财富不再仅仅和土地有联系，而是能用
其他途径积累起来，并以贵重金属或货物的形式贮存起来。商人阶
级在一些重要的行政或商业中心，在贵族社会之外，也成为富有阶
级。同时，贵族和寺庙也通过商业及高利贷，谋得了利润。座对于
它们的保护人也是一种财源，因为在自己的辖区之内，地主可以对
商业活动征收手续费和税。将军和守护在抽取国外商业和国内垄断
方面的收入，也不甘落后。以封建权威与商业活动的紧密联系为特
点的日本商业经济，就在这个时候开始了。

　　日本就像欧洲，它的商业阶级和服务阶级的发展是以新城镇
的兴起为标志的。这些城镇与老的行政中心的关系，和从前大不
相同。一直到镰仓时代的末叶，只有京都、奈良、镰仓三个主要城
市。到足利时代就出现了许多小城镇。还有相当大的社团，也出现
在某些寺庙和神社的周围，还有在主要港口和市场的。这些社团既
然离直接的封建势力或宗教势力稍远，它们就可能有一定程度的自
治和政治独立。例如堺、博多、大津、宇治山田和室的商人，就自
己组织了独立的商会。堺甚至于拥有自己的武装卫队，并有一个由
36 位城市长老组成的会议，来处理他们自己的事务。和欧洲近似之
点，也就仅此而已。商人的独立，在封建权威下未能进一步发展，　124
也未能为具有特殊权利、能在幕府或守护会议上有政治代表权的商
业集团提供基础。商业部门没能充分发展，它依靠封建力量的支持
如此之甚，结果在 16 世纪时就轻易地被军事权威控制了。

　　新兴的商人阶级要努力创建自己的经济根据地，面临的问题之一是在东亚的边缘地带上难于进入对大陆的贸易。在 14 和 15 世纪，发展对大陆的贸易是值得注意的，但比起当时意大利商人和后来葡萄牙商人的机会来，日本商人是很不利的。事实上，日本和大陆之间的海域由中国和朝鲜的水手和船只来往利用，已有数百年之久，蒙古的进犯才促使日本人发展自己的商船。只是在蒙古入侵的数十年后，才有相当数量的日本人由内海及九州沿海地区，进入中国海。14 世纪初期，日本人从事一种海盗活动及沿海掠夺，日本船只因而被称为倭寇。在东亚（特别是朝鲜和中国）这本是未发展的贸易的常见现象，而中朝当局就认为商业很讨厌，不要去发展，而要给以严格限制。到了足利幕府成立的时候，日本的各种政治和宗教团体，已经懂得由商业得到的利益的好处，并看到把海盗行为加以限制的价值。将军和其他京都团体，很快地就和中国建立了贸易关系，同时还努力把所有对外贸易活动置于一个官方的执照制度之
125 下。商人需要资金和保护，对当时这种封建势力和商人利益的"联盟"很欢迎，而封建领导也是如此。

　　足利氏和守护是否成功地控制住倭寇，是个有待争论的问题，但是和中国发展官方贸易，则有详细记载。1342 年，有人劝足利尊氏派一艘商船去中国，并以盈利修建天龙寺。后来有更多的"天龙寺船"，而京都的其他寺庙也都和堺的商人联合，与中国通商。同时，明朝的第一位皇帝洪武在 1373 年派两个和尚出使日本，要求停止倭寇活动，义满将军却毫无办法。1392 年，永乐皇帝再对日本人施加压力，义满因考虑利润而屈从，和中国达成了纳贡的安排。1401 年他遣使到中国，表示要尽力控制倭寇。1402 年使团回到日本，并带来中国给他的"日本国王"的称号，成为明朝的臣下。1404 年和中国达成协议，与官方开展勘合贸易。日本历史学家严厉地批评

义满，说他向中国投降，因而失去国格。但贸易的收益巨大，斡旋于足利朝和明朝之间的僧侣，也为日本的将军缓和了尊严问题。

　　虽然 1404 年的协议要求每十年派一次贸易使团，1404 年到 1409 年间记载的就有六次之多。在 1409 年，将军义持出于自尊心破坏了这个协议。不过，1425 年明朝有新皇帝即位、1428 年义持逝世，双方重新和解，最后达成了一个更加宽松的贸易协定。1432 年恢复贸易，根据协定，每十年派遣一次包括若干船只的官方使团，例如：1454 年的使团就包含了十只船——足利氏赞助的船三只，皇家的伊势船两只，九州的探题一只，岛津、大友和大内家族各一只，大和的多武峰庙一只。在这些赞助者背后，还有堺和博多的商人，他们装备了船只，也分享了收益。 126

　　不用说，对赞助者而言，这种贸易是十分有利可图的。有趣的是：随着幕府和朝廷的土地收入减少或取消，商业收入成了京都文职和武职贵族的主要支柱。当时的日本经济，也可以从商业看出不少。向中国出口的是大量的商品和制作物，例如纯铜、硫磺、折扇、屏风、画轴，特别是腰刀。一次航行能运几万把日本腰刀到中国。反过来，回程的日本船则载满了现钱（1454 年达到 50,000 贯）、生丝、瓷器、绘画、药品和书籍。所有这些都足以说明在中国这一势力范围内，日本不再是一个不发达的分子了。事实上，中国对通商所加的限制，对日本人太不自由了。1551 年以后，勘合贸易完全解体，日本商人大量地往来于中国海上，不料遇到了竞争者。这时欧洲商人已经渗入马六甲海峡，并在南九州的一些港口出现。

战国大名的兴起

　　1467 年，幕府继承权的争论导致细川和山名两家争吵，最后发展为京都城的武装冲突。将军义政不能控制他的两大臣下，就号令其他守护镇压这场斗争。结果，整个足利氏分裂为两大派，并展开了一场长达 11 年之久的战争。细川一侧有 24 个国的守护，估计兵力有 16 万。山名一侧有 20 个国，能召集 11 万人，但也许只有半数的人能参加战斗。战争在京都城内外零星地进行，把京都城的一半和大多数的纪念物都烧毁了。1477 年战争结束，但幕府的力量大大削弱。义政隐退到城外的别墅中去。虽然他的儿子继任将军，但权力不出他的家乡山城国之外。许多国都落入守护或他们的继承人之手，四分五裂、没有中心的情况正在形成。足利氏家族和遗留下的朝廷贵族，此时已和他们地方上的财源完全割断，不得不听命于地方上的军事力量，过着似乎重要而无实权的象征性生活。地方上的军事力量，则开始壮大。

从应仁战争开始到 1568 年织田信长进入京都、重新统一日本，这 100 年在日本历史上称为战国。这个名称很恰当，因为战争是地方性的。不过战斗的普遍性并非这一时代的最主要特征。首先，应仁战争是日本政治史上的转折点。毫无疑问，它标志着足利氏有效霸权的终结，和日本封建主义完全分裂的开始。尚不止此，随着皇家制度的残余最后被革除而为封建势力所完全代替，它标志着日本制度史上一个主要周期的终了。1467 年以后，过去一直在某些方面依赖皇家地方行政的军事首领，也被一种称作大名的地方长官所取代。在大名的势力范围内，庄园不见了，在各地都代之以封地。在日本全国范围内，社会阶级的结构和成分的基本变化说明日本正在完全封建主义化。

不过，这种变化的进程并不十分猛烈。天皇和将军仍然作为残余皇权的象征留在京都，虽然他们的政治权力已被完全剥夺。1490 年义政将军去世后，幕府既无威信，也无实力给地方上任命守护，如果他不是当地已有的霸主的话。中央集权的最后残余都扫光了，全国分解为许多自治区域。老的权威结构仍然存在以保持些许合法性。但无论统一的国家这个概念如何变化，它仍然未被损伤。"国家"没有分裂，皇权的传统地盘依然屹立。

在国家上层发生的事，也反映在下层。具有极大破坏性的应仁战争，几乎使守护筋疲力尽，并且极大地削弱了守护控制地方的力量。此后的年代中，守护的家族和管辖的地方迅速崩溃。几乎在日本各地，守护曾经管辖的地方都被旧守护的支系或其下属的家族所分裂。因此，细川把他的地盘输给了三好和长曾我部，而山名则被毛利和尼子所取代。

由于守护所占土地解体而形成的较小政治单位，比较易于控制。这些小块土地正好和一群在地方上有势力的新军事家族同时出现。历史学家把这批人称为战国大名。日本历史的传统作家对足利氏守护家族和他们所代表的贵族文化的覆灭，表示惋惜，还把这覆灭过程描写为"下克上"。足利氏军事家族的确消失在他部下手里，但是战国大名的成功，不能简单地说成是背叛的结果。他们得势，一方面是前几个世代守护的权力结构有某些根本性的弱点，另一方面则是他们有能力去开发新的、更有效的手段去组织军力、控制地盘。

16世纪，在整个日本，战争的普遍存在和用武力保卫土地的经常需要，引起了地方上政治生活的变化。直到15世纪初期，日本还保留着13世纪的行政特点。到了16世纪开始时，这个国家的政治地形，出现了惊人的新面貌。权力的真正轮廓不再和庄园的边缘或老的行政权限吻合。在农村，拥有实权的基本单位包括武人、他们的堡垒和他们的封地。这种单位和土地的地理或防卫关系比传统的皇家管理或庄园所有制，更为密切。因此，实际情况是战国诸雄的领土，是由内而外地形成的，不是国家的封赠或分割。换言之，这些领地的形状和各诸侯共同统治的地区限度是一致的。大名的真正领地不过是许多分散封地的复合体，这些封地都为大名的霸主所控制。

在战国大名的领土内部，取消庄园以实施封地的办法，现在已完成。在地方上，巩固所赋予的"式"的权利，取消不在地主的特权，早在进行中。到了此时，许多不同层次的所有权以及各种管理的办法，早被吸收到大名的唯一的权威之中，而大名已是封建概念下"领"的霸主。这样的领地可以根据大名的意愿再分为知行地。

在领地内部，正在进行巩固并简化权利和责任的工作，这一工作对农民阶级是有影响的。权力集中于大名之手，提高了农村武士阶级直接参与农村事务的程度，吸引他们越来越向领地霸主的中心靠拢；这就解放了农民阶级，使他们自我管理。同时，农村不安定，庄园制度解体，农民阶级在人数上和生产上都壮大起来，这都促进了许多自给自足的农村社会的形成。到了战国时期，大名越来越依赖农民阶级，要求他们管理自己，并以村为单位纳税。在这种情况下，当地的居民就要以村为单位负责行政、税收、劳动和军事。这种被称为村的单位，应该发展自治机关，甚至于在后来发生的激烈内战中，发展自卫的武装。在没有这样做的村子中，村民常常自己起来，以激烈的手段争取自治权。然后，大名也越来越把他的地盘看成是生产一定收入的一定数量的村子。他分封部下，都以村为单位；村子的价值，也是按村收入的多少来计算。

大名的地盘，随着进入 16 世纪成为小的封邑。来自欧洲的旅客，看到这个世纪末的日本时，都称大名为国王和王子。在他们的领地上，大名是绝对的主人。他们自己管理、自己保卫自己的地盘，很少考虑到将军和天皇的权威与批准。这些地方上的统治者通

过自己的家臣和转封的代表来管理自己的领地。他们的管理技术，131
首先强调军事组织，其次才是民事行政，甚至比藤原和源氏更简单
而直截了当。但是大名所管辖的地区越大，就管理得越全面、越直
接，这是原来的政府系统所办不到的。

　　大名如何考虑他对领地的治理，可以由分国法看出，这个分国
法是 15 世纪末就开始出现的。例如：伊达、今川、武田和大内的
分国法，体现了一个新的行政—立法制度的开端，它承认封建势力
占优势和建立一个新的立法基础的需要。细读分国法就不难发现大
名提出的新的权力要求。在分国法里，大名肯定对领地上人民和土
地拥有相当于皇权的权力。他充分地利用领主的权力来调节他臣下
之间的事务，并管理领地。他准备系统地收税、使纳税标准化、整
顿市场、整顿运输工具和度量衡。他规定出他的臣下可以从采邑得
到好处的步骤。他还控制臣下的婚姻和继承权。他订立刑法，严明
纪律，依靠联合或集体的责任制。他声称有权约束、保护他领地内
的宗教机构。

　　大名对领地统治的本质，也可以从其从事的战争的变化看出
来。那种一个武士身穿盔甲、短兵相接的战斗，已和应仁战争一
起，不复存在了。现在大名从自己领地里招募大批壮丁，让挥舞长
矛的步兵去应付敌人。武士大部分已成为军官阶级，领导着一个叫
作足轻的新阶层，这些步兵是介乎武士和农民之间的。现在我们听
说从一国的范围之内，就募到一二十万步兵。由于供应部队和驻防　132
需要，在大名领地的中心出现了大的堡垒城市。

　　被称为战国的这个战争的世纪像一个熔炉，新的领地在这个熔
炉里接受锻炼。敌对的军事领袖经常为保卫或扩大自己的领土、为
赶跑强大的邻居、征服自己地盘上较小的武士家族领袖等等而进行
的斗争就为熔炉提供了燃料。16 世纪中叶以后还存在的大名，大部

分都把一生消磨在战场上，而他们的地盘也经历过多次的丧失和收复。战争起了最后摧毁旧秩序的作用，也起了创建地方统治新机关的作用。大名就用这个机构控制自己的地盘。

当然，也不能设想这个国家已经分裂成大小相等的领地，不能设想 1560 年时的日本已经被强大的大名控制起来。许多地区分成极小块，而拥有大名领地的首领，并未对它们加以控制。那里也有反封建势力，坚持反对大名来同化他们。在 1560 年的日本，也许真能称为大名的，总数不过 200，他们的土地可能覆盖了全国的三分之二，这仅仅是一个猜想。那些设法掌握了旧日守护大片土地的主要大名，容易辨认，而这些人的总数不足 30。在极北方，伊达氏总部在今天米泽附近，以在 1536 年颁布《尘芥集》而著称。《尘芥集》是第一部完整的家族法之一。在关东，有总部在小田原的北条氏（不是镰仓执权的后代）和里见氏，也是有名的。在足利家族镰仓一支下，曾任管领的上杉氏的支系，现已被推到东北的各国，与武田氏、诹访氏、神保氏和浅仓氏毗邻。在东海滨的是今川氏和织田氏，在中部的是浅井氏、细川氏（此时已缩为很小的领地）、筒井氏和畠山氏。西部诸国出现了一些强大的大名：在日本海一边，山名氏仍然存在，但其地盘的大部，已落入尼子氏、浮田氏、小早川氏和大内氏之手，而毛利氏已在濑户内海一边出现。四国岛上出现了三好氏和长曾我部氏。九州是大友氏、岛津氏、菊池氏和龙造寺氏的根据地。可以看出，许多这些家族在足利时代曾有权势，或者是 15 世纪时守护的亲戚或近臣。但是，此时的政治地图上，很少有早期足利将军手下当权的大家族的后代。1568 年爆发的战斗以后，几乎所有这些人都被消灭了。

16 世纪的历史，不仅仅涉及大名的出现。战国时期的斗争和政治情况的不稳，导致了其他社会和政治的变化，这些变化都和大名力求巩固的企图背道而驰。老百姓之中的暴动，或者宗教团体取得地方政权，常常导致反对大名统治的地方团体的成立。在这方面，最有名的是国一揆起义。1485 年，它把山城国置于一个农民和低级武士组织的政府之下。这次起义成功地赶走了守护的部队，并拒绝纳税有八年之久。在应仁战争之后，守护以收税和征丁的方式大肆搜刮后，反对军事领导的这类暴动，时有发生。在宗教力量领导的起义中，最值得注意的是加贺的一向宗。1488 年，他们在僧侣的领导下，把守护从加贺赶走。此后，这个国由本愿寺的僧侣组织和次要的武士及村长，协同管理了近一个世纪。这种和尚领导的社团，在国内别处也有，它们常常是在大名扩张的大片土地中坚持固守的孤立小块。 134

日本历史学家认真地辩论这个问题：如果不是大名的镇压，日本"人民的力量"的兴起，会不会构成一股反封建的力量而对国家发生重要影响。但是除大名所完善的政府以外，我们很难看到有什么别的政府形式正在形成。山城暴动产生了一种新的公社形式，它的事务由土地所有者和低级武士（侍）管理。公社的领导扩大他们的权力并看到再次接受新兴的战国大名的高级领导的价值时，这种公社也解体了。加贺的宗教的行政机关，也只是停留在中下级的军事阶级上，而以本愿寺为中心的僧侣领导，实际上和一个地方大名没有区别。也就是说，宗教机关已经变成封建土地的统治中心，在大多数方面和大名的领土非常相似。

八、和欧洲的第一次遭遇

从 1540 年到 1640 年的日本历史，被称为基督教世纪。这是按照西方想法定出来的称呼。固然，这时基督教传入了日本，在 17 世纪的第二个 10 年里，全国人口的百分之二都受到影响；但西方人介入国家大事的能力是很微薄的。他们对日本文化更没有明显的冲击。和西方接触的这个世纪，确是日本史上的重要一章，但其重要性主要在日本内部巨大斗争的动力方面。这一动力导致国家的统一和基层的社会与经济机构的重新建立。

16 和 17 世纪的东亚，在世界历史上也引起人们的特殊兴趣，因为这时欧洲人第一次和中国人、日本人有了广泛的接触，而这两个东亚大国在开始时对西方人是拒绝的。最好回忆一下，此时所谓的东西接触的西方人，和 19 世纪的西方人不同。16 世纪撞进远东的葡萄牙人和西班牙人，人力有限，他们在马来亚和菲律宾建立殖民地，是非常吃力的。由于被征服的人民力量薄弱，他们的武力稍占优势，才得以居留下来。17 世纪进入亚洲水域的荷兰人和英国人，也没有作好渗入中国和日本贸易的准备，因而在一个半世纪以后，中国和日本就有能力"控制"西方人。葡萄牙人从日本被逐出境，在中国也被限制在小小的殖民地澳门。荷兰人在日本长崎的一个港口，接受了小规模而有限制的贸易。中国和日本都能回到传统的孤立政策上去。

欧洲和东亚的首次遭遇，又如何与 19 世纪的遭遇相区分呢？从西方说来，一般都以西方贸易活动的兴衰和旧世界殖民大国的荷兰与后来的英国的抗衡来解释。但中国和日本的内部情况，也有重要影响。我们也不该忘记：16 世纪的东方国家，在政府机能和国防武力方面都不弱于欧洲。葡萄牙早期渗入中国海，在很大程度上是由于中国和日本的内部弱点。中国正处于王朝衰亡的最后阶段，而日本政治上分裂，正忙于内部斗争。一旦两个国家恢复了国力，清朝的中国和德川氏的日本，都有能力控制自己的边疆。

1498 年，葡萄牙人到了印度。阿布可克在果阿设立了军事前哨站和贸易中心，这就成了葡萄牙在东方活动的中心。一年以后，葡萄牙从阿拉伯人手中夺走马六甲，因而进入了香料贸易和中国海。据说他们在 1514 年就到了中国。虽然他们未能从北京朝廷得到所要求的通商租借地，1557 年在澳门建立了一个前哨站以便和广州通商。在此之前不久，葡萄牙商人于 1543 年在九州以南的小岛种子岛首次和日本人接触，而西班牙人和荷兰人是在 1592 年和 1600 年分别到达日本的。

在中国海上，这是混乱而冒险的年代。日本和中国的官方贸易 137 已经破裂，海上的盗贼成群。不久，日本人在安南、暹罗和吕宋建立了根据地，进入了香料贸易的市场。中国沿海岛屿，成了海盗出没的场所。日本船只频繁地袭击中国海岸，以至于日渐衰亡的明朝政府不得不把中国中部的人民迁向内陆若干英里。在日本贸易中，中国是很重要的因素，因为日本商人利润的主要来源是进口中国的丝绸和黄金以换取日本的银和铜。葡萄牙人硬挤进了这一地区的贸易。

葡萄牙和日本通商，始于 1545 年。不久，九州的大名就争先恐后地招徕欧洲人到自己的港口去，不到十年葡萄牙人基本上把中国商人赶出了日本港口。他们的手法更有进取性，他们更富于机动性，而他们的船只也更大。葡萄牙人运到日本去的商品新奇，也是个主要的吸引力。欧洲的火器、丝绒和毛呢一类的纺织品、玻璃器、钟表、烟草和眼镜，都引起日本人很大的兴趣。进船的港口时时改变，常取决于当地大名的一时兴致。鹿儿岛似乎没有什么吸引力，平户在1550年以后十分活跃，而福田在1560年后又受到欢迎。1571年长崎开辟为主要港口，它成了葡萄牙人在日本的主要中心。

这种贸易对日本的影响是巨大的。首先它在国家经济中加重了商业的因素，使大量财富可以通过商业积累起来，而不是专门靠掌握土地。商业的发展自然不是突然的现象。九州港口的繁盛活动，也不仅是葡萄牙人带来的。欧洲人给贸易带来了生气，也增加了它破坏性的一面。九州的某些较小的大名，与其土地大小不成比例地提高了声望，使日本中部和东部以土地为基础的大名十分焦虑。这些大名都是16世纪中叶以后，曾以武力领导统一运动的。

138

在其他显著影响中，有两个值得特别注意。第一个是新武器和新战术的传入，另一个是基督教的传播。日本人对火药并不生疏，在蒙古入侵时，他们已经见过。进行掠夺的倭寇，也常常遭受中国人和朝鲜人保卫自己海岸的飞弹爆炸。但是，葡萄牙人的火绳枪是日本人第一次见到的准确武器。它在日本的流传立刻对日本战争的性质发生了影响。日本人第一次在种子岛看见火绳枪后不到十年，日本西部的大名竞相进口西式武器，日本的工匠也生产了大量的仿制品，"种子岛"成了新兴大名的新武器。北九州的大友氏显然是第一个，他们1558年就把大炮放在战场上了。1570年以后，滑膛枪部队和长矛队、弓箭手队一同进入战争。1575年，织田信长用3000人的滑膛枪队在一场主要战争中打败了武田氏。在某种意义上，这是日本武力统一以前战争的转折点。此后，火力的大小就决定斗争的实力，过去能抵挡弓箭手和骑兵的小山上堡垒，现在都处于滑膛枪和大炮的射程之内了。大名们不得不修建巨大的城堡、长长的城垛和护城河，以保护他们的兵力。只有最富资源的大名，才能幸存下来。滑膛枪的进口大概把这个国家的最后统一提前了几十年。

基督教 16 世纪给日本人的影响，大部分是耶稣会传教士努力 139 的结果。1539 年耶稣会成立，十年以后，它的创始人之一沙勿略就在日本传教。欧洲教会活动的巨大生命力，由此可见。沙勿略（1506—1552 年）在 1542 年到达果阿，印度人对他的教义反应冷淡。失望之余，他就在一个日本的乘船遭难者弥次郎的带领下，到了日本。1549 年他到了鹿儿岛，在这里他受到大名的欢迎，因为大名想如果允许沙勿略传教，将来就可以通商。在一年之内，沙勿略被赶出萨摩，只好迁到平户。从平户他经过博多和山口到达京都。他希望能从足利将军处得到传教的许可。在这里他没有成功，就又经过堺，回到九州。他在山口建立了第一座教堂，并且得到大内和大友两大家族的支持。1551 年他离开日本，希望能到中国传教，但1552 年，他在广州附近逝世。

沙勿略在日本短短的两年旅行中，为耶稣会在全日本最大的传教成功奠定了基础。但是他和他的后继者在把基督教教义传达给日本人方面，都遇到不可逾越的困难。使日本人理解基督教教义非常困难，也许在许多年内这个障碍都使他们除了通过个人行为和榜样以外，没能取得有意义的感染力。日本人管葡萄牙人和意大利人叫南蛮，意思说他们是来自南海的野蛮人。而开始时又把基督教看成是佛教的一种变体。不过，日本人还是被这些远方来人所吸引。他们的坦率、果断，他们的绝对忠诚和有力的性格，在那战争的年代里，佛教僧侣表现为实利主义者而腐败的时候，都是有吸引力的特点。

传教士也是有学问的人，他们带来了一种新文化的知识。沙勿

略原来打算在街头巷尾影响寻常百姓，很快他就发现应该感染统治
140 阶级，并以欧洲的物质文明作为他宗教教义的外衣。因此，随传教
士而来的就是贸易，并在大名接见时，献上珍奇礼品。若干九州的
大名，在很大程度上是为了通商才接受这个新宗教，有的甚至命令
所有臣民照办。1559年神父加斯帕·威勒拉到了京都，他把这个首
都建成基督教活动的第二中心。有一段时间耶稣会得到织田信长的
积极支持，织田是日本几个重要军事领袖之一。

　　有三个九州的大名为基督教提供了最引人注目的支持。大村纯
忠在1570年开辟了长崎港口，允许耶稣会在那里修个教堂，1580
年又把这个城市的管理交给教会。1563年成为基督徒以后，他下
令整个领地也照样实行。有马晴信和大友义镇（更以佛教教名宗麟
见知）和大村纯忠组成所谓三个基督教大名。1582年他们派遣一
个由四名日本基督徒组成的使团乘葡萄牙的三桅船前往罗马教廷。
伊东曼巧、千千石弥圭、中浦朱里奥和原马丁经过澳门、葡属印度
和好望角到达里斯本，1590年返回日本。1613年伊达正宗用西班
牙大帆船遣送了一个类似的使团经过太平洋到达墨西哥的阿卡普尔
科，再经过大西洋到达西班牙和意大利。1582年耶稣会士瓦里那诺
（1539—1600年）报导了他在日本的见闻。他估计有200个教堂、
150,000信徒和75个耶稣教会。

　　但是，日本领袖情愿容忍外国宗教的态度已经开始变化。随着
统一和巩固的浪潮席卷全国，欢迎西方商人和传教士的开放情况不
见了。1587年以前，基督教是不受压制的，直到1597年才出现第一
个殉道士。1612年以后，德川着手以残暴的决心和大量的生命牺牲
141 来消灭这个宗教。此后数十年中，外贸仍然得到鼓励，但是处于严
格的限制之下，而中央领导又满怀嫉妒地禁止九州的大名以外贸致
富。到1640年，日本已经采用了闭关自守和压制基督教的刻板政策。

九、织田信长、丰臣秀吉和对大名的绥靖

到 1560 年，日本正处于其政治史上的转折点。在此后的 40 年 内，在日本中部迤东出现了强大的军事力量，在三个军事天才的先后领导下，使大名屈服，并给日本全国带来基本统一的局势。完成此一壮举的"统一者"是织田信长（1534—1582 年）、丰臣秀吉（1536—1598 年）和德川家康（1542—1616 年）。他们本身就是大名，而他们建立的统一，采取了以军事霸权压制其他大名的形式。到了德川家康时代，他的霸权已十分稳固，而且以新的幕府权威使之合法化，结果保持和平达两个半世纪以上。

很难准确地说大名从什么时候开始看到了建立国家霸权的可能性。织田信长不是第一个，而他和他的后继者曾和无数的强大对手拼死斗争。一旦斗争起来，巩固的过程总是沿着某些模式进行的。随着战国大名的出现，16 世纪早期就打下了基础。这些地方上的霸主扩大土地、增加资源以后，开始互相火并以扩充地盘或统治邻国。在每个区域里，最强大的大名把他周围的大名降服后，建立军 事家庭联盟，自己做首领。在 1560 年，当大名纠集在一起的倾向刚开始时，已经出现了一些地区上强有力的首领。例如北条氏、上杉氏、今川氏、大内氏和岛津氏。他们每人都控制住了若干国的大名，并能调动数量惊人的联合部队。也可以说他们已经具备了征服全国的能力。最后争取统治全国的斗争，就是在这些地区的大名之间进行的。

像在日本历史上常常发生的一样，武力征服和谋取合法地位，

总是同时进行的。地区的首脑发现有进一步扩张可能时，他们的眼睛就盯住了京都和未被注意的存在于京都的权威象征。上杉谦信（1530—1578年）在1558年去了一趟京都，仅仅带着一个空头的官衔关东管领回到自己区域越后，但他立即对关东诸国提出要求，并攻打北条氏和武田氏的地盘。但是，只有那些距离中央各国较近的大名才易于夺取京都。1560年今川义元（1519—1560年）率部25,000人要穿过织田信长的地盘去京都时，未能如愿。织田信长仅以2,000兵力就出其不意地消灭了今川义元的庞大部队。

这一战役后，信长就跃居权力的主要竞争者的高位。他的地盘的位置，在战略上也是极为有利的。因为尾张（他的家乡）既离京都不远，又有一定距离，使他免受骚乱中的中部各国影响。到1568年，信长做好了进军京都的准备。他率领3万人马进入京都，以天皇的保护者和足利义昭的拥护者的姿态出现。足利义昭是足利幕府144 继承权的争夺者之一。信长一旦掌握了京都，就把足利义昭立为将军，并强迫他发誓宣称一切政治决定权归于信长。这就为最后征服全日本打下了基础。

但是，信长的事业仅仅是刚刚开始，称霸全国还有许多障碍。在首都地区，比叡山延历寺的和尚就坚决反对他占领京都。在琵琶湖对面，有敌对的大名朝仓义景和浅井长政，他们常和比叡山的僧兵联合起来反对信长。在京都西南，堺的商人也不友善。石山的堡垒由一向宗的狂热信徒把守，它地处要冲，正好阻止信长向内海扩张。石山和堺反对信长得到内海一带大名的支持，而根来的僧侣在南方统辖了纪伊不少地方，也是反对信长的。在这些第一层敌人之后，远方还有更多的敌人阴影，例如东边的武田氏、上杉氏和北条氏，西边的毛利氏和岛津氏。但是，信长也有幸运的一面：与三河的大名德川家康联盟之后，也相当肯定关东敌人不会来犯，减少了后顾之忧。

信长认为首先要解决的问题就是消灭首都地区的佛教力量。他大胆地打击了寺庙力量的中心。1571 年他采取了他事业上最恐怖的行动。毫无任何宗教上的顾虑，他用火把点燃了比叡山上的寺庙、烧毁了 3,000 座建筑、屠杀了数以千计的和尚。同一年他又狠狠地打击了根来的僧侣。五年以后，越前和加贺的一向宗的徒众，也屈膝投降。1573 年信长粉碎了浅井氏和朝仓氏，把他们的地盘置于自己的管辖之下。同时，他的部队（有时达 6 万之众）包围了石山的堡垒。虽然到 1580 年才攻克这里，但把一向宗的本愿寺宗派力量永久地结束了。1573 年信长把足利义昭赶出京都，结束了足利幕府，成为他所控制的各国的事实上的霸主。

以后的几年中，信长把主要精力放在新地盘的资源开发上。1576—1579 年，他在琵琶湖岸边的安土建起了大的城堡，因而开创了日本军事史的新篇章。安土城是为对付火器的力量而建的——巨大的城堡，中心有七层高的塔楼，四周围以石墙和防御据点，矗立在近江平原上，成为一个新时代的标志。信长把战胜得来的地盘安排在新城堡的周围——把最好的土地留给自己，并把属于他的大名封在战败对手的堡垒里作为主人。不战而降的大名都接受为同盟，并在后来的战争中委以先锋以测其忠诚。

1577 年，信长做好准备去对付远方的敌手。他的后方既然仍旧相当稳定，他就由首都西行，以消灭毛利氏为最终目的。毛利氏是本州岛终端大约 12 个国的首脑。信长派遣大将丰臣秀吉去讨伐毛利氏，他的军队比较顺利地扫荡了丹波、丹后、但马、因幡和播磨。1578 年备前和美作的宇喜多投降，而毛利的土地正在它们的外边。和毛利氏的遭遇战是旷日持久而代价高昂的。1582 年秀吉因自己仍在高松相持不下，要求增援。信长就把他自己的部队从安土派去。但是在经过京都的时候，信长和他的长子被一个奸诈的将军刺死，此人名叫明智光秀。得到这个消息，秀吉立即放弃毛利氏而日夜兼程地赶回京都。他和明智光秀交锋，很快把他消灭。信长这第一位"统一者"享年49岁，正当他走向征服全国的大道上时，就被杀死了。他一生工作主要是军事的、破坏性的，但这为后来的统一大业奠定了基础。他临终时，已经巩固地控制了日本诸国的近三分之一，而且还为他的接班人留下了统一政权的制度模式。

虽然信长没有很多时间从事行政工作，他仍然创始了一些重要的制度改革。他擅长的大规模战争和在安土修建的那种堡垒，开创了在城堡集中常备军的倾向，结果使军事贵族退出土地。在他的领地里，信长在村落组织和税收方面也开始了一种新的、更系统的办法。1571年，他要求新取得的土地交出地籍登记，并用一种新测量和估算税款的办法，开始在他的根据地山城国实行检地。1576年他开始在他某些领地里为农民解除武装，这就促进了20年后更彻底的兵农分家。

在农业和贸易方面，信长也试图为一个全国政策打下基础。在他的辖区内，他命令统一度量衡，并取消妨碍货物流通的行会和关卡。此外，他还给商人们一些直接的好处，给他们特殊优惠，并允许他们在他的堡垒城市内开设自由市场。这样一来，他就加速了把服务于军事的商人阶级置于大名控制之下的进程。也许由于他对佛教的无情打击深入人心，他的去世永远结束了那些佛教大宗派独立的势力。他把寺庙的土地大量充公，并把自己的经纪人安插在宗教机关里，开始把佛教和神道纳入为军事政府服务的轨道。

信长死后，他的主要下属会谈继承问题。他一个很年轻的孙子成为继承人，另外有四位辅政者作为保护人。四人之中有秀吉，他的职责就是保护京都。但是，在三年之内秀吉已经成为信长的无可争辩的接班人。1584 年，在消灭了另外三个保护人之后，他已经永久地掌握了京都。他在大阪倒塌的石山城堡上修建了一个又新又大的城堡，以为他的总部。1585 年他和德川家康及上杉景胜结成联盟，而信长过去的所有下属，包括织田家族，都向他表示效忠。同时他也以朝廷的品级和关白的称号来提高自己的身份。

到了 1585 年，秀吉已经做好准备去完成信长留下的统一大业。在他周围有以九个大名为主的集团，他们是北条、武田、上杉、德川、毛利、长曾我部、大友、龙造寺和岛津。上杉、德川和毛利这三家是盟友，秀吉面临的任务就是削弱其他的大名。他从长曾我部氏下手，1585 年他把 20 万兵力投入四国，长曾我部氏投降。两年后，秀吉又率领 28 万兵士进入九州。北九州的大友和龙造寺已经很弱，他们就脱离岛津而向占压倒优势的兵力投降。1590 年秀吉作好对付最强大的敌人小田原的北条的准备。他以 20 万人长驱直入关东，横行于北条的辖区之内，并在小田原驻扎下来，封锁了城堡。两个月后，北条氏投降。其余原存敌意的少数大名，也都很快地表示了忠诚。武力统一日本，现在完成了。所有土地或者属于秀吉，或者作为封地赏给曾是他忠实臣下的大名。

历史学家提出了疑问：为什么秀吉不延长他的统一行动以消灭大名而使自己成为一个名实相符的君主呢？这问题的答案必须从统一的过程说起。从一开始，争夺日本霸权的力量就是大名组成的、封建的松散联盟。每一次这种联合的扩张之后，都是把得到的地盘分给首领和他封赏的臣下。内战和追求霸权者周围的危险敌人的经常压力，使他们必须通过联合或和解来进行工作，尽量避免使用武力。而且，甚至于秀吉在感到消灭对手的必要时，像他对付北条那样，他也是通过能以取胜的联军力量，而不是用他自己的军队。这种联军的结合，大半在事成之后以土地为报酬，这也是足够的吸引力了。信长、秀吉和以后的德川，都是一步步地登上霸主宝座的——从小大名到大大名，再从大大名升为大名集团的首领。即使秀吉在他权势最盛时，也不可能不动用一些他联盟以外的力量去消灭敌对的大名。他和他的继承人都没有足够的力量。

在丰臣秀吉的领导之下，一种新的政府结构创立了。这时国家已被一个大名联盟所征服，它的首领就是全国的最高权威。这时的国家既完全失去中心，也是充分统一的。这一新的权力机构的基础就是秀吉和他的大名臣下瓜分地盘的部署。秀吉对土地的系统化办法（下面即将说明）为全国提供了新的丈量方法。这时全国耕地都是按米的石数计算。一石大约相当于五斗。按定义，一个大名就是拥有一万石或一万石以上的地主。1598年估计全国约有1,850万石。秀吉个人占有大约200万石土地。虽然这些土地不在一起，但都集中在京都附近和近江、尾张两地。这样，他就占有琵琶湖周围最肥美的土地，还有京都和堺这两个重要城市。秀吉在九州还控制了博多和长崎两个港口。

1593年，臣服于秀吉的大名不足200人。如果扣除朝廷的少量土地和急剧减少了的庙宇和神社土地，有土地的首领总共占有量不到1,600万石。自然，大名与大名之间，其拥有土地的多少及和秀吉的关系亲疏，是很不一样的。德川和毛利这种大名最大，也最独立，因为他们自己曾经是有权力的大名联盟的头头。此外就有大量的作为秀吉家臣的大名，他们的土地不大，但是紧密依附于秀吉。权力和忠诚的平衡以及这些大名之间战略部署的平衡，对秀吉的地位是某种稳定的因素。

事实上，秀吉的地位也并非十分稳定。作为他臣下的大名多半在中部各国。从甲斐到播磨及四国北部，都是比较小的，只有少数几个在 10 万石以上。其中最大的是加藤（25 万石）和小西（20 万石），这两个是最受秀吉信任的将军，他把他们安插在九州。此外还有浅野（218,000 石，在甲斐的甲府）、增田（20 万石，在大和的郡山）和石田（194,000 石，在近江的泽山）。从信长投到秀臣手下的大名构成他信任的第二组臣下，但现在已经为数不多了，只有前田（81 万石，在加贺）还仍然算是一个主要力量。秀吉的“外样”大名，即较大大名的大部分，保有日本国土地的大部分。他们都是在信长开始掌权的时代就存在的家族，而在过去都曾对秀吉抱有敌意。这类外样大名里有德川氏（2,557,000 石，在武藏的江户）、毛利氏（1,205,000 石，在安艺的广岛）、上杉氏（120 万石，在陆奥的会津）、伊达氏（58 万石，在陆奥的尾崎）、宇喜多 150 氏（574,000 石，在备前的冈山）、岛津氏（559,000 石，在萨摩的鹿儿岛）、佐竹氏（529,000 石，在常陆的水户）。这些大名的地盘，事实上是由秀吉在仓促征服战争中整块侵吞来的土地构成的。

秀吉利用他所有的权力和机智安排臣下为自己谋利益。只要有可能，他就重新部署他臣下的安排。他这样做，或是出于战略原因，或是要把他们和他们的主要力量的地盘割断。最富戏剧性的这种调动，就是德川家康从他的家乡三河和远江调到北条氏原先在关东的地盘。这样一来，德川就离开了日本中部，并被放在一个便于被周围的亲近大名监视的地方。秀吉亲信的将军们都封在日本中部，他的继承人秀次则封在他的家乡尾张。在秀吉手下成为大名的那些将领中，木下被放在播磨以对付西来之敌；加藤和小西则放在九州以平衡岛津和锅岛。

秀吉的霸权主要建筑在他的征服和他与臣下之间的封建关系上。所有大名都必须向他发誓效忠，并以人质作为这种诺言的信物。大阪的城堡最初是人质的住所，大名们把自己的妻室、子嗣或主要的臣属送来作人质。后来，他们就不得不在秀吉在伏见的宫殿周围修建住所。他们在这里便于听候秀吉的随时召唤，而他们的妻子儿女则处于半人质的地位。缔结姻亲是加强封建联系的惯用手段，而秀吉给臣下赐姓或仅仅赐他名字中的一个字，也都是常用的手法。

在这些严格的封建主义的手腕之外，秀吉还创造了一种合法结构来支持他的霸权。他和信长都没有要求做将军——信长也许是因为他废黜了一位将军，而取得了事实上的实权；而秀吉则可能由于他未能进入源氏世系。不过，秀吉虽然出身不高，但他很容易地得到了藤原的收养，而有资格取得朝廷的高位。在最后一次讨伐前，1585 年他曾得到摄政的官衔，第二年又接受了太政大臣的称号。1591 年他退休，把位子让给养子秀次时，他常被称为太阁（即退休的关白）。他主要是在摄政期间从皇帝手中取得最高的文武大权的。他直率而有效地利用了皇家的象征。1588 年他在伏见府邸大开筵宴请来天皇参加时，他叫所有臣下当着天皇的面重复对他效忠的誓言，同时也叫他们发誓保卫皇室天下。这样他就把皇室传统的认可和威信融入在主君与臣下的关系之中了。

虽然秀吉把大名控制得很严，虽然他铸造钱币、制定外交政策并对全国发号施令，是个日本国的绝对统治者，他却把行政权交给地方上自主的大名。他公开地依赖大名控制各自的地盘，因而只能实现起码的全国规模的治理。当然，通过他对自己地盘的治理，他是能使日本中部和一些主要城市稳定的。为了这一目的，秀吉实行当时所有大名采用的办法——依靠部下和家臣以治家的办法来处理文武事项。一个最重要的亲近大名浅野长政被指派为奉行，管理秀吉的土地和家人。前田玄从被派到京都作所司代，管理全城及朝臣

和僧侣。长束正家也是奉行，专管经济和秀吉家事。别的家臣（往　153
往是低于大名身份的）则处理建筑、交通、军事组织、物资供应和
其他必要事项。

　　直到 1598 年丰臣秀吉即将告别人世之际，他才安排好一个宠
姬淀君生下的幼子继承他的位子。他试图在他的臣下之间形成平
衡，组织了一个包括五大老的摄政部门。这五大老是德川家康、前
田利家、上杉景胜、毛利辉元和宇喜多秀家。这个部门由五个最大
的外样大名组成，他们都受命发誓要保卫和平，并支持这即将交给
一个孩童继位者的不稳定的丰臣家业。下一步秀吉又把日常政策和
行政事务交给五奉行。在这两个部门之间，他又插进了三个中老，
目的在于这三个人可以使那两个部门和平相处，并调解二者在政见
上的分歧。可以想见这个制度在 1598 年秀吉去世后，未能发生应
有效果。

　　不论秀吉在政治组织方面如何笨拙，他的国内政策对日本国的
发展，具有深远的影响。事实上，他给日本的地籍管理和社会组织
方面带来了重要的转折点。他的命令在全国范围内完成了行政的基
本改革。这场改革最早由大名开始，后来又由信长推进，最后把庄
园的残余和地方行政上旧日皇家制度的残余，都清除干净。

　　1585 年，秀吉积极地在全日本实施一种系统的、新的重行测量
土地的方法——检地。他采用一种新的测量面积的单位来代替奈良
时代以来使用的旧法。实际上，这是强迫全国重新估量它的土地。
这时土地的所有权，完全归属于大名和秀吉本人。丈量土地作为农　154
村组织的新基础，还带来了另一个重要的制度变化。在新制度下，
田地是以自耕农即百姓的名字登记的，许多家百姓又连成村，成为
农村标准的经济和行政单位。丈量过的土地是根据它的品质和产量
来估价的，每块土地按它能生产稻米的石数来征税。把生产的总数

加在一起，就是一个村的石高，即纳税的基础。村子都要负责搞好自治政府和每年的纳税。村子估定的数字就决定大名和小一些的封地的大小。因此，土地所有权和地方自治的整个系统，是根据太阁检地重新建立起来的。

检地也给社会带来深刻的影响，因为它是区分农民和武士贵族不同身份的基础。我们知道，在信长时期任土地管理员和税收员的武士离开土地、聚集在大名的城堡里的倾向已经开始。检地在耕者和职业武士阶级间武断地画一条线，更加速了这个倾向。因为土地一旦经过检地，在日本社会里就分清了农业人口和非农业人口。和估量过的地块一起名列地籍簿上的人和他们的家属及其他附属人等，就是百姓。在大名的名册上持有封地或领取薪金的人，就是武士。

还有一种政策使这种阶级分隔的做法，变得不可更改。这种政策最早是地方上某些大名实行的，最后秀吉把它在全国范围内推广。这个政策就是除了武士阶级以外，别人不得携带武器。"刀狩"的意思就是给城市和农村人口解除武装，它在 16 世纪 80 年代就零星地出现，1588 年秀吉下令在全国实行刀狩，两年以后，北条氏失败，秀吉统治了全国，颁发有名的、包含三项内容的命令。这个命令冻结了社会结构，并禁止阶级流动或身份改变。武士禁止回到农村，农民必须从事耕作，不得转入贸易或商业。武士不许更换主人。这样一来就奠定了四个阶级的社会基础——武士、农民、工匠和商人都有各自的法定身份。

秀吉对国外冒险的劲头，可以和他在国内搞改革的宏大规模相媲美。它是 16 世纪的产物，也是他对外国贸易和接触外国的浓厚兴趣的产物。在 16 世纪中叶，日本的海盗就频繁地和中国进行非法交易，同时还越过印度支那半岛向海上探索。欧洲人来了以后，通过贸易猎取利润的竞争更加激烈。大名都竞相和欧洲商人开展贸易，他们自己也派船出去做外国生意。秀吉的城堡在大阪，是外贸和国内贸易最活跃的中心之一，因此他也积极使日本的国外活动给自己带来好处。他在大阪的城堡很快就压倒堺而成为日本中部的主要港口，同时又是和中国丝绸交易的集散地。1587年，他直接控制了长崎，并统辖了它的贸易组织。他试图从这里对全国的海外活动加以控制。与中国及其他东亚国家进行外交谈判时，秀吉也试图从这些国家得到优惠的、合法的贸易让步。同时他又设法镇压海盗，让所有日本人都持有盖着他的朱印的证书。这两个政策都不太成功，特别是中国不肯与秀吉协商。

　　秀吉最后决定征服中国的动机很多，通过贸易获利是其中之一。信长的无限征服的梦想，无疑也传给他了。统一日本之后，他 156 发现他的大名在精神上和物质报酬上都没有满足。他的夸大狂和对大陆兵力的蔑视，都达到了极点。1591年在要求自由通过朝鲜遭到拒绝后，秀吉就勇敢地计划取道朝鲜、击毁明朝，把中国分割成封地，赏给他的臣下。他在北九州设立了侵略总部，命令大名准备船只，为征服大陆提供军队和物资。第一次约有20万侵略军，1592年很快地就横行于朝鲜半岛、打到鸭绿江。但是日本的将军最后遇到明朝的大军，不得不同意在平壤与中国协议取得"胜利"的和谈。秀吉要求中国派一位公主去作日本天皇的配偶、中国和日本平分朝鲜、在朝鲜设立一位日本将军及中日之间的自由贸易。中国对这些要求的拒绝迟到了，引出1597—1598年的第二次侵略。这一次有14万日本人跨海到了朝鲜。但秀吉的逝世立刻结束了这场准备不足而十分鲁莽的冒险。

　　信长和秀吉锻造了一个新的军事统一的局面。这40年的日本历史可能是日本人民经历过的最开放、最富冒险性的一段时期了。

在这段时期中，日本商人在通往暹罗和印度的海上来来往往。欧洲的商人和传教士在大阪、京都和长崎的街上自由漫步，而大名不自量力，发动了两次对外攻击。事实上，此时的日本已经成为世界历史上的侵略力量了。这些年里的生活方式，特别是大统一者的生活方式是传奇式的。没有一个过去的统治者拥有信长和秀吉的个人能力、专制权力和可消耗的财富。他们绝对是靠个人奋斗成功的，只能是自己的主人。比起早年的领袖如足利义满或藤原道长来，他们更坚强，但较少自我约束力。他们大事营建，生活也奢华。

在这些年里，京都一直是最大的都市、文化城和有专长的工匠的居住地。同时大名的城堡所在地又成了新的活动中心。因为信长在安土的城堡和秀吉在桃山（即伏见）的府邸最突出，历史学家就称这一整段时间为安土桃山时期。但是，新的大名发起的城市化运动并不限于日本中部，也不限于国家领导者；北起伊达氏、南到岛津氏的地方领主，也都在他们城堡的周围建起新城，为他们的部属提供首都生活的复制品。在日本城市文化的历史上，没有一个时期比 1580—1610 年更活跃。在这 30 年里，强大的大名已经适应了国家的等级制度，并致力于巩固他们的军事资源和扩张了的领地。姬路、大阪、金泽、和歌山、高知、广岛、江户、冈山、甲府、伏见、仙台、熊本、彦根、米泽、静冈和名古屋这类头等的城市和城堡，在这段时间中纷纷出现，有如雨后春笋，而且持续兴盛直到现在。在世界史上也很难想象城市建设有什么类似的时期。

城堡城市自然是根据地方上新兴阶级的需要而构造的。例如，大名的地盘扩张了，他们就迁出山间防御工事的狭隘区域，搬进了地点适中、宽敞、有护城河及塔楼的堡垒。这样就便于统治作为他们权力基础的广大平原。在这里，大名也好驻扎他们的臣下和部队，同时发展商人和工匠的社会以满足军事和一般需要。

城堡城市是设计好的城市，由中心开始，向外扩展。它原来 158
是为城主方便的。城堡以中心的高楼开始，常常是建在一条主要河
流拐弯处的岬角上，这河是为大名的平原灌溉的。在高楼的周围是
一圈圈的防卫墙和护城河，按同心圈模式排列，其距离足以保卫高
楼，使之处于敌人炮火射程之外。防卫墙后是大名和他主要臣下的
官邸。墙外就是城镇，包括商人区、武士的卫戍区及寺庙和神社。
与中国和欧洲的有城墙的城市不同，日本的城市没有外墙保护居民
和宗教设施，所以城堡城市正确地反映了新兴的军人统治者的政治
专制主义和社会政策。领地属于首长，而城市就在城堡的阴影之下
为首长和他周围的武士贵族的需要而服务。即使是寺庙和神社，也
要看首长的高兴才能在城里修筑房屋，在和平时代为城里人民服
务，在战争时代作防御前哨。

　　足利的军事贵族竞相模仿朝廷贵族，而 16 世纪后半期的大名
则不顾传统的典雅，创出他们自己的豪华和铺张。在当时的社会
里，僧侣随处可见。在陪同大名时，和 200 年前不一样，他们再也
不是受人尊敬的顾问和有鉴赏力的仲裁者了。安土和桃山的风格是
为取悦粗野的、凭个人奋斗而统治国家的人，也为了显示他们的权
力和财富。毗连高楼的府邸都用金、漆装饰得很华丽，屋顶和房柱
都很复杂而怪诞，例如奇特的、弯曲的屋顶，全面雕刻的柱子和鲜
艳原色的大量使用。

　　最典型的、能代表这一时期的审美力的产物是泥金屏风和装饰
大名住宅的嵌板，还有装饰府邸和寺院的柱子和嵌板的浮雕。桃山 159
派的屏风画是狩野派发展起来的。例如永德（1543—1590 年）和
山乐的作品都极为华丽、豪放而用色鲜艳，大量地使用金箔，只是
由于内容雄浑而细节有力，才免于过分雕琢之讥。现存京都西本愿
寺或大德寺的样品，就具有装饰设计的非凡活力。浮雕主要是装饰

品，它的特点在于从整体看来，它们给人以俗艳而不自然的印象，但作为单个雕塑时，却反映出日本人对简单和因袭传统的爱好。准确而灵巧地雕出来的花、鸟和动物，显示了日本匠人的熟练。

桃山屏风和雕塑，还显示了这个时期的另一特点，那就是新贵族生活的世俗内容。信长和秀吉欣赏的艺术很少有东山文化的微妙，也没有东山文化的神秘联想。不过他们并没有把宗教忽略——秀吉在京都建立了一座很大的佛像，比奈良东大寺的那座还大。不过，他主要目的在于提高自己的声望。在两次地震中损毁之后，这座佛像在1662年被熔化。随着德川家的兴起，寺庙也失去了它的地位。

十、德川时代

幕藩体制的建立

　　第三位统一者运气好：既在寿命上长于他的对手，也有坚强的
意志等待统治这个国家的适当时机。德川家康的事业和信长及秀吉
的事业本来类似，他们又曾经联盟，只不过德川在秀吉死后还当政
有 18 年之久；因此，德川继承了他前任者创立的统一天下后，进
而建立稳定的霸权。这霸权在他死后还继续了 250 年。

　　但是，历史学家对德川统治是严厉的。他们说德川保守的社会
政策把日本带回了封建主义，或者说他政治上的苛刻统治，把日本
人民置于残暴的警察国家之下。德川采用的压制基督教又闭关自守
的政策，被指责为使日本居于世界潮流之外，结果日本在孤立状态
中停滞了两个世纪。

　　不可否认，德川统治是保守而限制多端的。很难说，如果葡
萄牙人和西班牙人不被赶出日本、西部大名仍能随意派船到海外的
话，日本历史将是什么样子。但是，我们必须记住以下三点：第一
点，西方贸易者离开日本，在很大程度上反映日本在地理上偏离了
世界的主要贸易路线，而 1600 年以后，西方对偏远的东亚边缘的
兴趣降低。第二点，德川想阻止西部大名，不让他们私自通商，这
也反映了中央政权仍在努力反对大名地方自治的程度。第三点，必
须认识到这种闭关锁国政策的影响并不全面、并没有决定整个时

代。事实上，日本也没有在 17 世纪中叶变成僵硬的模型在此后的两个世纪中停滞不前。

尽管和世界其他地方隔绝了，德川时期还是个文化和制度都发展的时期。诚然，当时欧洲有许多重要科学和政治的概念奠定了现代社会的基础，而日本和它们很少接触；但在不少其他方面，日本在这些年里加强了它的国家和文化基础。太平让日本人民养好了内战的创伤，并把注意力转到国家的和平需要上。政府仍在军人贵族手中，但武士自己在生活和思想方式上，都有彻底的变化。事实上，他们已经变成官僚贵族，在他们的领导下，国家行政非常系统化、合理化。新法律和条例阐明了各阶层的身份和义务，并为政府下了定义。虽然说它是独裁的，也强调统治者要对人民福利负责。

在德川统治下，城市化运动继续推进，而经济在全国成为一个整体，这还是第一遭。在思想领域里，儒家思想的传播影响了整个日本人民的精神倾向，为他们对生活采取更为入世的态度打下了基础。教育设施的增加把武士改变为有文化的阶级。同时，在社会底层的人也得到了上学的机会。在城市中，日渐富裕的商人也开始发展他们的休闲娱乐，日本文化里就第一次有了"资产阶级成分"。

1600 年继位、统治全国的德川家族，是从关东上野国一个小村落出来的。不知道什么时候，这个家族迁到三河。德川家康的父亲是个中等大小的战国大名。他的城堡在冈崎，到 1500 年，他控制了大约三河的一半。他臣服于霸主今川，今川的土地和他的相连。1560 年今川义元被织田信长打败时，家康已经成为德川氏首脑，他就归附于胜利者一边。1568 年德川家族就拥有整个的三河了。信长讨伐中部日本的年代里，德川家康集中注意力于打退武田和北条的进攻，同时还尽量把今川的地盘收为己有。信长逝世之后，他把远江和骏河纳入自己版图，而且几乎得到甲斐和信浓。这时他已把总部迁到今川的旧日都城骏府。

1583年家康曾在短期内试图反对秀吉继承信长的地位而无结果，便与秀吉妥协，并取得优惠条件。在以后的数年内，他谨慎地继续开拓地盘，设法避开秀吉的四国和九州战役。但在小田原和北条对阵时，他不得不做出主要贡献。战役结束之后，北条退出的土地有2,557,000石归了他。

不论秀吉把家康调到关东的动机是什么，这次调动无疑对德川好处很大。除了这个位置更便于家康不参加朝鲜战役外，他还得到了一个能建立组织严密的根据地的新基地。他保留了大约100万石 163 的土地自己控制，把其余分散给别人——给江户新城附近的较低封臣，也把较高的臣下封到他较远的地盘上去。这时候，有些他的主要臣下的土地已经相当大了，例如井伊在高崎有12万石，榊原在馆林有10万石，本多在大多喜有10万石。家康的臣下一共有38个可以称为大名的封主，也就是说他们的封地估计都在万石以上。

秀吉一死，仓促拼凑的丰臣家族的权力结构就陷入危机。他死前组成的议事会，几乎立刻就出现了矛盾。在辅政的大臣中，想接替秀吉的野心导致猜忌和摩擦，特别是在德川、前田、毛利、上杉四人之间。在"家臣"中，石田三成不信任德川家康，组织了一个联盟拼命地反对他。1599年前田利家去世，秀吉赖以保持权力平衡的主要分子倒了。此时德川家康显然在日本拥有最大的势力。他已经接受了别的大名的联盟申请，前田一派也送来了人质，并作出愿意支持他的表示。1599年秋，德川家康进入大阪城，成为当时称作"天下殿"的人物。同年末，几乎有一半丰臣派的大名都给家康递交了书面的联盟申请，事实上许多大名也送来了人质。

1600年初，德川家康不得不把自己的主要兵力和他的同盟军调到关东去对付上杉要进攻的威胁。对石田来说，这是绝好的机会。在大阪，他的周围聚集了大名的联军，包括毛利、浮田、岛津、锅岛、长曾我部、生驹和其他日本西部的大名。就实力而言，石田所统率的"西部联军"是有取胜可能的，但领导不力、派别分裂，而且有些关键人物又和家康私下联络。九月十五日（即 1600 年 10 月 21 日）两军在当今的古战场关原交锋。最初是不分胜负，但在西部联军中有大部分部队没有认真战斗，在危急时刻，一个毛利的亲属小早川实现了他早有准备的叛变。西部联军瓦解了，战争以大屠杀告终。十天以后，德川家康进入大阪城，成为国家的军事领袖。

关原战役给政治地图带来了可怕的新安排：在家康的周围很快地形成了一个事实上的霸权。总起来有 87 个大名家族被消灭，还有 4 个（包括丰臣家）减少了土地。共有 7,572,000 石以上土地充公，这就使家康有可能扩大自己土地，并慷慨地奖赏他的追随者。不过，丰臣一支并未灭绝。人们对秀吉记忆犹新，而他的年轻的继承人秀赖有不少支持者。结果秀赖得以保全大阪的城堡和四周各国的土地 65 万石。

德川氏在关原虽然取得了胜利，但他们的霸权并不完全巩固，也不是合法的。在大阪以西，德川的影响急剧下降。他们未能把自己的大名安排到日本西部去，那里对丰臣家效忠的呼声还很强大。因此，家康不得不在公共场合也对丰臣继续表示忠诚。但在表面效忠的同时，他一步步地攫取权力及能作为日本唯一霸主的合法性。1603 年他取得了将军的称号。他以将军的名义接受了所有大名的臣服，并在江户开始收容人质。当他派兵驻守伏见并把京都的军事长官派到新建成的二条城时，他在京都一带的军事地位大大加强了。

1605 年，德川家康把将军这个位子让给儿子秀忠，并在骏府的城堡中自封为大御所（即退休将军）。他在这里致力于最后歼灭

丰臣家族的工作。1614 年时机成熟，一个站不住脚的借口使他得以 165
命令他属下的大名联合兵力攻打大阪。这场战斗结果比关原之役流
血更多。大阪对付德川联军 18 万兵力，牺牲了 9 万人；1614 年冬，
德川联军损失了 35,000 条生命。家康在极端无奈下，采取阴谋手
段，在 1615 年"夏季攻势"中降服了大阪、歼灭了抵抗者，丰臣
家族的继承人终于被消灭。德川家康在全国至高无上，次年他逝世
时深信自己已经建好了一个站得住的政权。

历史学家把德川这种政治制度叫作幕藩体制，意思是说它是以
幕府和大约 250 个大名领地（藩）的平行存在为基础的。"藩"这
个词的意思是大名的领地，它直到 19 世纪才由官方正式使用（当
代则用"领"），但是历史学家追溯过去时用它。

从幕藩制度演化出来的政府形式，是日本所特有的。它代表
日本的两个政治制度都终于成熟了：幕府作为国家的权威和大名作
为地方上的行政力量。连结这个制度的力量在上层，特别是在调整
将军和大名的关系上。但在行政下层的内部，在将军或大名的直接
管辖下，权力是越来越通过官僚手段来行使。当然，家康和他的继
承人掌握的权力和在国内的权威，都远远超过以前的军事霸主。不
过，这个政权在封建的和官僚的机制之间，在分散权威和集中管理
之间，保持了一种颇有活力的紧张态势。

德川家族维持的权力平衡，最容易从他土地分配的模式中看
出来。关原战役后重新分配土地以来，土地的均衡越来越有利于将 166
军。1615 年消灭了大阪的敌人以后，又腾出 365 万石。在 1600 年
和 1651 年间，主要是通过非武力手段又重新分配了 1,000 万石以
上——4,570,000 石得之于死后无继承人的大名，还有 6,480,000 石
是因惩罚而充公的。在这些年里，总共有 24 个外样大名被取消，

而将军亲近的大名则按上述比例增加。同时，将军自己的领地（天领）从 200 万石增加到 680 万石。这些土地大约供养 23,000 个直接服务于将军的侍从，其中包括约 17,000 个御家人和 5,000 个旗本。前者不得谒见将军，经常是领取俸给的；后者得恩准进见将军，且大半领有封地。不仅是将军拥有的土地大大超过与之竞争的大名（最大的大名是前田，有土地 1,023,000 石），而且他的土地包括了绝大多数重要的城市，例如：大阪、京都、长崎和大津，以及佐渡、伊豆和足尾的矿山。因此，将军掌握了国家的主要经济中心及开采贵重金属的资源，进而起到控制国家货币的作用。

　　将军和大名之间的平衡，表现在许多政治和策略上的细微差别。家康根据大名和将军家族关系，订了一个很烦琐的等级表。和德川家族关系最密切的是 23 个旁系家族，称为亲藩，而亲藩又以三家为首。这三个家族是德川的直系后代，用德川的姓氏。他们的领地在尾张、纪伊和水户。如果德川家族没有直系后代，他们有权为幕府提供继承人。旁系大名拥有封地 260 万石。

　　其次，对德川家族最为重要的是谱代大名，他们都是从德川家康或其继承人手中得到大名身份的。他们大多数在关原战役之前是家康的部下。18 世纪时，有 145 个谱代。他们的土地绝大多数都很小（在彦根的井伊家族有 25 万石，算是最大的），但他们的忠心则被认为是绝对的。这些人中总共约有 670 万石。最后就是外样，这些家族的大名身份多半得之于信长或秀吉，而在某些情况下更早（例如岛津）。18 世纪时有 97 个这样的家族，构成了大的大名的绝大部分。他们共拥有土地 980 万石。既是早先的对手，又是关原战役中的同盟军，这些人比谱代受到更宽容而谨慎的待遇。

　　如何部署亲藩、谱代和外样来防止敌对联合的形成或阻截武力进攻江户和京都的路线，早年的德川首脑是费尽心机的。幕府的土地控制着关东和日本中部，有战略意义的德川城堡除江户之外，矗立在大阪、二条城（在京都）和骏府（今静冈）。三家亲藩配置在江户以东、以西和大阪以南。外样大都已在日本群岛的周围壮大起来。在他们这些地方，可能的话，也会派来谱代，以便牵掣。19世纪幕府发现对日本西部的控制松散，大阪以西缺少直接的兵力。在日本的最西端，像萨摩的岛津氏和长州的毛利氏，对幕府仍然存有敌意，最终再次出现了反德川的领导。

有了这些真正的权力，德川幕府就在政府和国民生活各部门建立了一整套幕府高于一切的制度。这套制度主要是家康和他两个继承人制定的，到1651年第三个将军家光去世时，这个制度已臻完善。这个时候的幕府已经高踞于稳固的规章和先例的基础之上，在大名之上，也在宗教团体之上。 168

16世纪的统一运动把大家的注意力又集中到天皇身上，认为天皇是政治的最终权威。信长和秀吉都致力于提高群众对天皇的尊敬。德川的政策继续是在两方面：一方面是提高天皇的声望，另一方面是把天皇和大名隔开。因此，德川对天皇和他的朝廷表面上极为尊敬，也希望大名采取同样的做法。他们帮助皇室重修宫殿，把供养皇室的土地，分给皇家和其他公家家族，共达187,000石。实际上，天皇和他的朝廷是在严密的管制之下，对国家大事不能自由参与。在二条城邻近皇宫处设立了一个幕府的军事长官京都所司代，统领着强大的警卫部队。这个长官通过两个朝廷官吏公家传奏进行工作，而这二人的任务就是把幕府的指令传递给朝廷。通过他们，幕府就能审查所有将要送呈天皇的东西，并控制天皇的召见或荣誉的颁发。朝廷和大名的接触也受到限制。更有甚者，1615年家康对京都贵族颁发了一个名为"禁中及公家众诸法度"的17条法令，它硬性规定天皇的活动就是追求传统文学和执行仪礼，它规定对高级官员的委任，首先要有幕府同意，它限制皇族和大寺庙的关系，并推行一种强令某些皇家王子出家修道的制度。最后，德川家族在 1619 年利用古典的影响皇家的手段把家康一个孙女嫁到皇家。

169 不过，后来的将军对这种通婚办法不太积极。

由于大名是将军的臣下，理论上应该按将军的好恶行事。对大名的控制，是由将军给他们封地开始的。本来大名的封地应该是世袭的，实际上，他们的占有期并不稳固。在这一统治的初期，充公或移交给别人的情况屡见不鲜。只有几个最强大的外样和亲藩大名，在整个德川时代保持着世袭的土地。每个大名都对将军以个人身份发誓，表示听从将军的命令，不和人勾结反对将军，并全心全意为将军效忠。将军则报以封地，并明确规定其地界。大名的职责虽然没有明文规定，但习惯上理解为（一）需要提供军事服务（谱代则需要为行政服务），（二）有责任应召提供特殊服务，（三）领地须和平而有效地管理好。

在个人宣誓之外，大名还要遵守一个名为"武家诸法度"的规章。它是 1615 年由家康首先给大名提出的，到 1635 年修改后，共有 21 条条款，目的在于限制大名的私人行动、婚姻和衣着，不许他们搞小集团或增加军事设施。此外还有具体规定，要求大名到江户觐见并送人质，不得私造远洋船舶，反对基督教。这规章的最后一条是把将军的命令奉为这块土地上的最高国法。

在所有统治的手段中，要数觐见（参觐交代）的影响最为深

170 远。战国时代觐见上司、送去人质的办法，就很普遍。秀吉也采用了这个办法。关原战役之后，大名进一步发展了向江户送人质的办法——最初是自愿，1633 年以后则成了幕府的规定。所有大名不得不在江户建造住宅（屋敷），妻子儿女之外，还带有扈从。在扈从中，有一名负责和将军联系的官员。大名们来往居住于江户和自己

的领地之间，关东地区的谱代每六个月一往返，离江户较远的大名隔年一往返。这个制度非常有效——它不仅是监视大名的好办法，也使本来容易使国家分散的大名制度，竟把全国连在一起。大名们的经常来往和觐见，意味着他们必然理解将军的命令，连边远地区也及时传到。

作为上级的特权，将军对大名提出很多要求，并把他们置于各种形式的监视之下。虽然将军不直接向大名征税，却往往定期地向他们强要捐献。军事和后勤方面，自然也负有责任，而在紧急情况下，例如 1614—1615 年在大阪，将军任意地命令大名为他作战。经济援助，特别是修建堡垒、道路、桥梁和皇宫，将军更要向大名提出要求。这种征收的办法叫做国役，将军常用这一手段来削弱经济上比较富裕的外样大名。同时这也使将军建筑巨大的防御工事成为可能。例如在江户和骏府、大阪、名古屋、二条的将军城堡，就使与之竞争的大名城堡相形见绌。

最后，我们还看到德川家族利用取之不尽的宗教情绪来提高人们对其成员的崇敬。德川对佛教和神道的支持保护是有目共睹的，其目的无非是要把大教派的方向转移到支持德川家族上。以日光神社为中心的德川崇拜的发展，最能说明这种努力了。德川家康一死，他的精神就被神化为东照大权现。1637—1645 年，第三代将军"把家康的精神奉安"在日光山上的陵墓东照宫。此后每一个将军都要率领大名和他们的随从，举行一次正式的朝圣。逐渐地大名也在各自的领地里修建了东照寺的复制品，一年一度地举行仪式，向家康致敬。

在利用宗教信仰和仪式以增强统治的同时，幕府对宗教机关的土地和事务，厉行严格的控制。宗教机构的武力，早已被织田信长毁掉，而丰臣秀吉又削减了他们的经济。随着全国范围的土地丈量，寺庙和神社的独立财产都划入武装霸主的范围之内，而受到"朱印"的控制。在这个过程中，财产极大地减少了。德川再继续这一做法，估计宗教机构的土地在德川时代总共不超过 60 万石。考虑到需要这些土地来供养的寺庙数字，这是个很小的数目。只有很少的几个寺庙得到相当于最小的大名的土地，他们是：兴福寺（15,030 石），延历寺（12,000 石）和高野山（1,600 石）。东大寺是当年奈良的最大庙宇，如今只有 2,137 石土地。

　　将军还把宗教机构放在严密的行政管理之下。1615 年颁发的规章为直接干预宗教界提供了基础。这些规章限制皇家和僧侣的关系，使家庙和地方庙宇完全集中起来，并对僧侣的活动横加许多硬性限制。1635 年有关宗教设施的一切事宜，都纳入寺社奉行即寺庙和神社主管的统治之下。

172　　作为一个国家的政府形式，幕藩制度为日本提供了一个很有生命力的、全面的行政管理制度。到了德川时代，在相当自治的农村和市镇以上，军人阶层掌握了所有较高的权力，行政管理完全在武士阶级手中。将军作为军事阶级的总司令，现在就拥有政府的所有权力。因此德川统治就代表一种颇不寻常的情况——文职政府由职业军人掌握。所有武士就职业而言是军事贵族，他们有义务随时提起腰刀响应号召。但在和平时期，他们就执行额外的文官或武官的任务。德川政府能由文职转为武职，也可以由将军的作用看出来——他是全国的最高司令员。大名也如此，他们有责任在将军之命下带领部队冲锋陷阵。因而德川政府实际是扩展到和平时期的军事统治。

　　既然德川将军从历史渊源上看是最大的大名，既然大名的领地是将军行政的组织雏形，研究德川行政最好从探索那些领地的性质开始。幕藩制度的藩是直接由 16 世纪武人领地演变而来，在德川统治下，它们日益失去原有的军事作用，而变成地方行政单位。事实上，在 1615 年以后，每个大名只准有一个军事设施——堡垒或警卫司令部，而他们所能调遣的武装部队的人数，也是受严格限制的。大名彼此之间在封地大小和行政手续的特点上，都有很大不同。只有一个领地——前田家族所管辖的加贺国，估计有 100 万石以上。只有 22 个"大的大名"有 20 万石以上。半数以上的大名拥有土地不到 5 万石。如果我们粗略地考察一下领地的石数和人口的比例，可以说德川时代的日本人民是处在大小相距甚远而往往是极小的管辖区域之下的。事实上，很难估计当时存在的行政单位的数目。大名的数目就有变动——17 世纪早期有 295 个之多，到中期减为 245 个，到统治末期是 276 个。此外，还有将近 5,000 个旗本的小封地和几千个庙宇与神社的管辖范围，连同更多的在将军天领和大名领地上的更低一级的行政机构。也就是说，许多领地包括着不止一块互不相关的土地，日本的行政地图也就搞得非常复杂。但是要求一致的压力又如此强大，结果使地方上的小行政单位取得不少共同之处。特别是大名和他们的侍从从一个领地巡行到另一领地时，随之而来的是行政上的一致性和公平性。同时，武士阶级和更低阶层的直接联系逐渐破裂，大名的侍从更加变成一帮在相当一致的法律理论下工作的职业行政人员。

　　大名在他自己的地盘上，按照幕府的规定行使他统治的完全权力。在藩籍（藩指土地登记，籍指人口登记）里他的权力都有规定，规定大名有权管辖他领地上的"土地和人民"。他通过他的家臣团管辖他的领土，而这个家臣团是早就在他的城堡司令部里的。他们按照级别、封地的大小和薪金的多少而组织起来。他们都是向大名发誓效忠才被任用而把名字登上了大名的侍账（即花名册）的。

　　最高一级的侍臣一般称作家老，常常是个独立的、受有封邑的

臣属。这些家老集体形成了大名的顾问团。作为个人他们也常常充
当大名的代表，或者主持领地上的法庭。在战争时期，家老就是战
场上的将军。家老下一级的侍臣是人数更多的一组高级侍臣。他们
都是大名政府或军队里主要部门的领导。他们统率常备军队或者藩
卫兵，也监督民政工作，例如经济、安全和幕府的联络。中级的侍
臣在更为具体的行政岗位上工作，担当多种民政的工作，例如城堡
的管理、农村的管理、收税、民警及大名家里的事务、军需物品、
土木工程、教育和宗教。更低下一层的是大名的仆从，例如足轻、
小姓和仆人则在大名的机关内从事更卑贱的日常工作。

　　领地上普通的"民"被看成是大名的被保护者，而大名也有责
任对他们施以仁慈的统治。大名给寺庙、神社所派看守，负责监视
佛教和神道机构。乡村管理机构通过代官网络管理村。城堡的地方
官对该城的若干町行使权力。在大名管理的这个层次之下，农民和
城市人口则在各自的自治单位生活（以村或町为单位），每个单位又
有自己的头人。由此可见，藩是个非常严密而全面的地方管理单位。

　　有许多迹象可以看出幕府行政机关是由德川家康设计的管理方
法进化而来的，当时家康还是三河的大名。重要的结果是他作了将
军时，并不信任 250 个或更多的大名管理行政，只是信任他的亲信
大名或他的直接侍臣。也就是说，他信赖的只是他自己还是大名时
的直接臣下。因此"外样"只能停留在他的行政机构之外，甚至于
德川的旁系家族也只能充当顾问。

　　作为幕府司令部的江户是日本最大、最坚固的城堡。在宽广的
城垛和护城河的围绕中，聚集在那里的大名都修建了自己的府第，
而将军的高级侍从，也都赐予了住宅。武士的住宅和官僚的府第构
成的这个城市，也是日本最大的。所以在 18 世纪末，这一城市仅
仅商业区就有 50 万以上的人口。

江户不但成了幕府政治的中心，也是全国公路和水路的枢纽，和远方的大名城堡取得联系。有五条主要公路由江户辐射出来，和日本中部、西部联系起来。这些公路早年曾为天皇朝廷服务，现在成为官方交通系统的基础，大名来往参观，就在这些路上。

像典型的大名行政那样，江户幕府也是由决策、民政和军政三方面组成。决策大权在一群年老的谱代大名手中，这些人又分为两个部门：老中（意为长者）组成高级行政会，一般由四到六人组成。他们是从谱代家族中选出来的，有 25,000 石以上的土地。老中负责管理国家级大事，例如天皇和大名的事务、外交、税收、货币、土地和荣誉的分配及对宗教机关的限制。这一组的人每月轮流值班，最后的惯例是选一个老中作为组长。年老的组员有权在文件上为将军用印，因而有时被称为加判（意为加印者）。1634—1684年都设有大老这一位置，此后也偶尔有之。在德川时代的最后 100 年中，一般都是彦根的井伊氏占有这一位置。另一个部门是若年寄（意为较年轻的长者），它是由四到六个比较低的谱代组成的。他们负责管理将军的御家人和旗本的各种卫队、将军的私人仆役、小侍从、医生及作为检查官和纪律检查员的目付。

大部分的行政职位是在老中管理之下。六七个侧众往往由一个侧用人领导，作为行政部门，安排觐见并传达信息。名义上他们在老中的领导之下，但常常独立工作，因为他们会讨好将军、取得信赖。留守居（江户城堡的看守者）在城堡内执行军事纪律，特别是当将军不在的时候。礼宾司官员（高家和奏者番）负责将军与京都朝廷之间和与大名之间的礼仪及会见。大目付负责纠察大名的纪律。很多监督人（奉行）安置在具体的行政部门里。寺庙和神社的行政官寺社奉行（常常有四名）在幕府中地位很高，除了监督全国的宗教事务以外，还是关西各国的司法官。财政行政官勘定奉

176

行（常常是四名）处理将军的财政，并监视替将军管理私人领地的四五十个代官。江户城有两个町奉行，每人负责江户的一半。这样的町奉行，在所有幕府的直辖城市（包括京都、大阪、长崎、奈良和骏府）也都存在。长崎的奉行还另有监督对外贸易的任务，这贸易是在幕府垄断之下与荷兰及中国进行的。还有许多别的官员监督
177 着如建设、建筑和工地、军需供给、道路等事务。庙宇和神社的长官、财政长官和江户城的长官，形成了评定所（即高等法院），开庭的时候，老中和目付也来参加。在江户以外，除了城市长官，主要的幕府职位就是京都所司代和大阪城代。这两个职位直接属于将军，其品级几乎和老中相等。

在狭义上说，司令部设在江户的幕府只是将军的家族政府，其行政权力仅仅及于他自己的领地（天领）。但是，由于它的面积（大致为日本国的四分之一）和资源（包括国内的主要城市），日本人口的大部分都在将军个人的统辖之下。在法律规定的和事实上增加给德川家族的权力下，将军制定外交政策，并对军事和国防负主要责任，在许多方面就是国家元首。此外，大名的统治是在他们自己的领地内实行地方自治，但他们是受幕府控制体系的限制的。幕府提出的政策纲领，藩一般都接受，结果地方政府的法律和机构，也就会以德川的先例为依归。幕藩制带来了一个大家都承认并执行共同法律的宽广基础。

法律和宗教制度

在德川统治下，虽然由于大名制而带来了政治分散，但日本通过阐明公众法律并根据一般原则有了一份统一的国家政策的雏形。
178 奈良朝试图把法律编为法典以来，日本政府在大约七个世纪里都是

越来越向封建家长制发展，直到 16 世纪末，这种潮流才最后扭转到先是由大名、后是将军行政的轨道上去。这并不是说德川统治者在系统地为日本国创立一个新的立法框架，但大量的法律、命令和规则源源不断地由幕府和藩发出，这都是有意识的产物——要把社会治理得井井有条，并为行政提供指导性原则。

德川时代的法律，曾被认为是威胁性的、压抑性的，甚至于是不人道的、反动的，一般都认为这些法律是强加在一个不情愿的国度里以维持严峻不变的政治社会统治的。但是，德川的法律则是以某些广泛的原则为基础的，而这些原则给德川法律带来的广泛性则是过去几个世纪根据习惯进行的地方统治没能达到的。德川的立法以自然法则为哲学前提，他们认为社会自然是由不同阶级组成，法律也就根据社会的区分、并根据公认的身份组别来对待每人。德川政府承认四个社会阶层和若干更小的团体，这些阶层和团体在职能和法律上都是互不相干的。结果有人称这种办法为"身份统治"。这种司法的办法，比起前一个世纪直接行使个人权威的政治系统来，要超脱个人影响多得多。

德川的立法很注意社会各阶层的区分界限以及每一个阶层的行为规范。德川区分阶层的中心概念就是"四层制"。他们认为武士、农民、工匠和商人是四个阶层，而其重要性自然是依次递减。有人曾经提出这种来自中国的四个阶层的概念，对日本的社会现实不一定完全合适。毫无疑问，16 世纪时一直没有分化的地方社会开始 179 出现了某些明显的社会划分。但商人的位置在 16 世纪是比较高的，而 17 和 18 世纪仍然比较高，比一般想象的在等级制度的最下层为高。而且，实际上日本的立法者常把工匠和商人连在一起，作为一个叫作町人的城市阶级。

从这一时期的立法来看，德川社会是由以下几种人构成的：公家、武士（包括大名）、僧侣、农民、城市居民和贱民（非人和秽多）。德川政府曾为其中若干团体制定出基本条例，有关于天皇和朝臣的"禁中并公家众诸法度"，有武士的法典"武家诸法度"，还有给佛教宗派和寺庙制定的"诸宗寺院法度"及给神道、神社和僧侣的"诸社弥宜神主法度"。农民没有单独一套法令，但1649年的庆安触书宣布了德川统治下农村系统的基本条款，以及加给村民的一般生活方式。

到了德川时代，公家已经衰落得只有大约300家了，他们都住在京都城以皇宫为中心的圈子内。由于血统和职位关系，他们仍受到高度尊敬。他们的生活受宫廷传统的限制，是远离政治权力中心的。与之相反，武士则是社会的活跃的带头人。他们形成了一个自觉地要为军事和民政献身的高级阶层。他们被特许有姓，并带两把腰刀，理论上有权利而实际上有责任把一个普通的失礼人就地杀死。这就是所谓的切舍御免权，即格杀勿论。一旦巩固政权的战争停止，进入武士阶级的门就关上了，同时还千方百计地设法使这个阶级与众不同。只是偶然地有高层的农民或商人阶级能有姓并佩刀，叫作苗字带刀，而这种特权往往只有本人在世时享用。农民被称为百姓，虽然就对社会的贡献而言，仅仅排在武士下边，但他们受到的却是家长式的严酷待遇。他们不能离开土地，不能脱离耕田，而要生活俭朴、耕作勤劳。他们要想尽办法把武士主要的生活来源的土地的生产能力，提到最高。商人和工匠因其服务而得到照顾，但他们只能住在城内被限定的地区。在这里他们受到许多法律条款的限制，以至于他们的生活方式和商业活动的性质都受影响。

德川时代的日本人一般说来是被阶级规定管制着的，但他最直接受影响的是他的行政单位或所居住的地区的当局。武士组成了家臣团和更小的组，每组都设组长或负责纪律人员。农民按村落编为五人组，往往包括十户人家。因此，他们首先是在小组长的管理之下，然后是村长（庄屋，或称名主）。德川法律的精神进一步在以下办法中看出：每人都详细地在以上单位按户登记，并用连环保和替代受罚的办法对付刑事犯罪和少年犯罪案件。

　　自然，事实上这样的个人在德川法律下是不存在的。当时社会的最小单位是家，而个人是作为家庭成员而存在的——作为家长、嗣子、次子、女、妻等。在社会的各阶层中，财产和特权都黏附于家庭地位，因而家庭极受重视。切腹在武士阶级中的流行，正说明家庭身份的重要，因为武士切腹可以赎罪并保留他家庭的姓氏。

　　德川时代的严格的阶级制度及其明确界定的各种身份地位，使被承认的等级和职业以外的人，生活十分困难。例如浪人或者说是没有地位、没有身份的武士，生活就很困难。这些无所归属的武士在内战中和德川统治建立后调整封地时，大量出现。在大阪战役中和1651年江户发现一个浪人集团反对将军时，浪人形成很大麻烦。此后费了不少气力把没有主人的武士吸收进将军或大名的侍从中去。但是，总不断有少量的浪人出现于正规的武士阶级之外。社会上很少有职位对这些人开放，除非是僧侣阶级和某些职业，例如医药和教学。

　　融入德川立法的自然法则和社会等级的概念，在日本社会的伦理和宗教基础上，反映出许多重要的发展。最明显的就是新儒家理论的传播和随之而来的对人和社会更加现世的观念的转变。对儒家思想在17世纪早期发生的新兴趣，并不是和中国重新接触的结果（我们可能如此设想），而是来源于日本社会自己的内部需要。佛教僧侣早就在进行着儒教的研究，但是要使儒家思想从寺庙中脱出并变成有自己的支持机构和专业的宣传者的独立学派，却需要极大的努力。17 世纪的儒学运动，既是一代人自发的产物，也是官方鼓励的结果。儒教传统的迅速发展，证明儒教对德川时代的日本人有新的意义。首先，也可能是德川时代的日本社会比过去任何时候都更像中国，因而与儒教的关联更加明显。中国的思想，一旦被德川统治者接受，一旦开始影响这个国家的法律，它因自己的胜利而得意，于是产生了一些引出新关联的条件。但是不论德川时代的日本人如何信赖儒家理论，日本儒教有自己的特点也是不可避免的。这些特点在当代中国不会得到承认，例如日本人坚持尚武精神是有教养者的特点之一。

把儒教从佛教统治下解放出来的人是藤原惺窝（1561—1619年），他是一个京都的和尚。他抛弃了佛教，开始公开地把儒家的教条作为独立的哲学来教导。他声称这种哲学特别符合时代需要。他的弟子林罗山（1583—1657年）于1605年受德川家康征聘为法律和历史事例的顾问。他是第一个阐述儒家朱子（或朱熹）学派的学者，将军聘他为世袭的儒学顾问。1630年林罗山家族在幕府鼓励下开设儒家学校，以后发展为官立的学院，名为昌平黉。到1691年儒家学者得到允许，独立于佛教机构之外。同时，许多大名也聘请儒学顾问，并开始在他们的领地里开设儒家学校。同时还允许许多独立的学者在京都、大阪和江户任私塾教师。到17世纪中叶，儒学完全被接受为主要的世俗哲学，它的影响给教育与政治哲学以重要的动力。

早期儒家和他们的赞助人，在很多方面是先驱者——创造了一个新世界、一个亟需新的世界观的新世界。像丰臣秀吉和德川家康这种人的自信，都来源于他们比以前的统治者更相信他们有力量战胜命运。对他们和他们同时代的人说来，世界是可以控制、可以驾驭的东西。在很大程度上，就是这种态度上的变化促成了对佛教机构及其对生活的神秘观点的理智的挑战。山片蟠桃简洁地说："没有地狱，没有天堂，没有灵魂，只有人和物质世界。"儒家提出了一个新的人生哲学和宇宙论，就满足了德川的心理。他说宇宙之内有理，理又通过气来产生人和物的世界。在社会的后面，也有理和秩序，只要你能理解它。而且秩序是道德的。儒家这一教条的重要性在于它提供了思想和行动的统一、哲学和政治制度的统一。学问导致文，可以使人接触道德秩序的精华，因而产生了有道德的人。政府的主要任务在于帮助人们建立道德秩序。

儒教的传播是和新的幕藩社会、政治秩序的形成齐头并进的。因为儒教首先考虑的是政治和社会事务，这正符合德川统治者和武士阶级的利益。早期的德川统治者面临的问题是在战争骚乱之后如何恢复秩序，而这正好是儒家自诩为拿手的实际问题。从一个主要是封建、私人的社会转变到阶级和许多大团体的社会，就需要提出更全面的新的法律原则。从人治到法治的最初几个步骤，也需要建立新的法律和行政机构。这时的将军和大名既然认为他们比自己的前辈更是"完全的统治者"，他们就不得不在立法上更全面、在理论上更明确，以证明他们权威的合法性。

儒教对于德川的政治秩序的重要性，在于提出了一个政府的 184 新学说和一个和谐的社会的新远景。它所预见的理想社会秩序是各阶级都排在一个自然的等级表内。每个阶级里的人都有他应有的位置，并努力在生活中完成自己的使命。因此，儒教帮助肯定了阶级分化，并把各人适当的行为编入法典。但是，不止于此，儒教不仅仅是管理社会的哲学，它对统治者也提出了道德上的要求。它规定将军和大名都有责任为人民的福利而统治——提供所谓的"仁政"。政府可以在原则上有绝对权威，但在执行中必须有仁慈的责任心。武士可以不放弃他们刀剑的传统，但必须也培育士人的修养。在德川的日本，人们习惯在写武士这个词时，用汉字"士"代表君子。

因此，儒教给这个新的司法和政治秩序以哲学的支柱。那个时代行为的基础正从习惯转向原则，而儒家的原则正好弥补上这个佛教无法弥补的空白。对政治秩序的忠和对家庭的孝的概念，使社会最需要的基础普遍化了。身份—行为这一抽象概念，给每个阶级和每种职业提供了模式。每个阶级都被赋以自己的道（即方式），例如武士道或者町人道。特别是武士道，一个武人阶级在和平时期转变为行政官，新的法典就强调尚武精神要和书本知识相结合，从而把德川时代的武士行政官的生活上的矛盾合理化了。

185　　儒家思想的传播，肯定是德川时代最值得注意的智力活动。但是，我们也不能据此而认为这一新的哲学就是德川智力活动的全部。在政治领域的许多重要方面，佛教和神道仍然在起作用。事实上，德川社会是建筑在三种思想体系的平衡上，这三种思想巧妙而切合实际地结合在一起。在政府当局的心目中，佛教仍然是统治群众的重要手段。划分得极细的德川社会（藩、村、町、户）加强了神道所主张的地方化信仰。因此当时的一般日本人都以佛教和神道满足自己的主要宗教需求，同时神道和儒教又帮他形成政治理想，儒教和佛教则教导他社会行为的准则。所谓德川时代佛教衰落，是个相对的说法，它主要反映在知识阶层的生活中，佛教把主要位置让给了儒教。

佛教组织的政治权力和经济权力在16世纪被破坏，日本的统治者在继续制定统治政策的同时，开始扶持宗教。例如在江户，德川家族扶持了一些新庙宇，其中以上野的宽永寺为最，它是天台宗和尚天海所建，是为保护江户城的。大名也在各自的城堡里鼓励修庙。不过这时对庙宇的资助扶持，主要是为了丧礼。佛教的礼仪一般与婚嫁、丧葬及悼念有关，而佛教的僧侣主要是作为墓碑和坟茔的守护人而受到尊敬。

由于政府反对基督教，佛教从德川统治者得到了最广泛的支持。全国的每个人都要加入一个檀那寺以表示保持精神的不被污染，这自然而然地在日本支援了千百座庙宇。1640 年幕府要求所有日本人在庙内登记，并每年进行一次"宗门改"（即检查自己的宗教信仰）。这样一来，日本人民在官方命令下，都成了佛教机构的精神被监护人（少数家庭被批准在神社登记）。此外，由于多数登记的庙宇也是教区居民的墓地，日本人民以佛教仪礼为正式仪礼的过程也几乎完成了。

神道的作用和佛教有些不同，但其影响之深远则毫不逊色。作为政治秩序的精神支柱和个人与社会的重要纽带，神道继续通过庞大的神社网为日本人民服务。当然天皇本人保持着神道中最高祭司的地位，他主持祈求供奉在伊势的皇家女祖先的仪式。大多数的武士家庭都保持着和祖先神社的联系，作为尊重家世荣誉的象征。德川家在日光围绕家康神社举行的仪式，是最引人注目的。在社会的较下层，每个村子、每个町，都有保护神的神社把德川社会的小部件黏合起来。作为德川政治等级和它所附着的社会结构的精神支柱，神道保留着它的中心地位。面对着国外传来的宗教或哲学，神道对日本人有一种和国家的统一性，这种感觉随着德川时代的发展而日益重要。德川闭关政策所创造的孤立世界中，神道传统所孕育的"日本的"感觉，将在日本历史的重要关头重新出现。

德川时代智力环境的决定性成分是孤立或闭关。不过，认为德川统治者由于世界观的保守主义而早就倾向于孤立政策的说法，也是站不住脚的。德川家康表现得热衷于对外贸易，并在一段时间内

187 对基督教传教士表示友好。但是，他努力要完全控制国家命运，并要求人民对他的统治绝对忠诚，逐步地走上了封锁的道路。因此，他采取封闭政策的历史说明主要出于以下三种考虑：（1）德川致力于国内的政治稳定，（2）德川想垄断对外贸易，（3）对基督教的惧怕。

最初，德川家康对和外国发展贸易关系，颇为热心，并和中国、西班牙、英国及荷兰人耐心地洽谈。他想把江户开辟为外贸港口，未获成功。欧洲商人赞成用九州港口，中国商人又拒绝家康要在有执照的船上进行官方贸易的请求。毫无疑问，这些分歧使家康和他的后继者转向垄断商业，使原有贸易限定在指定的港口和有执照的商人中进行。例如1604年，以堺、京都和长崎为根据地的丝绸商人联合会就获得特许进口、分销中国丝的系割符（经营丝的执照）。

与此同时，又发生了基督教问题。虽然家康对传教士友好，却始终未撤消1587年丰臣放逐他们的命令。到了1612年，九州有某个基督教大名，在将军的谱代中也有改信基督教的。这使秀忠（第二代将军）重新发布命令，命令所有德川家臣及住在德川辖区的人放弃他们信仰的外国宗教。一个原大名高山右近（1553？—1615年）被流放到马尼拉，这也是要把基督教清除出日本的结果。

从此，垄断商业的愿望和对基督教的惧怕联合起来，终于导致采取了封闭政策。1616年外贸仅限于在长崎和平户进行。1622年处死基督徒时，有120个传教士和信徒丧命。1624年西班牙人被逐
188 出日本，而前一年英国人主动退出日本的贸易。这时，有信奉基督教嫌疑的日本人都受到可怕的虐待，被迫放弃自己信仰的有几千人之多。1629年发明了一种测验信仰的特殊办法，就是让人践踏称为踏绘的铜板，板上装饰着基督教的人形如耶稣和玛丽。拒绝践踏这种铜板的，就被认为是基督徒，要受虐待或处死刑。这时日本人的天主教堂认可为殉道者的在3,000人以上。

　　在 1635—1641 年间，闭关政策具体化了。1635 年颁布了一个法令禁止日本人出国，一旦出了国境，就再也不许回来。1636 年，葡萄牙人被囚禁在长崎海边一个叫出岛的人工岛上。同时，一些不满意的农民和没有主人的武士在长崎附近一个基督徒众多的地区举行了暴动。它震撼了幕府，使幕府采取进一步行动。大约有 2 万之众的反叛者占领了岛原半岛上一个废弃的城堡，并举起了基督教的标志。他们要对付 10 万敌手，这是邻近大名的部队组成的。在最激烈的时候，幕府甚至请荷兰军舰从平户来炮轰堡垒。1638 年岛原叛乱以大屠杀而被平息，基督教运动随之结束。1639 年葡萄牙人被逐出日本，次年一个葡萄牙外交使团从澳门来到日本，其首脑们被处死刑。1640 年德川命令所有日本人到自己选择的寺庙去登记，是为寺请，并设立了宗门改役以专门监督宗教事务。1641 年荷兰人租借地只限于出岛，中国只在长崎有几个特设贸易区。这样一来，日本的对外贸易除了对马的大名宗氏对朝鲜的有限交易、萨摩的岛津对琉球的交易以外，只有德川在长崎的垄断贸易。

　　不能否认日本采用锁国政策，是个主要的转折点。在这一时代，欧洲正要迈进重要的经济和科学发展的时代，日本则主动地对外面世界关上自己的大门，这个对比是很有戏剧性的。而且，日本领导十分畏惧基督教，以至于在几十年中都对从西方进口的书籍和其他印刷品实行严格的检查。限制通商的机会，德川政府也就限制了日本发展经济的潜力。但也很难预测比较开放的政策，会有什么结果；也不能肯定日本如果保持和西方及中国接触，国内就不会有消耗国力的内部斗争。不过，我们确实知道闭关政策保证和平，而德川政府只是在和平环境下才能发展它的政治机构和经济、文化资源。

武士政府和它的问题

德川政权给日本提供了 200 多年的国内安定，但在此期间缺少明显的关键性事件，也给历史学家分期带来了困难。对德川政治史的标准处理法是以将军为考虑的中心，集中地注意幕府如何巩固它的统治并凌驾于当时社会和经济的变化之上。结果历史就像一部日趋衰亡的朝代的故事——一连串的小溃败和小振兴，最后达到不可避免的衰亡。这种分期办法虽然有启发性，但与政治过程的动力不太相符，尤其是如果特别注意幕藩制度内部的机构增长和结构变化的话。那种认为必须牺牲德川家族的权力地位，才能给政治制度以根本性变化的假设，既缩小了制度发展的迹象，也夸大了德川氏一家一户的利益的重要性。德川家族内部的递嬗历史，应该看作是武士领导下政府发展的一方面。

191

头三代将军家康（1603—1605 年）、秀忠（1605—1623 年）和家光（1623—1651 年）在历史上被认为是强有力的统治者。他们集中精力、巩固幕府，并完善他们的统治机构。下面的四代将军家纲（1651—1680 年）、纲吉（1680—1709 年）、家宣（1709—1712 年）和家继（1713—1716 年）则不那么有力。他们继承了太平盛世，就不需要过问国家大事了。有人批评他们不该把过多的权力放在私人扈从中所宠信的人手中。例如在大老崛田正俊于 1684 年在朝房中遭暗杀之后，纲吉就完全由老中的会议退出而通过侧用人柳泽吉保（1658—1714 年）传递信息指令。柳泽是一个因为得到将军宠爱而飞黄腾达为幕府高官的小侍臣。将军的兴趣越来越转向文化追求和宗教仪式。

纲吉松懈的行政和挥霍无度的支出，被认为是幕府第一次陷

入困难的原因。因为就是在他的时代，政府财政枯竭而不得不实行
货币贬值的政策。到了他的晚年，因受佛教影响，颁发了禁止杀生
的法令，这对日本人民来说是一大痛苦。纲吉本人是个很有活力的
人，他的人格使幕府成为日本政治舞台的中心。但是，他反复无常
的政策又使日本人民不得不失去对德川幕府的信心。他下面的两个
继承人在位的时间都不长，也没有什么突出的领导才能。家宣的顾
问新井白石（1657—1725年）是个经过儒家训练、很有学问的官
员，他就指出政府需要改革，可是未见什么效果。直到第八代将军　192
吉宗进入江户，幕府的第一次主要改革才见诸实施。

　　吉宗（1716—1745年在位，死于1751年）出身于德川家族的
纪伊房。当他出任将军时，已经是一个颇有办法的成熟大名。他立
即亲自掌握幕府的个人指挥权，并着手进行一系列的激烈改革。这
些改革被称为享保改革。他的政策使传统的改革具体化，德川统治
者就是不时地用这些改革来应付政治和经济困难的。当时最令幕府
和它的家臣感到困难的是经济——幕府的库存空虚、武士沦为负债
阶级。吉宗的做法就是减少花费，并对商业活动加以限制。他发出
了强烈的号召，要求政府节约、个人简朴（他自己就大量地缩减了
幕府的花销）。他发出许多道德上的指令，规劝武士恢复他们的尚
武精神、在行政上要正直廉明，并为各阶层定出反对奢侈的规定。
他的经济政策偏向于使用硬通货和土地均分论。他的新措施之一就
是重新铸造货币，把货币恢复到纲吉以前的纯度。为了稳定米价，
他又开始对粮食买卖的限制。他减少了大名参觐交代的次数，并对
大名的封地收税，用以赏还将军御家人和旗本的欠债。更激烈的是
商人对武士的经济案件，他宣布了依法延期权。在农业方面，他鼓
励开荒和种植新作物。同时，他为农业税提出了更加严格、硬性的
征收办法，也就是把每年的税款数目规定下来（所谓定免）而不再

根据收成好坏伸缩。他对于改进政府职能感兴趣，采用了一些特殊
193 的行政办法，例如 1721 年起五年一次的人口普查和 1742 年幕府法
令的法典化。

吉宗的改革在设想和实施上都是富有魄力的，但是，就在他逝
世以前，他已经看到自己的努力大部分落了空，而有些改革反而使
他企图补救的情况变得更坏。他的硬币政策和扩大稻米生产，大大
贬低了米价；这又对将军的家臣的经济情况极为不利，因为他们是
以定量的大米领取薪俸的。他的经济政策，不受商人欢迎，因为他
们处于种种专横的限制之下；农民也不欢迎，因为农民更是在严酷
的税收制度的压榨之下。

以后的两位将军家重（1745—1760 年）和家治（1760—1786
年）都对幕府的实际行政事务不太过问。家重体质孱弱，只能把他
的老中大冈中光作为他的代言人。家治很快地堕入他的老中田沼意
次（1719—1788 年）的控制之下。田沼聪明绝顶，因得恩宠而由
一名小官吏升为 57,000 石的大名，并以异端政策闻名。因为，如果
说吉宗试图以限制商业的办法解决幕府的财政困难，田沼则是反其
道而行之。在田沼治理下，幕府公开鼓励商业活动，并通过给行会
发特许证而征税，或者设立半官方的垄断专卖处。为了资助负债中
的大名，甚至于要为大名设立集体基金，而基金的钱则是向商家强
行募集的。为了增加货币量，田沼开始铸造银币，而在此以前流
通的只不过是未经铸造的散碎银子。长崎的对外贸易也得到鼓励，
并通过出口北海道的水产品而扩大了规模。田沼甚至于考虑把北方
岛屿殖民地化的计划，并与俄罗斯开展贸易。

田沼的政策从未系统地实施，更没有得到合法化。事后想来，
194 他的政策也可能被认为是有"进步"意义的，因为它们是要利用商
人经济扩大幕府的财政。但是，他把幕府的财政和国家情况弄得

如此不安定，结果他在世之日大家都说是他给德川带来了主要的骚乱。他在位的最后几年，天灾和饥馑不断，后来又继之以农民暴动。家治一死，他立即蒙受耻辱，其封地和荣誉被剥夺殆尽。

第 11 位将军家齐（1787—1837 年在位，1841 年逝世）是德川家在位最久的一个。事实上，这一段时期包含了两个不同的幕府政策和情况。1787 年到 1793 年，幕府政策是由松平定信（1758—1829 年）掌握着。此人是吉宗的孙子，因为家齐尚未成年，他就作将军的顾问。松平定信是很反对田沼的政策的，他一上任，立即开始一个激烈改革的第二时期，历史学家称之为宽政时代。定信采用了"回到吉宗"的口号。他的政策大部分是消极的，强调缩减经济和限制商业。某些政策可能暂时对幕府财政和御家人及旗本有利。他企图限制商业经济，未见功效，而且从长远来看，对武士阶级的经济地位是有害的。

1793 年，家齐到了年龄，松平定信退位，将军就一切都自作主张了。在此后的数十年中，幕府政策似乎自在宽松得多，不再提什么紧缩经济或限制商业活动，将军自己就带头比较随便地花钱了。结果幕府的政治经济受到损伤，而国家的经济和文化得到短期的发展。商人越来越富的同时，城乡贫民继续贫困。德川社会开始出现 195 新的危险形势。

19 世纪 30 年代，德川日本又到了另一个危机的边缘——在上层是经济破产，在底层则是人民对贫困情况的反应。农村连年饥荒，使德川统辖地区的人民情绪达到了要爆炸的地步，而农民的骚动也在加剧。1837 年，大阪城的一个小官吏大盐平八郎（1792—1837 年）深深地被城市贫民的悲惨所感动，开始向大阪城堡发动武装进攻。他想掌握这个城市以便把财富散给贫民。他的叛乱很快被平息，但也震动了幕府和全国，意识到危机的存在。同时，英美的船只出现在日本海域，这又引起他们对外来干涉的恐惧。家齐逝世，第12代将军家庆（1837—1853年）即位后，幕府进行了最后的拼死而不成功的改革。这次改革是天保时代水野忠邦（1793—1851年）领导的。天保改革我们在以后的章节中还要讲到，因为那是德川历史的最后时代的开端。水野和他两位前任一样，也是坚持紧缩政策并限制幕府对经济的管制，但他也不比别人成功。到19世纪50年代，幕府的问题更成了政治的而非经济的问题。在外国压力下，德川权力结构趋于解体。自1853年到1867年间有三个将军：家定（1853—1858年）、家茂（1858—1866年）和庆喜（1866—1867年，死于1913），幕府就是在他们的手里覆灭的。

196 　　将军制度的兴衰，不可避免地给人以朝代衰亡的印象，但幕藩制度作为一个政府形式，也兴盛了两个半世纪以上。作为政治制度和管理国家的机构，必须要看到它使国家保持安定如此之久。表面上是权力斗争，而且幕府在这场斗争中失败了，但在斗争下面有更广阔的激流：政府的发展包含着行政技巧的变化，这是不能简单地斥为朝代衰亡的迹象的。事实正好相反：日本的政治机构正在经历一个成熟化的过程，而这一过程对以后日本成为一个现代化国家具有重要意义。

　　德川日本的政府，不论是幕府或各藩，在17世纪中叶已经粗具规模了。但也需要半个世纪或更长一些时间，使幕藩制度成熟。在德川统治的第二个半世纪里，政治过程经历了最大的变化。此时行政结构的轮廓描绘出来了，但政府的机制、过程和原则，还有待于明确。发展的路线基本上有两条：第一是把儒家原则应用到官吏的行为上，就产生了一种日本人称为"文治政治"的趋势；第二是日渐超越个人的行政办法和政府职能分工越来越细，产生了极为明显的官僚主义化倾向。这些变化深刻地影响了武士阶级的生活方式、事业类型和价值观及动机。当然，德川政府总的模式自然也不免受影响。

刚刚进入 17 世纪的时候，大部分武士阶级是粗俗、没文化的武官。17 世纪末时，他们都成了有相当文化、致力于文官政治的有教养的阶级了。在武士阶级生活方式的性质和工作职能发生这一变化的同时，行政权力的使用原则，也随着发生了变化。只要军事行动的威胁还存在，全时任战士、部分时间任行政官的武士就能为了战争利益的需要而以军事专制主义来管理国家。但在和平时期，武士就不能只用武力来证明他们的管理方法有道理。德川政府于是就依靠儒家的伦理原则和用道德规劝来统治的概念。 197

武士生活受到的影响是显而易见的。军事训练曾经是他们的头等大事，现在则要求他们在文事和武功间保持平衡（文武）。自从 1615 年发布"武家诸法度"后，就要求武士把注意力分配给军事技术和学问两方面。以山鹿素行（1622—1685 年）为首的一连串儒家学者都阐述同一原则：武士是命定的社会领袖，他们的责任是以身作则地保护、管理并领导人民。武士道自然要把两种根本互不相容的价值观念融合在一起——武士作为军事行动家的老传统和领袖是文质彬彬的君子的新概念。在整个体制中，这两种概念间的紧张形势一直存在。武士阶级仍然是双刀阶级，而德川政府则继续其又文又武的职能。但在实际上，武士的军事职能降低了、常规化了。在武士法度中，文就在武的前面。那个时代的军事良心，固然对武士阶级失去强大的武力非常悲愤，但在行动上，幕府和大名却非常强调公共法律和国内秩序，因此 1663 年殉死的做法被宣布为野蛮而非法。1702 年在有名的 47 个浪人案件中，国家法令就战胜了武士阶级的军事复仇做法。47 个忠心的浪人因为主人受了污辱，就

冲进一个大名在江户的住宅去报仇，立时在全国得到同情。这些浪
人是应该以其尚武精神得到奖励，还是因为破坏了幕府法律而受惩
198　罚，幕府中甚至当时有学问的儒者中，都有不同意见。但是，尊重
法律的倾向占了优势，47 名浪人不得不以切腹来赎罪。

　　行政机能的扩展和德川社会内部封建联系的削弱，导致了对官
僚行政机制的日益依赖。在整个过程中，把武士从受封地的诸侯地
位，变为领薪水的官员（特别是在下级），是和武士最终退出土地
这一过程，紧密相连的。将军对大名的关系，特别是外样和亲藩，
变化不大，他们差不多仍是封建意义的诸侯。谱代和旗本就很不同，
越来越被当作是将军的官员，他们经常从一块领地调到另一块领地，
而他们对幕府的重要性，则看他们的具体官职而定。效忠于将军的
誓言，越来越草率从事，而就职宣誓则十分郑重地亲自履行。

　　在大名的领地上，最容易看清楚普通的武士如何变为受薪的
官吏。随着大名作为藩的象征性领袖越来越制度化，他们和臣下的
关系也更不亲切，成为一种普遍接受的抽象忠诚。同时大名极力排
除他的臣下拥有土地，并把他们放在薪俸簿上以限制其独立。到了
1800 年，百分之九十的藩给所有臣下发俸禄，并完全废除了知行地
制度。武士作为受薪的官吏，生计要完全依赖大名和以城堡司令部
为中心的军事职务和行政职务。

　　幕府和各藩行政的扩展，导致了原来封闭性军事系统中职务选
择的进一步修改。在日本的上流社会中，身份基本是世袭的，而委
199　派的职务也只能限于某些身份的人。这种办法对发展着的官僚制度
的需要限制太大，于是出现了各种用人唯才的措施。在幕府中，吉
宗首先采用了额外补贴（足高制），允许低俸禄、低身份的人担任
高一些的职位。还有，开始要求最高职位的人用他自己家的下属，
完成公务工作，逐渐地也给他们提供公务所需的津贴和经费。

这些潮流没有改变幕藩制。武士政府保留着它无法补救的弱点。武士阶级自己约占日本人口的百分之五到百分之七，都是历年国内骚动和不断战争的遗留物，而它的数目远远超过政府的需要。结果，大多数的藩内几乎各级都超员。一职多员和联合负责的办法更加重了这种情况。但是，首先还是武士政府坚持按先例决定政策，这就使它无法应付大的变化，特别是到了统治末期，武士政府在形式主义的重压下，无法机动灵活。最后，对国内的经济和社会问题，再加上外国的威胁，它也无能为力。

经济增长和农业、商业的问题

在国内问题中，德川领导面对的最头痛的问题，无过于经济问 200 题。也许是因为德川的政治制度对经济部门的变化特别敏感——很少社会和外界如此隔绝、或者内部结构如此死板。日本开始经历一种经济增长而政治制度又予以限制的深刻斗争。正当经济得到新的发展能力向海外扩张的时候，德川政策却限制对外贸易和国内的多样化，这就更加剧了斗争。

在某些范畴上，德川的政策在指导行政者的模式和行政者面对的实际情况之间，是有出入的，而这种出入比经济方面尤为明显。德川行政者想象中的理想经济世界，来自16世纪大名的经验和17世纪新儒家的书本知识，基本上要求的是仅有极小发展的农业经济——一个武士管理的社会，由农民生产，商人搞流通。但是，这种设想，即使在德川时代初期，也是不合时宜的。在新兴城市的居民刺激下，商业发达、工艺生产几乎立刻把这种想法变得陈腐过时了。这时，武士阶级已经离开土地，成了城市消费阶级，几乎完全聚居在大名的城堡里。这一事实更加让那种想法与时代不合。用获生徂徕的话来说，就是城市生活使整个武士阶级好像是"住客店"，也就是说必须依靠别人服务，这就更促使江户发展成为大名和他们的大批侍臣的居住中心。以堡垒城市为中心的幕藩制本身，就是对形成经济政策的前提的基本条件的否定。

德川的偏重农业以至于忽略商业和工业的经济政策，开始并未显出它的不足之处。在大约头一个世纪或稍长的时间内，扩张土地经济还有可能，它并为经济增长提供出路。随着德川的"太平"成为现实，领导者就有可能把注意力放在改良农业上，特别是扩展耕地上。在大名和幕府的激励下，全国范围内开展了拓荒运动，结果 1597 年估计为 1,850 万石的土地，到 1700 年就跃为 2,580 万石。此后扩张速度有些下降，但到 1832 年总数达到 3,040 万石。

估计的数字不仅仅说明农业基地的扩大，通过改良农具和种子，使用畜力并在犁、锄上多用铁等，也提高了生产。随着日本人大量地食用鱼和蔬菜，以及从城市厕所收来粪便以肥化土地的同时，肥料的消耗也增加很多。一年两熟的土地扩大了。

据估计，1600 年到 1730 年间，谷类生产翻了一番。完成这一改善并不是仅仅靠多次试验或偶然的运气。像宫崎安贞《农业全书》等普及农业知识的书籍的流通，证明他们是有意识地改革技术。18 世纪的日本在任何亚洲国家中都称得上是个高效率、高生产的农业基地。

农村经济并不只限于谷类生产。在日本很多地方，大米早已是作为商品来生产的。棉花、茶叶、麻、糖、桑、靛青和烟草也成了主要的商业作物，以至于领导者必须限制它们对纳税的土地的侵蚀。其他像木材、纸张、干海产品、盐和北方的马、中部的牛（为拉车之用）这些特殊产品，更丰富了已经多样化的农业生产。

到了 18 世纪 20 年代，出现了各式各样的农业问题。最突出的是生计这个基本问题与经济生产的关系。历史学家已经把日本作为马尔萨斯论人口和食物来源的关系的典型。因为人口变化看来是和土地面积与大米生产平行的，实际上，这两个数字之间的出入和它们的关联作用同等重要。一般认为在 1600 年与 1721 年间第一次人口普查时，日本人口大致增长了百分之五十。1721 年的数字加上武士阶级，可能有 3,000 万。此后的统计表明人口有减少。虽然 19 世纪中叶曾经达到 3,200 万，但相对农业这一基础说来，仍然是个较低的数字。人们一般都认定，它证明日本许多地区的人生活困难。连年的干旱和歉收，常常带来可怕的后果。1675、1680、1732、1783—1784、1787 和 1733—1737 年的粮食歉收，引起了大约 20次大饥荒。例如 1732 年的那场饥荒，据说把日本西部 160 万人带到了饿死的边缘。幕府和大名政府尽力减轻饥荒，常发救济大米。但是，饥荒持续不断，无疑是使德川人口增长率下降的一个因素。对灾荒的恐惧，也可能是自动减少人口、特别是杀害婴儿（婉言为"间引"，也就是"间苗"的意思）的一个因素。

　　德川时代"百姓一揆"（即农民起义）不断，可谓层出不穷，这证明日本经济出了问题。见诸记载的农民骚动有 1,600 起，但许多是特殊不满引起的小规模事件。转入 18 世纪以后，群众抗议比较普遍，常常是一个地区的农民游行到一个大名的堡垒，去抗议新加的税或提高税率。例如 1764 年武藏和上野两国的居民来到江户，抗议幕府因去日光参拜而征收特别税。到 18 世纪末，这种请愿带上了更大的破坏性，放高利贷的富农的家和粮食商人的仓库被捣毁的事件时有发生。随着农村穷人流入城市的日益增多，这种"打毁"的做法也日益普遍。

　　能否简单地用马尔萨斯理论来解释人口增长的停滞和农民的动乱，是值得讨论的。在德川统治的最后一个世纪中，并非人口超越生产，而恰恰相反。控制人口可以看成是惧怕饥荒的盲目反应，而强烈的抗议，可以看作是希望的升高。德川晚期的"经济问题"，不如说是地区发展的分化和财富的分配不均。在农村这个层次里，最使领导棘手的不过是地主私有制的流行和引起传统的农村经济破坏和许多社会关系失调的商业活动上。

　　虽然德川的法律严厉而明确地禁止让渡稻田或分割田产，在整个德川时期，土地还是倾向于落入村里少数富人之手。转移田产常常是在例如"永久抵押"等一些托辞之下进行的。而且开拓土地既然是官方鼓励的，取得大片土地也就很合法了。加之估计税收是以村子为单位（不是个人），政府也就不去干涉村子内部的所有权改变了。

204　　富裕农民阶级的出现，自然会影响村内的社会和经济情况。经济宽裕就出现了像借贷或制造米酒、酱油或纺织品这种活动；经济的多样化又引发了家庭结构的变化。富有的村民开始放弃农村的传统结构而用雇工或合同工，他们不再依赖过去实行的家族制度所提供的合伙劳动力。没有土地的家庭就在村里作佃户，或到城里挣钱。村落社会开始分裂为两个阶层：上面是少数富有、特别是商业化了的家庭，和底层的佃农及以部分时间从事耕种和劳动的人。德川经济的分化，很可能使下层社会的人情况困难、不能忍受。这使我们理解农业商品化与富足跟大量的农民起义同时存在。

　　富足的迹象随处可见。村落社会一直就有它自己内部的社会和经济的等级。从一开始，每个村子都有不比寻常的富户，他们常常是武士后代，或者是在太阁检地时追求得到武士身份的家庭，逐渐地也增加了一些新近致富的。这些人一起形成了一个村的上层阶级，他们往往受过较好教育，和武士官场有紧密联系，能享受城堡或大都市的文化产品。农业社会终于得到一些它自己的较高的文化生活，并在本地的行政和经济发展中，起切实的领导作用。

但是，在武士官僚的眼里，农村发生的许多事情是不令人满意的。富裕村民的生活中，任何富有的迹象都被认为是超过了给农民规定的限度。农村的富庶被看作是武士和农民阶级道德堕落的反映。德川幕府的所谓"改革"，就是给农民下达禁止奢侈并爱护土 205 地的法令，儒家学者也号召全国恢复农民意识。

在整个德川时代，怀旧的情绪是很活跃的。人们怀念武士和农民一起在土地上过简朴生活的社会。正像熊泽蕃山（1619—1691年）所说，只要武士和农民再次结合到一起，武士就会恢复尚武精神和节省的意识。他们只要用他们消费的一部分大米，就够生活下去，而农民就可以从沉重的赋税中解脱出来，并重新回到武士的家长式的监督之下，他们也将满意。常常有人提出这个"回到土地上去"的政策。大名的御家人处于极端的困境中，大名也拥护这个政策。但是日本情况常向相反方向发展——向经济复杂化和商业化发展。

德川时代日本经济发达的明显迹象之一，就是四个阶级的生活水平的提高。17世纪中叶以后，到处可见的是改善了的居住条件、衣着、食物及更多的娱乐和闲暇。一定形式的商业活动和货币经济也在扩大。从传统观点看，这是奢侈而不可取的，但武士阶级从实用主义出发，如果能提供舒适的生活及更多服务，他们也情愿依靠商人阶级。整个德川时期，贬低商业的学说和承认经济中商业功能的必要的实际做法，形成了对照。

商人在德川社会和经济规划中的地位，反映出商人阶层不论在儒家学说下或在日本法律下，都没有得到独立。商业活动首先是不许和外国自由贸易，关键性商品的生产和流通也处在政府的多方干 206 涉之下。从经济观点看，隔离政策不过是德川努力不许西方大名从外贸获取利润的最后一招儿。幕府官僚控制经济的主要技巧就是垄断。他们还对国家矿产严加限制，作为管理国家货币的一种手段。

促使政府干涉商业活动的理论来自儒家学说。他们把商人放在四个阶级的最下层，说商人不事生产，仅仅是转运货物。传统上封建贵族就认为钱是肮脏的，有失武士身份。正像中世纪欧洲，高利盘剥来的钱是受人轻视和厌恶的。牟利、聚财的町人（即商人）的做法，结果是遭到误解和怀疑。所以德川时代商人的地位，与同时的欧洲商人相比，在政府的专横行动面前，要脆弱可欺得多。但从另一方面来说，他们从未按制度为利润纳税。

武士轻视商人的生活方式，但事实上又深深地依靠他们的服务。武士生活在客店式的城堡中，不得不依靠商人来联系城市和乡间。故而从德川时代一开始，幕府和大名都雇佣御用商人给他们服务。事实上，许多御用商人都是在内战期间曾经经营某些商品（常是军需品）的过去武士。在新的城堡中，新的商人区是紧贴着大名的堡垒的墙的。商人在这里定居，一方面为武士的需要服务，另一方面在大名官僚的管制下，严厉地被禁参加领地或国家的政治。初看这个位置，似乎是太受约束而不稳定，但也有它的优越性——近代以前的东亚国家中，很少商业社会能在它的国民经济上取得如此重要的地位。

德川的商人，既然从未得到过自由，町人就转而为统治当局充当管理人或代理人。因而在商人和当局之间，实际上好像成立了一种联盟，正如行会和一些特许的组织的出现所表现的那样。从一开始，幕府就承认了一些像蚕丝和金子的专利行会"座"。后来在田沼统治下，又成立了管理银、铜、石灰和植物油的专利机构。开始的时候，幕府禁止私家的保护组织，但在 17 世纪终结之前，就出现了江户的十个批发行会（十组间屋）和大阪的 24 个行会。1721

年，吉宗允许商人协会登记（称为仲株间），而这种做法在田沼时代得到推广。对这些按商品或按行业组织起来的协会，当局指望它们能稳定物价、保证流通。它们也需要每年交纳冥加金（特许费），并受到政府的承认和保护以为回报。

谈到幕府和大名领地之间的商业和财务运转，武士和商人的相互依存关系特别复杂。在农村里，城市的批发商从村落中买了商品到城堡或大阪、江户的国家集散地去卖。在藩的首府，有的商家就把商品和大米运到大名的江户住所，有的则运到大阪去交易。这种中层的批发商（一般被称为间屋）也得到和大阪、江户大批发商交易的特许。不久，因为交易的城市里需要藩的财务代理人，就设立了领地的货栈（仓屋敷），由领地的财务代表（藏本）监督。这些管理人起初是由大名的御家人中指定，逐渐由富有而有财政影响的大阪商家中选择。藩也越来越依靠有特许的商业组织去专卖他们自己的土产，并控制藩的首府和大阪或江户的交易。大一些的藩又使用大米或银子的证券，这种证券在藩境内是合法货币，这就限制了跟大阪或江户的商业组织用同一方式付款。在领地的首府，他们又设立了特别的代理处或者商行（即会所）进行交易和财务活动，这又是武士和商人利益的一种"联合"。

一个以大阪和江户为中心、包含对各藩及边远的幕府领地进行商品交易、统一的国家经济，逐渐形成。大阪和江户成了两替（即兑换所）及大米与商品的交易市场。堂岛的大阪大米交易所做期货生意，并有左右全国米价的能力。18世纪中叶时，大阪有130个藩的货栈，每年约有近百万石的大米，流入它的码头。在这种情况下，武士阶级越来越依赖财务代理人——幕府依赖它的货币垄断者和大财务代理人，旗本依赖把他们的大米薪俸折为现金的札差，大名则依赖他们在大阪或江户的货栈代理人。随着商家几乎和行政阶级的财务交际各方面都有关系，他们必然成为主要的债权人。

德川时代的商人社会，经过一定的发展阶段才达到经济上的突出地位。在早期，重要的商人都是得到将军和大名特殊恩宠的所谓御用商人。18 世纪时，大阪和江户出现了一些大的商家。他们的多样化活动以借贷和兑换为主。到 19 世纪，开始出现了以手工工场和乡村制造为中心的家庭。到 1761 年，日本有 200 个以上的商家都估计价值 20 万两黄金（每两黄金大约相当于一石大米）。从这个估计可以看出商业资本的发展。因此，从总的资本价值看，大商人和不少大名是不相上下的。

到德川时代中叶，大部分把名字保留到现代的町人字号都成立了。三井的创建人 1620 年就在伊势国酿酒，后来又在当地进行高利贷、大米和兑换业务。1673 年，他的儿子迁到江户，开了一个谷类商店叫越后屋。到 17 世纪 80 年代，它在京都和大阪都有分店，并进入了兑换业务。到了 90 年代，三井除了为若干大名服务之外，又是幕府和皇家的财务代理人。到这时候，它拥有一个批发的网络，其店铺正好为批发的商品提供出路。它又为大阪和江户之间提供快速的通讯服务，还通过大规模的开垦得到土地。鸿池家在大阪附近的摄津，也是以酿酒业起家。1616 年，它的创造者迁到大阪去从事运输和借贷。到 17 世纪 50 年代，它成了一个重要的兑换店，并为几个大名作藏本（即财务代理人）。到 90 年代，鸿池几乎为 40 个大名代理财务，仅仅为这项服务，他每年收入就有一万石米。这个数目比大多数他所服务的大名可随意处理的收入还要多。从这里开始，鸿池又进入了开拓土地的营业。住友家开始在京都经营药品和铁器。德川早期，住友家开始通过大阪作铜的买卖，并在京都和大阪炼铜。1783 年田沼成立了幕府的铜专利机构，住友在关西一带作经纪人，后来在 1791 年开始开发别子的富矿。

18世纪时，很清楚，日本已经进入了一个以城市商业经济为中 210
心的新阶段。城市的发展一直是惊人的。江户人口已经达到100万，
肯定多于同时代的伦敦或巴黎。大阪和京都大约有40万人口，而
前田氏领地的首府金泽和尾张藩领地的首府名古屋的人口，都将近
10万。长崎和堺主要是商业城市，也各有65,000个居民。这时的
日本人口共有十分之一住在城市，过着完全城市化的生活。城市化
的趋向是牺牲农村、发展城市，这就开始了脱离农业的现代趋向。

通过官方和私家的共同努力，运输和交通设施大大增加了。日
本对发展车辆不热切，仅靠驮马运输轻重货物。笨重的商品、大
米、酒、蔬菜之类，则用船沿着海岸运输。不过，随着大名和他
们的侍从在陆地上旅行，一般旅客也来来往往，陆上的交通系统，
也发达起来。驿站和客店小镇也兴旺起来，其繁荣景象甚至令欧
洲人，比如1690年经过东海道的欧洲旅行者肯普弗尔，也感到吃
惊。递信的飞脚为大名也为普通百姓服务。幕府及沿路大名负责道
路的维修，但有时故意忽视桥梁以阻拦敌对军队的行动。运输线生
气勃勃地出现，把大量货物汇集到大阪、江户、京都和长崎这些大
城市。因为航运的吨数有限，就组织了大量的小船去完成特殊任
务——例如在浅水河中驶入内陆，或沿海岸航行。大米由日本北部
沿日本海岸运到大阪，然后绕过下关海峡，上溯濑户内海，这是一
条主要的航线。它正像从北方运到江户的大米，是沿着太平洋下来 211
的一样。为了满足长崎的对外贸易，北海道的水产品由船运来。大
阪和江户之间还有特快航线为大的批发行会服务，形成了两条竞争
激烈的航线：菱垣和樽。

迅速发展的货币和兑换制度，也促进了商业的发达。丰臣秀吉
统一货币之后，幕府用四种交换媒介（米、金、银、铜）得以维持
住货币的相当稳定。由于不便保存，米逐渐地成了纳税和积累资金

的单位，于是金属货币成为真正的兑换媒介。

理论上，兑换率为 1 两金子等于 60 匁银子，也等于 4 贯铜钱。我们知道银子是直到田沼时代才铸造的。在那时以前，银子是按重量计算、并以碎块的形式流通的。由于贵重金属缺少且交换复杂，各种商业票据和地方纸币就应运而生了。江户和大阪发展了储蓄兑换所，受理城市之间的汇票和信用券。以藩仓的大米或银票为形式的纸币，逐渐占了主要地位。到了德川末期，有 244 个藩和德川领地的 21 个地方发行了大约 1,600 种不同的票证。这些票证换成国家货币时，相当于 2,400 万圆（当时的 1 日圆约等于墨西哥的 1 元）。

到了德川时代晚期，两个层次的经济发展的迹象已很明显。城市的发展和消费市场的扩张，给农村注入了一种新的事业精神。批发组织和农村企业家发展了批量生产的技巧，丝织、造纸和漆器工业都是例证。比如，桐生在 19 世纪中叶，在不到 300 间厂房内，就有 5,000 部织机在纺织。采矿、酿酒业也是如此，大批工人都是雇佣劳动者。农村里的这些新情况对以城市为中心的、和他们竞争的特许商人及某些大名，都有影响。到德川时代末期，藩主开始大力采用重商的新经济政策，这个政策强调在垄断基础上为出口到江户和大阪而批量生产。这个做法开始吸引藩主的财务代理人和商人阶级进一步合作。

在主要的藩为解决他们的经济困难而完全转向重商主义的做法之前，武士对待商业和商人的政策，必须经过一场基本的再考虑。荻生徂徕的《政谈》（写于 1727 年）还认为商人对社会的贡献微不足道，商人不过是汲取武士的薪俸，因而是消耗粮食的无用之人。这种官方的态度经常威胁着商人，使他们在当局的武断行为（例如取消债务、强迫贷款即御用金或突然把财产充公）前，脆弱无力。最著名的没收财产事件就是淀屋三郎卫门那一次。他是 1705

年以奢侈罪名而被毁灭的。他是大阪的最大富商、堂岛大米市场的场主。据说他死后把大量的大名欠债一笔勾销，还被迫放弃了价值12,100万两的金银财宝。这种说法不一定可靠，但淀屋三郎卫门的故事，一直被用来证明德川时代日本町人生活的不安全。

有些迹象表明德川时代晚期也想让它的经济理论和经济现实相适应，由儒家的正统学说中也派生出一些新的理论家，他们赞成更实际地处理经济。这方面的先驱者之一荻生徂徕的弟子太宰春台（1680—1747年）就主张把货币经济看成为经济发展的合法延伸。另一个叫海保青陵（1755—1818年）。也许是受了他所理解的欧洲王室企业的影响，他在著作中写道，把薪俸大米变卖牟利的武士，和商人没有两样。又由于商人得到的利润相当于武士继承来的薪俸，他也看不出商人和武士有何不同。在德川时代末期，有些作者（常常是浪人或商人身份）周游全国，给经济规划提出意见。他们建议种植新的农作物，或者用新技术开矿，总之是强调经济增长的可能性的。但是，也许由于藩国经济亟需改进，而改进的可能在于和大阪及江户的大城市市场抗争，这就把藩主推进商家的怀抱之中。18世纪后半期出现了许多藩国商品专利，而这些专利通过发行纸币配合贷款集资，成了德川时代后期藩国主要的权宜之计。

在德川日本，对有权威的武士来说，町人自始至终是个"问题"，而官方的政策又和当时的商业趋势格格不入。但是，商人发现他们和农村企业家一起，还是可以成功的。当然从纯粹经济观点来看，他们的有利地位是靠不住的。正如三井家规所强调的，商人必须了解自己的地位并承认自己是武士世界的仆人这一事实。在他自己的世界里，他是主人。日本商人别打算用购买或渗透的方法取得高贵的身份，但可以努力奋斗，取得事业的成功。也许就是德川制度的这个特点使町人为经济发展而拼搏，形成了德川时代后半期的突出之处。

武士的文化和思想

214　　　　德川社会以阶级为基础的合法观念和不同阶级的不同生活条件，对各阶级文化风格有深刻影响。因为武士、町人和农民生活在不同的环境里，有不同的习惯和价值观念，德川文化在理论上、并在很大程度的实际上，是以阶级为基础的。应当承认，有大面积的融合，特别是在新城市中，武士和寻常人分享许多共同的兴趣和娱乐。但在日本人心目中（特别是有权威者的心目中），高贵和庸俗的生活方式及城乡的区别当中的那条线是非常清楚的。后世的人认为德川资产阶级社会的成就比武士的成就值得注意，这是会令当时的人吃惊的。因为贵族的思想迟迟不退，而城市下层的浮世被认为比有教养的社会低一等。但是，正像对待武士的政府那样，现代历史学家和鉴赏家也苛刻地对待武士文化，他们说这个时代的资产阶级活动才最有活力，最有时代的创造力。

　　德川生活的突出特点之一就是资产阶级第一次出现，并在全国范围内突出起来。它创造了一种迥然不同的、为普通阶级所创造、并属于普通阶级的文化风格。它显示了城市人口的增长、他们的富有和活力。资产阶级文化是德川社会里的一个阶层创造出来的，这个阶层没有必要保存贵族的（有时是矫揉造作的）传统，它的内容主要是关于那个时代和那个时代的情感。毫无疑问，正是这种普通的或有普遍性的性质，对后来的观察者具有吸引力。武士阶级的成215就也是巨大而重要的。他们被后来的作者贬低或冷落，在很大程度上是由于武士们致力于比较深奥的哲学和古典的学术领域，而在严格的艺术领域里，创造性则下降了许多。而且，整个贵族阶级的结构、儒家的形而上学思想和支撑武士生活方式的军事价值观念，1868 年后被逐渐抛弃。所以，具有娱乐性而不考虑什么特殊方面的町人文化，在 20 世纪就容易显出号召力了。

德川时代的武人家族维持着一种他们明确地认为"符合武士身份"的文化生活。这种生活的组成部分，没有什么新鲜东西。在建筑、绘画和戏剧方面，在大名和将军的扶持下，除了维持原状外，很少更新，流派和风格还是足利时代就有的。德川建筑的纪念物不引起人的灵感，而倾向于笨重和过分雕饰。在日光和宽永寺的陵墓，也许能以其宏伟壮丽和炫耀财富及权力而得到赞赏。日光的阳明门雕刻着许多复杂的花鸟，在外行人眼里，也许被认为奇迹，但是对布鲁诺·陶特[1]而言，它是个"野蛮粗俗而意在炫耀的坟墓"。京都的二条城代表着高级住宅的风格——漆的柱子、华丽贴金的天花板和精心绘制的屏风。城堡建筑利用厚重的石墙和装饰着铁制大头钉的门口来显示权威和力量。大名和将军也建筑宽敞的花园，园中有饮茶的茶室和能演唱的露天舞台。在他们的江户住所和城堡的司令部中，他们听歌看舞，这也是足利时代以来贵族文化的标志。他们的生活水平带动了精美瓷器、漆器、绸缎、金属器皿的大量生产。事实上，如果低级的手工艺得到贵族的扶持，就有可能出现真正可观的艺术品。

然而，一般说来，德川时代的贵族艺术越来越倾向于形式化。216茶道、能都作为武人阶级的特点和优点而搞得一成不变。演员和茶道及花插的教师都有世袭的学校，在官方的恩宠下，保持着自己的

1　布鲁诺·陶特（1880—1938 年），德国建筑家，1933 年移居日本，死于土耳其。著有《日本文化之我见》及《日本美的再发现》等。——译者

刻板风格。在绘画方面，狩野独霸了装饰艺术，但在技巧和题材方面依赖他们前辈的发明而没有什么更改。在文学方面，中国和日本的古典文学最受青睐。在音乐方面，琴、手鼓和演唱能的片断也都是按照长久以来被认为古典的风格和词句进行。所有这一切，都按照教师的流派而定型化，各以自己的特殊风格领导着武士阶级在上流社会的艺术方面的训练。

但是，强大的禅宗和新的思想潮流的觉醒，也偶尔从虚饰和因袭中拯救了武士文化。在京都外面的、孤立的桂离宫和修学院把茶室的美的原则和贵族生活方式的需要结合起来，也许是最好的家庭建筑的模式了。它们的线条很简单，利用天然木和周围的花园结合，而且十分严谨，这是日本建筑传统的最好范例。

在绘画方面，一些新风格比狩野派艺术家有更大生命力。本阿弥光悦（1558—1637 年）和俵屋宗达（？—1 643 年）从大和绘传统中发展出一个非常简单但别具风格的学派，用于装饰性屏风、漆盒和瓷器上。在尾形光琳（1658—1716 年）的画笔下，这种风格成为日本艺术的主要表现形式。在另一方面，像丸山应举（1733—1795 年）这种人就注重现实的细节，把新的生命注入中国的单色画。丸山细心地观察生活，并从西方绘画中借鉴来透视和明暗法。

217 所有这些绘画上的新发展，都是低级的艺术家为高级的主顾在当时存在的传统基础上创造出的作品，这是很有意思的。

更恰当地说来，武士阶级的特点是文人画（或南画），它是随着儒家哲学而流行起来的。业余画家或专业画家都刻意追求绘画背后的思想，培养了书卷气和写意画的意识。与谢芜村（1716—1783 年）和池大雅（1723—1776 年）在他们的画论中，把这种风格捧到最高点。

不过，武士最显示他们的创造力和勤奋的，还要属在学术和哲学领域内，尤其是在历史方面。因为德川学者为客观的历史学奠定了基础，并开始搜集现代历史研究所依赖的档案和藏书。

在这个时期的历史编纂物中，首推《本朝通鉴》。这是一部日本编年史，完成于 1670 年前后。它是儒家学者林氏家族以中国司马光的《资治通鉴》为模式编写的。其他的官方著作还有《德川实纪》，它是 1809—1849 年完成的，记载将军幕府内的史事，极为详尽。还有《宽政重修诸家谱》，成于 1812 年，包括了有关所有大名和将军的重要侍臣的家族记录。

与将军主持的著作相媲美的还有大名主持的著述活动。一部和林家著作能匹敌的"国"史叫《大日本史》，它是水户的大名德川光国（1628—1700 年）主持编写的。水户大名主办的修史馆叫彰考馆，它在 1720 年完成了前 250 卷，而全书在 1906 年才完成。别的藩则主要致力于家谱或地方志。

为幕藩政府服务的儒家学者和历史学家的队伍越来越大，许多 218 私家历史也应运而生。新井白石以其《读史余论》而闻名，这是一部研究政权如何由贵族之手转入军事贵族之手的理性主义著作。饭田忠彦（1816—1861 年）所著《大日本野史》被认为是水户历史的续篇。赖山阳（1780—1832 年）的著作《日本外史》是一部通俗的、有些民族主义味道的历史。同时，幕府的文献学家塙保己一（1746—1821 年）正从事于大部头的《群书类从》。这部集合了基本史料的大书于 1794 年完成。它连同塙保己一的儿子编辑的续编共有 91 卷，包括 3,000 种书以上，直至今日还被认为是历史资料的巨大结集。

自然，富有学识的不限于武士阶级。德川时期重要的学术和哲学作者中，包括许多町人或者农民出身的人。学识的普及表明德川社会中受教育的机会在各阶层中都大大地扩展了。事实上，日本正以扩大学校网和增加出版物而步入提高文化的时期。在教育设施中，幕府的昌平黉仍然是最主要的官立学院。1700 年以后，大名办的藩立学校发展很快，到德川末年有 270 所以上。此外，据说藩资助的学院有 375 所以上，而大城镇中还出现了 1,400 所私立学校。这些学校主要是为武士服务的，但也不忽略普通人的教育。有些藩立学校收商人和农民的子弟入学，特别是来自农村首脑人物家庭的孩子，因为识字、写字是记录行政事务不可缺少的技能。此外，普通人还可进所谓的"寺小屋"，这是私立的初等学校，但不一定和当地的寺庙有关。据记录，到 19 世纪中叶，这种寺小屋就有一万以上。按照 R. P. 多尔[1] 的说法，在 19 世纪 60 年代估计日本有百分之四十到五十的男子和百分之十五的女子，是有文化的。当然，所有武士都受过教育，较高层次的农民和商人阶级也受一定教育。故而，就有无文化而论，日本在这方面比较同时代的英国，并无逊色。考虑到日本的封闭、不和外界接触，这是令人惊奇的。

　　教育的性质本身，就是形成德川文化的主要成分。虽然在大多数情况下，它是以儒教为基础、富有书卷气、奉行道德标准，但受到了认真对待，因为它是武士和町人阶级求得成功的必要条件。故而，德川人的心态是经院的，但是实际的。其探索的方式是演绎的，但在一定范围内，是灵活而实用主义的。德川的经院哲学虽然以中国的儒家思想为基础，却沿着自己的路线发展。从而把武士引上道德哲学、政治经济学和历史学这些不同的学术领域。尤其是武士对武事和文艺都极重视，因而他十分忠于自己的行业，也忠于他作为日本人的文化意识。

　　从一开始，日本的儒学就体现在异端上。所以如此者，也许是

1　见参考书目。——译者

由于日本人未能理解中国哲学的精华，也可能是他们离不开日本的
现实。德川时代早期的儒家肯定是教条主义者，他们把新儒家的典
籍，奉为圣经。在整个德川时代，林氏所主张的朱熹学派都是恪守
正统路线的。1790年松平定信曾经试图在幕府学院中禁止异端的教
学。但是，在幕府想管辖它自己的教育机构时，却管不住大名领地　220
和京都或大阪的私立学校的政策。尽管它有保守的社会影响，儒家
学说内部却有理智上善问甚至于怀疑论的种子。日本的儒家一旦熟
悉了基本的原理，就把他们的知识运用到日本的问题上，他们必然
得到新奇的答案。

　　荻生徂徕（1666—1728年）是古学的鼓吹者。他建议看原作
去证实他对幕府政策的独到劝告。他的著作《政谈》呼吁幕府进行
切实的改革，并主张幕府更坚定地执行专制主义。新井白石对日本
历史的客观态度，和他对基督教的不偏不倚的评估是相称的。他的
《西洋纪闻》写于他1715年会见了乔瓦尼·西多蒂（1668—1714
年）之后。此人是意大利传教士，曾以1708年试图潜入日本而被
关押。在此书中，新井对西方科学由衷地赞美，并讲究实际地声称
基督教太荒谬，不足以伤害日本。三浦梅园（1723—1789年）是
一个没有武士背景的学者，一生都致力于为“眼睛何以不听而耳
朵何以不看”这类问题寻找答案。他不能接受儒家教义中的形式
化的说明，发展了一种在经验中找证明的怀疑论哲学。海保青陵
（1755—1817年）发展了敦促武士政府把商业作为财源的经济学
说。他问道：荷兰的国王积极支持商业冒险，为什么武士却鄙弃贸
易和利润？本多利明（1744—1821年）研究世界地理，并作出结
论说日本的锁国政策是误入歧途，他预见日本冲出海洋，并发展北
疆以自卫。佐藤信渊（1768—1850年）广泛地阅读了荷兰的天文　221
学、植物学、地理学和历史学著作。他一生游遍日本，劝说大名改

善农业，并建议幕府对国家严加控制。

到了19世纪，很明显各方面的作者都在一定程度上受西方科学及地理知识的影响，或是受怕被西方吞食的影响。儒家思想的晚期发展根本不是自发的。为了应付外来的（往往也是矛盾的）新思想，有些日本人不得不拒绝、惊恐，而另外一些日本人则用继承来的儒家思想来迁就、来搞折衷。例如：山片蟠桃（1748—1821年）就想把西方的日心论和儒家的宇宙论结合起来，甚至于把西方科学和儒家理的概念等同起来。但是，儒家的理性主义在科学的探索中缺少否认自己前提的魄力，而正统思想的主线还以道德主义的和以阶级为基础的态度，深深地影响着德川人的思想。

德川儒学的理性主义成分，不仅改造了正统的信条，也引发了超出日本儒学基础的新的探索学问的路线。儒学对过去的强调自然引出日本对自己历史遗产和文学传统的兴趣。儒家学者无法回避他们赞赏的信条来自中国的这一事实，但武士社会并不尊重这种对中国的极端崇拜。大多数的日本儒学家在承认他们对中国事物赞美的同时，还保持一副民族主义的姿态。林罗山发现了神道可以是反对佛教的同盟者，开始用儒家学说合理地处理皇家神话。他把皇家的三件神圣的宝物看作基本的儒家思想的标志。山鹿素行的武士道理论保持了这种折衷主义的倾向。山崎闇斋（1618—1682年）则找到另一种新的神道思想垂加神道来解释神道正是圣王之道。他发现在《古事记》和《日本书纪》的传说中，有儒家的道德，而古代的神也有儒家道理的反映。

这种对神道的哲学兴趣与文学历史的时尚结合产生一种以"日本经典"为基础的土生土长的学派，不过是时间问题。18世纪开始的国学运动就是要给日本恢复文学历史传统的一种努力，它逐渐成为一个起源于日本的、羽毛丰满的学派。

1728年，荷田春满（1668—1736年）建议幕府设立国学学校，国学得到了全国的承认。荷田是京都地区的一个神道祭司，他受当时要把儒家学问恢复到原来的"古道"的影响很深。他的弟子贺茂真渊（1697—1769年）推进了《万叶集》的研究，并在他的作品中第一个加进了反儒的调子。他宣称在奈良时代的古诗歌中听到了"我们神圣土地的声音"。

国学运动中最杰出的人物是本居宣长（1730—1801年）。他花了30年工夫去重新掌握《古事记》的意义。他相信《古事记》显示了日本特有的"古道"，而"古道"就是在神的时代体现出来的一种自然的、乌托邦式的善行的境界。他还相信这个境界被佛教和儒教的影响污染了。本居的影响巨大是由于他献身教学，据说在40年的教学生涯中，他差不多有500个弟子。

1800年以后，国学作为探索日本文学的一个支派，流传很广。但它也鼓励了对神道的兴趣的复苏。平田笃胤（1776—1847年）是个狂热的民族主义者、排外的思想家。他论述了日本独特的国体，也就是说日本是神的土地，由一个独一的皇家所统治。这种说法的逻辑可以引申为日本必须以神道为唯一的宗教、以天皇为唯一的统治者。他的思想意味着颠覆幕府，这足以使他在1841年被软禁起来。

许多主张恢复神道的人的作品，好像不太合理，并且感情用事，却为发展日本历史和命运的新思想开辟了道路。通过把一批新的日本经典奉为神圣、并把天皇指为新的效忠焦点，他们给保卫国家的政治行动提供了动力。随着西方的新影响到达日本，他们对中国的蔑视把日本和它长期以来依靠的、文化上的良师益友隔离开来。

19 世纪早期就知道在日本口岸的水上有西方船只潜藏着。这并不是日本人知道外面还存在着和自己大不相同的世界的唯一途径。有关西方的消息和西方语言及科学的学习，在整个德川时代都很活跃，虽然只限于一小部分好奇之士当中。洋学或兰学因而构成了日本学者的一个非正统流派。有时他们会因此遇到困难，并作出个人牺牲。长崎自然是这种学术活动的根源，因为唯一能和欧洲接触的地方是在出岛上的荷兰商馆。

实行锁国政策以后，差不多有 80 年幕府当局对日本人接触西洋人的限制越来越严。发布了命令，不许进口西方书籍或中文译的这种书籍。只有极少数属于长崎地方机构的政府译员通晓荷兰文。1715 年新井白石写《西洋纪闻》，显示出西方科学中有许多值得日本学习的东西，长崎官员放松了对西方的极端警惕，新井白石是对此有功的。1720 年吉宗将军废除了对西方书籍和中文的译著（直接与基督教有关的除外）的禁令，并鼓励私人学习荷兰语以及天文和军事策略。

通过这封闭高墙上的细小裂纹，开始了对荷兰最热切的、往往是歪曲了的知识的研究。1745 年青木昆阳编出了一本荷日字典。杉田玄白（1733—1817 年）和其他人在 1774 年以《解体新书》的名字翻译了《解剖图谱》，因而把西方的医学技术介绍到日本。大槻玄泽（1757—1827 年）公开开办了一个专门学习荷兰和西方科学的学校，他 1788 年出版的《兰学阶梯》成了第一本为一般读者讲解荷兰文的流行读物。

田沼在幕府掌权时，日本人对外国人的猜忌大大减少，和荷兰公司人员接触也比过去自由得多，而输入西方珍品成为时尚。大名们收集钟表和望远镜，用玻璃高脚杯饮酒，甚至于看电气实验。在 1769—1786 年间，瑞典的医生通贝里和荷兰的贸易队长梯辛向成群结队拥入他们住所的日本人，传授了许多第一手的科学知识。浪人平贺源内曾经短暂地受到田沼的恩宠，以植物学和对石棉及电气的实验而出名。他是个怪僻的天才，在写讽刺小说和喜剧之外，还涉猎从西方学来的油画。

当松平定信在 1787 年掌权时，公开的西方热又降温了。林子 225
平的作品提到北方俄罗斯的迫近，在 1792 年被禁止发行。在日本，和西方人接触或获取西方书籍，都遭到限制。但到 1811 年幕府自己也认识到有必要和西方的发展并驾齐驱，在幕府的天文台里设立了一个"藩书和解御用方"，叫一批官方的译员翻译西方书籍，而大槻玄泽就是译员之一。

到了 19 世纪初期，荷兰研究成了一门稳定的学科，虽则难以估计它的思想和技术给日本的影响如何。学习荷兰语和西方科学的学生从来没有形成一个很大的团体，他们对德川社会也不是反对的力量。在他们的研究中，政治和社会的意味特别少，因为这些人中很少是摆脱了儒家伦理学的框架或者越出了德川官方政策范围的。但是，从长远来看，从西方传来的非正统训练，肯定会发生重要影响。西方的医学、天文、农业和军事科学表现出技术上的先进而被接受了，幕府和大名也都给以赞助。一旦建立起来，新方法就逐渐破坏了早已成立的中国技艺和它背后的儒家学说。

德川晚期的学术风气，因而不是沉闷的或局限于某种呆板的正统观念的。这时出现了多种不同的意见和探索的路线，而武士的世界对许多潮流都是开放的。它的伦理基础仍然是儒家的，但它为日本史和西方科学及医学的研究留有余地。不过，它首先是一个武士和他的价值观统治的世界，在这个世界里，人们日益意识到日本是一个重新认识到武士是政治和文化领袖的国家。

町人文化

226 　　到了 18 世纪末，在城市生活中的相当大的范围内，难以区分武士和非武士阶级的贡献。但我们仍然可以说有一种明显的、起源于大阪、京都和江户这种大城市的町人文化。正是在德川时代，城市人口第一次有条件、有闲暇来支持一个和贵族的艺术文学传统完全不同、群众参加的文化。町人在他们的城市居住区中有自己的艺术和娱乐，给这个国家的文化整体增加了生气。他们的文化显然是资产阶级的产物，在社会环境中，局限于它的特殊地位和身份。町人文化和政治或玄学全无关联，它的目的主要是追求享乐。它逃避"贵族"而追求人性和享乐，对个人的、直接的、情欲的东西十分注重。它的最终目的是"浮世"，即时尚和大众化娱乐的世界。

　　但是，我们也不能设想町人的生活就没有理想，或者没有道德准则。商人和工匠生活在义务和追求之中，正像武士那样地严格要求。商人自认为有责任使生意兴隆，以便光宗耀祖；工匠则努力保持自己手艺的质量。有一种"町人的方式"督促商人勤奋地为正常利润而工作、并把劳动献给发展商业上。也许是在模仿武士，商人对忠诚（对生意的忠诚）和节约（以免浪费利润）毫不放松。町人生活可能要求高而限制多——学徒期和学习期都很长。

　　因此，当我们说町人文化是商人追求娱乐和松弛的产物的时
227 候，要承认它本身还是有严肃要求和实际成就的。首先，町人是赞同价值和给他们行业增光的宗教信仰。像三井这样的大商人家族，生活上恪守行为准则，其严格不下于武士。石田梅岩（1685—1744 年）是京都的商人哲学家。他把神道信仰和儒家、佛教的箴言综合起来，成为一种能直接为普通人的日常需要而说教的新宗教。

"心学"就是这种折衷主义的名称，它强调要接受自然的社会秩序（即四个阶级），并勉励每个人都要终生勤奋、同情与正直。心学认为在自然的安排中，商人和别的阶级同等重要，而他们应努力照他们的"方式"行事，以便为本行业增光。

商人的独创性也与某些实际的研究和技术的发展有关。在会计和天文、工程都用得上的数学方面就在提高中出现了像关孝和（1642—1708年）这样的日本数学家。他们的能力可以和欧洲同时代的数学家相比拟。伊能忠敬（1745—1818年）在17年的测量之后，画出了一幅非常准确的日本地图。在天文学、农艺学、植物学、医学和土木工程方面，改进方法往往是非武士出身的人走在前面。日本历史学家西田直二郎所说的"计算和测量的精神"即绞尽脑汁要解决真正问题的精神，这种精神的早期传播，在很大程度上要归功于町人的活动。

但是，町人文化的明显形式还是浮世（享乐世界）的产物，它是由供人娱乐的女性、三味线（即三弦）的音乐、民间故事、新戏剧和木版画组合而成的。其中以艺伎为最重要，因为她们既是城市娱乐的中心，也是日本社会传统的特殊产物。作为供人娱乐的职业女性，德川时代的艺者（艺指的是表演艺术）是由高级妓女和舞女发展而来的，她们形成了贵族生活的一部分。到了德川时代，她们才成为新的、更广泛的城市人口能拥有的一部分。在当时的社会，家庭生活，不论是武士的或寻常人的，都没有自由娱乐。这种社会里没有集会、舞会、宴会等男女混合的社交活动，家庭安排的婚姻又没有两性恋爱的机会，职业的、供人娱乐的女性就有重要的功能了。艺伎和她提供的环境就提供了妓院以外的、唯一的男女交往的机会。

艺伎聚集在新的城市的某些特殊区域，即"不夜城"，像京都的岛原和祇园、大阪的新町或者江户的吉原。这里的艺伎成了饭馆、剧院、浴池和妓院的中心分子。艺伎世界本来是富商搞出来的，对武士是禁区；但武士越来越同享这种欢乐，把自己的腰刀都放到背后去了。因此，对武士和有清醒头脑的町人来说，不夜城使他们忘掉公事或打算盘的严峻，给他们提供了一个能得到松弛的去处。它也是诱惑的主要来源，因为艺伎往往是义理和人情矛盾中的关键人物，正如当时的戏剧或小说所记录的那样。

在新的城堡成立、京都和大阪的新城市社会扩张大约一个世纪以后，城市开始产生它自己的文学、艺术。文化史学家划分为两个鼎盛期：元禄时期（1688—1705 年）和文化文政时期（1804—1829 年）。在第一个时期中，京都和大阪是主要的中心；在第二个时期，江户成了更加精致但稍欠生气的城市生活的中心。因为浮世绘大多数在元禄时期就达到了创造高峰，习惯上强调这个时期，而把第二个时期忽略。但是，町人文化的发展是绵延不断的，后来町人和武士的成就越来越融为一体，这在历史上具有很大的重要性。

在德川时代早期，为大众阅读的短篇故事和较长的小说，以极大的生命力发展着。这是町人富足和有闲的反映，而各阶层中读书识字的人也增多了。到了 18 世纪，主要城市中出现了谋利的出版业，出版社也罗致到作者和插图画家，出版言情小说或附图解的有关娱乐区的介绍。他们常以最巧妙的方法，逃避幕府官员的检查。这种文学作品很像现在的普及本，主要是描写勾栏生活和爱情故事，它专门写町人中的花花公子，这种人很熟悉艺伎的住所或漂亮的艺伎本人。这种文学常是黄色的，并受到查禁。

井原西鹤（1641—1693 年）是大阪商人。他在浮世草纸（即浮世故事）方面是头号的大人物。他本是写连歌的天才，到晚年转向性的题材。他的《好色一代男》于 1682 年问世，叙述一个早熟的男青年，在日本享尽了爱的可能后，在 60 岁时坐船前往"妇人岛"。他的《好色一代女》讲一个莫尔·弗兰德斯[1]式的女人如何一步步地堕落为佛寺中的妓女。1687 年井原又转而写作武士社会中的同性恋故事。在这些故事被禁之后，他开始写作有关商人如何成功地提高道德的故事。他的《日本永代藏》描写成功的商人及他们如何赚钱。他对日本文学的贡献在于他的现实主义和乐天的主题。他的作品是真正的商人文学，描绘了町人的生活、价值和弱点。

稍后一些，另一位极受欢迎的作家是江岛其碛（1667—1736年）。他继承了井原西鹤的风格，但更加是写实主义的，而且增加了一些批判甚至于讽刺。他写人物的作品是描绘各种艺伎、商人的儿女、商店伙计这类人的生活的。他特别对第二代的性格弱点加以评论。一旦开始了，这种新流行的作品就在新城市阶级中找到了市场，而许多滑稽读物、古典故事的改写本、爱情故事、戏院餐馆和名胜的指南等，全受到排挤。不过，重要的作品也不时出现，例如十返舍一九（1775—1831 年）的东海道的滑稽游记《东海道中膝栗毛》，在现代，这本书的英译本还以流浪汉的传奇冒险而引人注意。

通俗文学和许多需要做广告的夜生活场所的出现，刺激了通俗画家的工作。因为日本人仍然觉得木板对刻书最方便，它自然就成了流行画的基础。木板画浮世绘逐渐成为一种主要的艺术形式。开始它只是简单的线条加上在长崎从中国学来的上色新技术。到 17世纪末，改进为用多个木板印出极复杂的线条和颜色。木板画的产生是为了实用和大批量生产的目的，作为书的插图、戏院或艺伎院的传单、名胜的纪念品等。因此它被看成是粗俗而没有永久价值的。直到德川时代末，木板画才被承认为值得欣赏的艺术品。有讽

230

1　英国作家笛福重要作品之一。女主人公莫尔·弗兰德斯由一个贫苦天真的女人堕落为窃贼，最后流放美洲。——译者

刺意味的是，浮世绘是在欧洲首先得到重视的。在板画艺术家中，
231 最值得注意的是菱川师宣（1618—1694 年）。铃木春信（1725—
1770 年）把处理颜色的精巧方法，又提高到了新水平。喜多川歌麿
（1753—1806 年）以描绘理想化的妇女见长。葛饰北斋（1760—
1849 年）和安藤广重（1797—1858 年）则画风景和名胜，他们画
得雄浑有力、惟妙惟肖。

　　普通人的戏剧是从流浪的歌者和跳舞人开始的。在德川时代逐
渐进化成严肃的人形净琉璃（即傀儡戏）和歌舞伎（即在讲究的舞
台上表演的戏剧）。像伊丽莎白时代的英国，戏剧在审查官员手下
备受刁难。早期的女伶道德低下，曾经被禁过若干次。因此，戏剧
表演首先在傀儡剧院达到了高峰。熟练的傀儡演员用三分之二人形
大小的傀儡表演。等戏剧发展到歌舞伎的时候，表演的就限于男演
员了。这一事实加上能、傀儡剧和街头歌舞者的强大影响，导致一
种独特的戏剧传统的形成。这一多种多样的传说包括从高格调的舞
剧到写实主义的家庭悲剧。净琉璃和歌舞伎的最大作家是近松门左
卫门（1653—1724 年），他的兴趣很广，从历史的武士剧到有关町
人生活的作品。许多町人生活的作品都取材于当时的真人真事，例
如町人和艺伎一对恋人双双自杀的故事。在近松门左卫门的戏里，
町人和武士的感情生活描写得最为有力。他的戏都是写忠和人性之
间、或家庭责任和情感之间的悲剧性冲突（也就是义理和人情的
矛盾）。在他后面还有些其他剧作家，其中有河竹默阿弥（1816—
1893 年）把德川时代和明治时代的戏剧联结起来。

　　一般说来，武士只是悄悄地涉足浮世世界，而诗歌则把德川社
会的各阶层连接起来。这个时期最主要的诗歌形式是短的俳句，它
232 用 5—7—5 个音节写三行诗。俳句在日本成了最流行的诗歌形式，
因为它既是低级的也是高级的、既是严肃的也可以是幽默的。事实

上在德川时代发展了几种俳句，例如一种滑稽的叫狂歌的俳句，是
讽刺诗甚至对社会的抗议诗。但是，最引人注意的是一种称为俳谐
的严肃的俳句，形式上虽简单，但有深刻的表现力。德川时代的严
肃俳句诗人，来自社会各界，有武士也有町人，但最著名的是与教
士或武士学者有关的。松尾芭蕉（1644—1694年）是第一个最伟
大的俳谐作者，他生来就是武士，接受过良好的教育，然后选择了
四处飘泊的隐士生涯。他授徒为生，常常在国内旅行，用笔抒发对
自然的热爱和对人生意义的追求。他的诗带有典型的佛教色彩，对
自然和人的变化无常充满忧伤。他的《奥之细道》是他在日本北方
旅行的记录，包含着他最好的诗作。后来的诗人继承了他的风格，
并发展为一种更有系统的形式。在这些诗人中，与谢芜村（1716—
1783年）和小林一茶（1763—1827年）写出了一些完美的俳句。

　　要看日本广大城市居民的生活如何改变，最好就是看大城市的
"俳句社团"。在这城市环境中，一方面是为大名服务的官吏生活，
另一方面是商人寻欢作乐的区域，二者之间出现了一种新的价值和
兴趣的融合。这种新的、世俗的、对生活的理性的态度，具有武士
和町人双方的特点，并开始形成了一种新的东西，甚至于可以说是
现代化的东西。德川的城市文化变得宗教气息很少，也不再把社会
阶层分得壁垒森严，这都是在日本前所未有的。

天保年间（1830—1844年）和国内危机的加剧　　233

　　前面几章里谈到，尽管与外界缺少接触，经济和文化的变化还
是影响了德川日本。到1830年，日本显然是个与1600年时大不相
同的国家。在德川的"太平"年间，人口和财富都有很大增长，它
的重要的阶层对生活的看法，在江户和大阪这种欣欣向荣的城市环

境中，也受到儒家的改造。在大名统治的城堡内外，这时的日本人都广泛地得到受教育、作学问和娱乐的闲暇。但是太平也有它的问题，例如人浮于事、过分刻板的行政手续及使人痛苦又有人富裕的经济失调。因此，该如何全面地评价这个国家的情况呢？像有些史学家说的，日本和外界隔离太久，技术上落后、经济上衰退、刻板地执行过时的政治制度而显得病态吗？如果1854年不是美国的佩里敲开了日本的大门，使这个国家不情愿地接受西方挑战，那会是什么情况？日本能否继续走它自己的路，甚至于在政治上重新振作起来？或是逐渐地缓缓衰亡或者是陷于内战？

　　自然，这些问题是没有最后答案的。但无论如何，也不能设想1800年以后日本能完全自主地前进而不理会外部世界。19世纪开始以后，到1830年时则可以肯定，日本敏锐地意识到来自西方的外国威胁。不过，在1830年日本也没有自鸣得意或是沉睡无忧。234 使它惊慌的并不仅仅是外国问题。天保年间（1830—1844年）是德川统治末年关键性的时期，这时有一种危机感笼罩全国，并敦促领导者改革。这种惊慌的原因，来自内部的甚于外部。

　　到1830年，很少日本人不感到有一种痛苦的"不适"之感笼罩着幕府和大名的机构。也许武士是对未来最感不安的阶级了，因为他们作为一个阶级正面对着最使人沮丧的经济情况。幕府的经济政策，特别是货币贬值，早已对拿固定薪水的人的经济地位，造成损害。1819年到1837年有过19次贬值，其总数是巨大的，其利润足占幕府年支出的三分之一到一半，而通货膨胀的压力是严重的。武士的生活已经困难，这时又加上物价飞涨，大多数武士都是低薪，他们不得不"自动"减薪以缓解领地的财政困难。不少情况都能说明许多武士的极端困难——幕府的家臣和有丰厚嫁妆的商人家庭的女人结婚，甚至出卖他们生来就有的武士权利。在许多藩里，下级武士转入手工业生产，生产的小商品如灯、伞、扇子、刷子一类东西由商人出售。到19世纪30年代，大多数城堡中的武士都因收入少、工作少而痛苦。他们实在是人数太多，而能干的活路太少了。可是他们又不得不生活于严格的纪律之下，注意自己的身份，这又使他们不能改换职业。

不过，作为个人，武士并不比他生活所在的公共财务机关的状况更糟。在18世纪末，大名领地已经开始负债。大多数的大名领地下降到向商人的银号借贷，而无力改变此种情况，因为他们的支出必须维持官方的水平，包括经常的"参觐交代"、超编的官吏和不必要的军队。军队周期地在火灾或水灾之后，被调去重修堡垒或江户的住所。经常提高的日常开支，也令人感到困扰。举两个例子：尾张的领地年收入大约25万石米，1801年不得不借127,000两金子。如果我们大致按一石米等于一两金子算，不难看出领地负的债，比它年收入的一半还多。1849—1853年间，尾张以领地每年稻米的税收为抵押，借了180万石。萨摩领地的情况更为严重。它是个77万石的领地，1807年负债130万两，到1830年负债几乎增至500万两。这个数目相当于它20年的税收。这种情况全国都有，到1840年估计大名对大阪商人负债约有金子6,000万两。如果照章分期付款，仅利息一项，理论上就会占去全国正常税收的四分之一。

多数的藩已经学会了如何对付负债的财政。他们有一些权宜之计，例如发行证券，或者与商人合作从事各种垄断项目。事实上，这种债务人和债权人的两分法，并不像当时所认为的那么绝对、那么危险，因为藩的财政和税收如此依赖财务代理人，结果许多藩的权宜之计，在我们今天人的眼中，就是赤字财政的措施。但当时的人并不理解这些。到了19世纪30年代，多数的藩和幕府一样，都

235

陷入困窘之中。他们试用各种政策，但不能从负债中解脱出来。除了紧缩和节约这类传统政策之外，他们只能进一步和商人牵连在一起。

236　　　在 19 世纪 30 年代的紧张的日子里，经济上最富裕的就是成功的商人和农村企业家。但是在城市和农村里极少数的富人之外，还有广大的农民和城市贫民群众，他们生活在饥饿的边缘上。在通货膨胀和货币经济的压力下，他们发现越来越多的生活必需品，必须用自己的微薄收入去购买。在占优势的农业经济下，自然灾害和农产品的歉收有直接影响。前面谈到的 1824—1832 年的歉收，范围很大。1833 年日本北部歉收惨重，1836 年又有全国范围的饥馑。到 30 年代中期，农村充满了流离失所的农民，城市里充满了寻找苦力活的农民。幕府和藩开设了救济站，但穷人仍然很苦，骚动和抢粮仓的事件也时有所闻。最突出显示穷人苦难的要算 1837 年大盐平八郎在大阪试图举行的暴动。他号召大阪周围四个国的农民起来杀掉"没有心肝的官吏和生活豪奢的富商，这些人都是在穷人饿饭的情况下自己发财的"。他天真地要去夺取大阪的城堡，以控制日本的商业中心。他的计划在一天之内就被粉碎了。但是他的暴动给全国以深刻的印象——幕府的权威受到挑战，而农民也深受影响。

　　农村中普遍存在的不安定情况与暗示统治行将结束的另一个群众现象也有关系。1814 年开始，在几十年中出现了许多来源于农民的群众宗教运动。这些宗教今天被统称为"教派神道"，大半是强调信仰疗法和物质幸福的。黑住宗忠（1780—1850 年）是备前领地的教士，自称在重病之后有神奇的视力。他的教派成立于 1814年，强调对天照大神的信仰。天理运动是中山みき（1798—1887237　年）于 1838 年建立的。她是大和国一个农民的妻子，也强调信仰疗法。金光教派是日本中部农民川手文治郎（1814—1883 年）在1859 年建立的。这三个教派在农民中都有广泛的追随者，他们向农民许诺乌托邦式的生活并免受疾病伤害的前景。

尽管有许多经济上的困难和不满，但没有更公开有效的反抗。诚然，这个时代也引发出可以称为"知识分子的逃离"的情况。几乎在每个领域里都可以找到进行批评的人或观察并且吃惊的人，像桑瑟姆所谓"革新运动的先驱者"。安藤昌益要求取消武士阶级并完全回到平均地权论上去。本多利明敦促日本在帝国的大道上迈进，并在堪察加建立世界首都。高岛秋帆（1798—1866年）以毕生的精力要说服幕府，使之相信军事防御现代化的必要。佐久间象山（1811—1864年）和高野长英（1804—1850年）敦促幕府采用西方武器。水户领地的哲学家要求以天皇的名义更多地关心国家的需要。但是，这些呼声基本上是发自孤零零的个人，未能发展成致力于革命行动的拥护者群或创立一个持久的政治组织。城市和农村中乱民暴动也是这个情况。不满的情绪虽然强烈，但未能提出政治或社会的理论去反抗统治。革命条件尚未成熟，对现存的政体顶多有些微弱的颠覆的表现。于是天保时代的幕府和许多藩就在已有的政治制度范围之内又进行了一轮改革。

天保年间的改革，又一次企图用传统的武器去对付一直无法补救的老问题。如果说这次的改革有什么新东西，那就是拼命的程度和武士官员们的决心，他们要加强自己的权威以便渡过面临的难关。有的历史学家认为这个时代开始出现政治上的专制主义的潮流，而这股潮流一直延续到近代的早期。例如，他们声称可以感觉到低级武士和地方生产者的利益在融合，而这种新的融合就引发封建主义和工业资本主义的和解阶段。但在这一点上，如果和欧洲历史勉强比拟，那将是危险的。

天保幕府改革的领袖水野忠邦（1793—1851年）在政策上肯定比他两个前任更走极端，而他的失败也更有戏剧性。在他的改革

尝试背后，危机感也是明显存在的。水野在 1834 年任老中（高级
参议员），又曾任大阪堡垒的管理人和京都的总管，富有相当的行
政经验。他和德川齐昭（1800—1860 年）也有接触。德川齐昭是
水户藩的领袖，他越来越对幕府漫无目标的政策感到吃惊。1838
年，在大盐平八郎叛乱之后，他曾为改革的必要上奏将军。他对
传统主义的办法如恢复过去的尚武精神、限制对外贸易及接触外国
人、禁止兰学、抑制政府的奢华和武士个人生活的奢华等，都加以
有力的抨击。许多人都同情德川齐昭，但是只要老将军家齐还在人
世，就不能考虑改变政策。1840 年德川齐昭得知中国的鸦片战争，
就在自己的领地里行动起来。在家臣中，他发动了一场轰轰烈烈的
"精神强化"运动，同时在全藩范围内，测量地籍以为加紧征收农
业税作准备。他的努力没有什么长期的经济效果，但他领地里人民
的情绪却激发起来了。

1841 年德川家齐去世，齐昭被任命为首席老中，并被鼓励去采
取有力行动。他于是开始了一场彻底的大扫除，把大约 1,000 名官
239 员和服务人员辞退出幕府。他照章发布节约法令，并进行"阶级整
风"。他查禁淫秽文学并逮捕为永春水（1790—1843 年）。此人是
个很受欢迎的滑稽故事作者，在被砍掉双手之后死于狱中。水野忠
邦的农业政策要求开荒，并让农民回到耕地上去。这一回幕府强令
没有必要的迁移证的农民回到农村。水野对幕府财政的处理方法，
与他的前任并无不同。在 1841—1842 年间铸造了 170 万两之后，
1843 年又铸造了几乎 200 万两。这个数目是向江户、大阪、京都和
别的城市中的 700 名商人强迫借来的。

水野忠邦看到幕府对全国统辖的能力正在削弱，这一点是清
楚的。所以他的政策，有些就是牺牲大名以加强幕府。与时代精神
格格不入的是 1843 年举行的日光朝圣，花费浩繁，可能是为了提

高德川的士气和幕府的声威。比较切合实际的是要给幕府统治提供一个稳固的根据地的计划，把一些旗本和大名迁出江户和大阪的周围。这个计划是要把江户周围 25 英里见方和大阪周围 12 英里见方的地方完全腾空，使幕府对这两个最重要的经济中心和政治中心能保持绝对控制。但这个计划并未执行。

对水野的改革政策，争论最多的就是 1841 年他取消所有株仲间（即有幕府执照的垄断集团）和间屋（即批发组织）。他的动机看来是好的，因为他想借此降下人为的高物价。在这个命令之后，他又颁发命令，要求降低物价、工资和房租百分之二十。但这个法令引起了骚乱，商品流通陷于混乱，结果使物价更高。幕府简直失 240 去了控制经济的能力。

水野的天保改革不仅失败了，还引起了广泛的怨恨。德川齐昭拼命反对日光之行，纪伊大名因为自己要受影响，也反对迁移地盘的计划。取消商业协会给商业界带来巨大的混乱，1851 年又把这些组织恢复了。总之，改革暴露了幕府的无能，并在德川阵营内部形成了危险的矛盾裂痕。与老中平行的各家大名开始关心老中如何管理幕府，而幕府与整个国家之间的恶感也在凝聚。

并不是只有幕府试图对付天保危机。许多大藩也都沾染了改革精神。有些藩开始得早一些，例如米泽就是用最猛烈的紧缩开支和支援农业的办法，从濒于破产的境地复苏过来。水户改革用的也是紧缩办法，但不太成功。长州和萨摩改革是最著名、最重要的改革。长州曾负债约 160 万两，1831 年经受过猛烈的农民起义（大约牵涉 2,000 人，另有估计说有 6 万人之众云云），起义的意见包括反对高税收、产品垄断和管理不善。1837 年在村田清风（1783—1855 年）的领导下，长州藩施行了艰苦的紧缩方案。村田清风的最初行动之一就是在全面地丈量土地之后采取了更为公平的收税办法，从而平息了农民的骚动。藩的不赚钱的垄断，则改为商人的被保护企业。藩的财政的重行组织，为偿还私人（主要是武士）债款提供了周转资金。藩的主要债务也加以调整，以利于长期逐步偿还。同时，船只和货物通过下关海峡转运，谋得的利润可以用于改善长州的军事组织和购买西方设备。

241

萨摩 1840 年就开始在调所广乡（1776—1848 年）指挥下进行改革。此人是个很有行政能力的武士，在岛津氏家升为家老。他开始把藩的沉重债务改为 250 年的无息贷款，进而发展藩的商业优势，利用琉球的商业和当地的食糖生产。他们建立了糖的垄断，责成农民种植定量的甘蔗并以规定的低价卖给藩，然后把甘蔗加工，通过一个垄断组织在大阪出售，谋取高利。

萨摩和长州两藩的改革，都是相当成功的。二者对天保危机采取了不同但基本相似的处理方法。长州藩倾向于改革农业基础，加紧对农业的控制，并改进藩财政的全面管理。萨摩藩则利用了藩的垄断制度。这两种办法都需要有很强的领导，都需要强大的政治权威来约束资金的商业来源，也都强调"富国强兵"这个重商主义的口号。

到了 19 世纪 40 年代中期，国内问题明显地在这个国家产生了危机感。幕府改革的失败引起了怨恨和沮丧。西方列强的阴影笼罩日本，举国都有采取强烈行动的要求。在这一过程中，试行了新的行政的和经济的政策。不过，对 1844 年这天保最后几年的日本的估计，也不能完全停留在沮丧和失败上。最后的评价必须说那时的日本是一个运动中的国家——内部的问题都被注意到，而西方的威胁也没有被缩小，改革的意愿被唤醒了，这才是最重要的。虽则改革的努力常常引导失当，幕藩制度引发出来的各种反应，即使出于偶然，也一定会臻于成功。1844 年时，分散主义是日本这一国家

242

的主要特征之一，因为全国各地的大名及其武士官员都痛切感到政治和经济改革的需要，不仅是作为中央集权官僚体制的地方成分，而且是为了自己地区的利益和安全。1853 年以后，危机加剧，大量的武士阶级，满怀保卫国家和改革政治结构的热情，走上了政治舞台。

十一、正在加深的国外危机

243　　日本从国内的挫折中又落入了动荡不定的外来危机之中。当水野的幕府改革失败了十年之后，日本又面临它整个历史中最受损伤的一章。在这段时间里，几乎生活的各方面——政府、经济、社会结构和生活方式，都要在西方影响下剧烈地改变。日本和西方的这次遭遇，正像它从前和中国文化的遭遇，在历史上造成一个重要的转折点。平常都认为日本被外来影响所压倒，这种设想适用于 7 世纪的日本，19 世纪的日本就不是这么一回事。1853 年以后，它在"西化"中，不仅仅是被动的，在发展自己近代社会中，它还是个积极的参与者。

　　如果我们把西化和现代化这两个过程分别开来去考虑 1853 年以后日本的改变，这将是有益的。如果说 1853 年以后的日本西化了，那将意味着日本人情愿放弃自己的传统文化，而去追求西方的新东西；日本人在文化上就太被动了。如果说日本在 1853 年以后现代化了，重点就放在更为普遍的过程中，在此过程中日本是个活跃而有创造性的参与者。在最近这几百年历史上，日本人并未盲目244 模仿西方和北美。在 20 世纪的日本，有悠久历史的文化传统、根深蒂固的变革要求，和西方影响糅合到一起，产生了一个现代化的社会。不过，这个社会保持了自己的本色。

　　自然，从历史上看，西方社会是首先经历过许多互相关联的变化而达到现代情况的。也很难想象，如果没有"西方的冲击力"，日本能开始它的 19 世纪 60 年代和 70 年代的改革。日本在天保年间，也许就在摸索寻找某种"新社会"的形式，但是找不到挣脱德川制度的约束的必要力量。这种原动力首先来自西方。

从历史上看，现代化是西方社会进化的结果，来源于 18 世纪就有明显变化的欧洲。欧洲的新社会，首先是 18 世纪合并战争的产物，这些战争造就了新型的单一民族的国家。这些新社会是社会革命的产物，这些革命使个人更紧密地参与了国家生活，而国家生活又是以政治代议制、全民教育和全民军事服役这些思想为基础的。它们是精神革命的产物，这些精神革命是随着新教（耶稣教）的改革运动和理性主义的与科学思想的发展而来的。归根到底，它们是以科学和工业为特点的经济革命的产物。由于 1789 年的法国革命的爆发，欧洲人极力想扩张、想殖民到全世界各地去。1800年以后，首先是商人，然后是外交人员和兵士，然后是传教士、教师和学者。他们人数众多，且百折不挠、力量强大，足迹遍及全世界。这就是所谓的近代"西方化冲击"，它在 1853 年显著地冲击到日本。

我们可以说连搞现代化的先驱者也不能在现代化过程中进行深刻变革而不产生恼人的内部后果。对于非欧洲人的日本人和中国人 245来说，这是在某种程度上把非常不同的、互不相容的文化强加给他们，所以更具损伤性。对他们说来，现代化始自西方化，这就增加了文化冲击的成分，把制度和思想的革命弄得加倍困难而复杂。亚洲的将要现代化的社会在面对西方冲击中，都碰到一系列十分相同的挑战。中国和日本的开放，牵涉到西方强行进入这些国家，因为他们不得不向西方开放通商口岸、把内地开放给旅行家和传教士，直到重写他们的法律和宪法以仿效西方的做法。日本和中国对这些挑战的相反反应，特别有趣，因为日本长期以来对中国的生活方式的许多前提是赞成的。

在 19 世纪，中国和日本都面临着可以称为个性转变期。换言之，两个国家都必须在西方压力下有争取生存的意志，并改造自己可以界定的国家实体。要想在这不友善的环境中维持自己的安全，每个国家还必须保卫自己的个性。这些初步的有关个性和安全的危机，并不容易对付。只有在强有力的领袖出现并能号令、联合以前人力、物力均很分散的新政府时，新的国家才能存在，并在现代世界中争一席之地。但是，只有在老的政治结构被粉碎、盘根错节的既得利益被削弱之后，新的领导才能出现。所以在中国和日本，现代化都是和对旧统治的政治革命紧密相连的。

然而，新国家在成立以后，面临发展的进一步问题。要想在经246 济上能站稳，就必须改革技术、发展工业。如果他们的公民要团结在国家和政策之下，政治制度的不断进化是必要的。要想让这些人民进入近代世界，就需要变化——开始是主要受西方影响的迅猛变化，然后是长期的、日渐属于本乡本土的变化。也就是说西方化引进了现代化。

日本应付这些挑战的速度令人吃惊。诚然，日本有许多特殊的因素，例如它的地点和大小，佩里到达的特殊时间，尤其是西方挑战来到的特殊情况。不管是哪个原因或哪些原因，日本对西方冲击的反应，从一开始就是迅速而目标明确的。因此，现代化的初步危机，被他们毫不犹豫、充满信心地解决了。1853—1877 年间，日本克服了个性转变和内部安全两个危机。1868—1890 年间，采用了影响广泛的社会、经济和教育改革，使日本应付了经济发展和群众参与的危机。到 1890 年，日本就能实施一个重工业化的规划，同时在国际事务中开始有独立地位。1894—1905 年间，日本战败了中国和俄国，又与英国缔结联盟，其后，日本可以意识到它已经按照西方列强自己的条件加入了它们的行列。

　　但是，日本现代化的故事并未到此结束。正是在这一点上，历史学家怀疑日本人煞有介事地挤进世界强国的行列时，有没有掩盖了一些没有解决的问题，从而限制了以后日本人民的发展。日本"建设国家"的成功，是否抑制了一场社会革命——一场后来必然会感到需要的社会革命？回想起来，人们可以说在从传统秩序到新的政治秩序过渡的关键时刻，日本人对西方冲击的反应的突出特点在于它成功地保持了民族的凝聚力。许多别的国家在这一时刻分崩离析、陷入内战。日本人的政治"革命"，几乎说不上是什么革命，247因为它只是在武士阶级这一老的掌权集团中进行，并且是以忠心和政治价值的连续性为依托的。正像有些人所说，日本不过是举行了一场基本上有控制的政治反应，"从上层"搞了一个"现代化"。基本上保守而静止的 19 世纪 50 年代到 90 年代的反应，能导致 20 世纪 30 年代和 40 年代的社会张力吗？是 19 世纪 70 年代和 80 年代的政策使 20 世纪的军国主义和极权主义不可避免吗？我们不能在这一点上作出回答，但有一点是肯定的：1945 年日本失败之后，它第二次和西方遭遇是它根本改革的第二个时期的前奏，这一次日本现代化的速度大大加快了。

　　现在回过来谈谈 19 世纪 40 年代的日本，就在这几十年中，人民感到国内危机的同时，也看出新的国外威胁的存在。说新的威胁，因为是一伙新的外国强国逼近日本。德川开始的锁国政策是用来对付旧的殖民国家的，同时在未遇到太大困难的情况下维持了 100 多年。到了 18 世纪末叶，日本人不得不承认周围的世界变了。一帮新的欧洲强国开始进入日本水域，要打破日本的封闭。虽然 1853 年才面对面地对付新的外国危机，但在佩里到达之前，在半个多世纪的时间里，随着外国侵蚀水域的日益加剧和外国人事件的日益增加，日本人不安的感觉也逐步高涨。

第一个引起日本人惊恐的西方大国是俄国。1638 年俄国已经穿
248 过了西伯利亚，到达太平洋。他们把黑龙江流域转变为殖民地，并
开始和中国人做有利的皮毛买卖。皮毛的吸引力促使堪察加的俄国
人沿太平洋北岸下到千岛群岛。到了 18 世纪，他们急于和日本通
商，特别是俄国人正在寻找新的食物来源。日本人和俄国人终于在
虾夷（北海道）见面。对德川时代的日本人来说，虾夷还是个未开
发的边疆，只有在它的南部，才有日本人永久居住。松前藩的大
名在这里有个特殊的身份，他不需要为了参觐交代到江户去。但
是，在 18 世纪，虾夷对幕府已经重要，因为它已成为水产品的来
源地，而水产品又是在长崎和中国人贸易的主要项目之一。因此
大阪商人订有干海藻及鲍鱼的贸易合同，他们有执照把货海运到长
崎去出口。

俄国人渗入千岛的消息，通过几个渠道传到幕府耳中。少数学
者对外部世界保持警惕。早期的反应不是冷淡的，而是危言耸听，
归结为异想天开的报告和建议。仙台藩的工藤平助（1734—1800
年）建议幕府把虾夷开拓为殖民地以发展它丰富的矿产资源。林子
平（1738—1793 年）惊慌地写道，日本必须做好俄国人由北方入
侵的准备。本多利明（1744—1821 年）建议日本迁都堪察加，作
为统辖世界的根据地。

1792 年发生了一件事使俄国问题不得不公开化。俄国军官拉
克斯曼代表叶卡捷琳娜二世进入根室海港，打算和日本开展贸易关
系。松前藩的地方领导接待了他。松前的大名与江户联系，及时得
到了回答。拉克斯曼的请求被拒绝，理由是对外关系只有在长崎才
能受理。他倒是得到了一个俄国船只驶入长崎的许可证。这是第一
249 个事件，使我们看到日本当局对待外交关系是敏感的。随着拉克斯

曼的访问，幕府赶快纠正了对北方边疆的忽略。1798 年幕府开始给虾夷绘制了官方地图，并着手开拓北方岛屿为殖民地。1802 年幕府取代了松前藩，并在箱馆给虾夷设立了一个虾夷奉行，专门负责殖民地的开发与保卫。

俄国人对日本的兴趣继续高涨，特别是在 1799 年俄美公司收到成立分公司的许可证以后。1804 年新公司的主管雷扎诺夫（1776—1807 年）凭着拉克斯曼的许可证进入长崎海港。但日本人坚持不肯在贸易上让步。守候了六个月之后，雷扎诺夫愤然离去。在以后数年内，他的官员对虾夷和库页岛上日本的前哨基地发动了几次报复性的攻击。这使日本人更加惊慌。1811 年一个日本的防卫哨在千岛群岛的南部拘捕了俄国海军军官戈洛夫宁，把他囚禁在箱馆。他和他的部下都受到优待，但被逼问各种问题。同时俄国人也拘留了幕府的垄断商人高田屋嘉兵卫（1769—1827 年），协商后戈洛夫宁于 1813 年回国。这是日本人和俄国人之间在几十年中值得注意的最后一件事。俄国已经遭到拿破仑的侵略，直到克里米亚战争之后，俄国人在远东的存在几乎都是微不足道的。

同时，英国人开始刺探日本的海岸水域。他们在 18 世纪已经把兴趣转到东亚，并很快地把法国人和荷兰人赶出广东的贸易。在拿破仑战争中，英国曾经短期地占领爪哇并阻止荷兰商船进入长崎。1808 年英国的快速帆船 "菲顿" 号打着荷兰国旗进入长崎，搜寻荷兰的船只。它威胁要轰炸港口，结果未轰炸而离去。但长崎长官松平原英自杀以承担日本锁国政策被破坏的责任。到了 19 世纪 250
20 年代，大量英国捕鲸船进入太平洋北部，因为要从日本人得到补给品，发生过一系列事件。1819 年一艘英国船驶入浦贺湾，1824 年又有一艘船在萨摩沿海的岛上登陆，引起和当地居民的武装冲突。结果在 1825 年幕府发出命令要求所有日本地方当局 "毫不迟疑地赶走外国船只"。

19 世纪的 30 年代和 40 年代，尤其是鸦片战争（1839—1842
年）爆发之后，英国对日本压力暂时缓解，美国就成了对开放日本
最负责的西方国家。美国对日本早就发生了兴趣。从 18 世纪最后
十年起，美国船一直在搞广州的贸易，而它的捕鲸船接着就进入了
北太平洋。中国开放通商口岸，在远东不但为英国也为美国和俄国
开始了新时代。1848 年美国获得加利福尼亚，把旧金山发展成为对
广州和上海直接贸易的口岸，美国对西太平洋的兴趣，更加高涨。
与此同时，美国在日本的地平线上越来越高大了。

美国对日本的兴趣，来自若干考虑。有对华贸易和捕鲸业的
实际问题：保护沉船水手、给养的需要和以后设立装煤港等，也有
想通商的愿望。但是在使日本敞开国门的背后，还有两个不显著的
因素。一个是也许可以称为文化命运的观念，这种观念认为发生在
中国的事是不可避免的，西方文化之光和它的进步肯定会笼罩全人
类。日本顽固地拒绝和文明世界打交道，又不肯和别人分享它的港
251 口，似乎在道义上是错误的。另一个则是在西方列强之间有民族敌
对的压力，这就促使美国沿着"明显的命运"路线向太平洋挺进。

美国人曾经有几次努力，要和日本建立关系，但都劳而无功。
1837 年"莫利逊"号商船载着日本的乘船遇难者进入江户湾，但是
在浦贺被炮兵赶了出来。1846 年海军准将比德尔带着两艘海军舰艇
驶近浦贺。他们不愿动武力，没有得到任何让步而离去。在这种情
况下，1852 年美国总统菲尔莫尔任命海军准将马休·C. 佩里率领
一个远征队，作为一次重要的努力去打破日本的孤立。佩里的船队
有四只船，其中两只是装有大炮的蒸汽帆船。1853 年 8 月 7 日，他
把船停泊在浦贺，要求把菲尔莫尔总统的信交给日本"皇帝"（就
是将军）。这些"黑船"带着神秘的尊严和明显的威力，象征着西

方强国有能力随意破坏神的土地。

美国人抵达的消息一到江户，全城立即骚乱起来。在武士的寓所和击剑学校里，有人夸口说敌人将被武力赶出江户的大门。但是，负责和佩里洽谈的幕府官员，心里明白日本已经到了关键时刻了。对于佩里的威胁性光临和世界形势的复杂性，幕府并非不知道。1842 年水野忠邦就曾经放宽驱逐外国船只的命令，承认日本对西方列强的惧怕。1844 年荷兰政府派了一艘军舰到长崎，带来荷兰国王的信，报告鸦片战争情况，敦促日本开放口岸，不要像中国那样被武力强迫开放。1852 年荷兰又警告幕府，说佩里将去日本，并透露了他要提出的要求。但是，德川政府在心理上和军事上都没有做好准备。美国军舰在浦贺的出现，暴露了仓促中准备的海岸防卫工作没有用处。同时还证明外族攻击或在因被封锁而饥饿的情况下，江户极端脆弱。阿部正弘（1819—1857 年）作为老中的领袖，负责和佩里打交道，他认识到自己要想无损于日本的锁国政策，是没有办法的。佩里送信后就离开浦贺，表示还要回来等待复音。阿部正弘就进行了一系列工作，这些工作不久就会把日本向世界开放，并促使德川幕府解体。

十二、日本的开放和德川制度的终结

　　19 世纪的"西方冲击"，首先导致日本对外国商业的开放，然后是 1868 年德川统治的终结。1871 年取消大名的领地，扫除了德川制度的最后残余。1868 年取得政权的新领导进而创造了一个统一的国家，并颁布了许多旨在使日本迅速现代化的法令，这就是所谓的明治维新。

　　1853 到 1871 年期间，最突出的特点也许就是外来压力给日本人行为的强大影响。西方的压力首先是对国家安全的威胁，其次是要求改革。希望保卫国家不受可能的异族侵犯，日本人既恐惧、又悔恨，他们约束自己，不搞可能导致内部混乱甚至于内战的政治斗争。在整个这个时代，人们都可以意识到在外来威胁面前，角逐领导权的人也都把保持日本的身份地位经常放在心上。因此，从一开始日本的国内政治斗争，在争夺者中间就表现为两种思想的斗争——要保卫国家的愿望和统治国家的野心，也就是为保卫国家而服务和为私自的利益而服务。

　　但是，一场肯定为夺权的斗争发生了。在明治维新的参加者中，一旦有西方的恐怖袭来，他们就仓促地加紧国防应付外侮。可是，通过现有的政治结构来应付危机的企图失败了。这就证明幕府无力承担这一任务，而这次失败产生了权力真空，引起了一场争夺统治国家权力的斗争。结果是把注意力又集中在天皇身上，把他看作有历史意义的杰出领袖。在皇家的旗帜下，首先努力把幕府和大名的权力弥合起来，妥协不行，最后出现了废除幕府的运动，然后以天皇的名义，产生了一个统一的国家。1868 年这个运动成功了，新政府就努力巩固自己的力量，并把日本提高到西方列强的地位。许多激烈的改革完成了日本的现代革命。

只有在事后我们才能看出 1853 年的幕府已经濒于灭亡，当时的日本人自然看不出庞大的德川大厦将在 15 年内被拆除。不过，一度得意洋洋、威风凛凛的幕府，到 1853 年时，只是个运转失灵、琐务缠身的官僚机构而已。1853 年以后，它不得不加强沿岸防务并抓紧进行军事准备，但这不仅已经太迟，并且不够，何况对于捉襟见肘的财政来说，还是很大的消耗。因此幕府也发现自己无力坚定地对付外来危机，对国家事务，也失去了过去的权威。另外，德川领袖们在如何处理问题上又意见不一。负责日常政策的老中倾向于实用主义，接受和外国妥协的必要性。也有为了私利，不惜任何代价以保持锁国政策的。天保危机已经把水户的德川齐昭这样的大名作为幕府的批评者而推向前台，在对待外国的问题上，齐昭更是不肯妥协让步。他声称日本将来唯一希望是准备作战，动员全国力量，把外国人赶出日本海岸。他号召幕府要在全国范围内唤醒人民，迎接外国挑战。 255

在 1853 年的危机面前，首当其冲的是主要的老中阿部正弘。他是个开明而有魄力的官员，他意识到虽然"征夷大将军"应该维持锁国政策，保卫日本不受外族侵犯，但幕府要在此时试图赶走美国人，已经是不可能的。这时的幕府不再具有独断专行、坚持自己政策的机制。将军变成傀儡，老中们在德川诸大名中胆怯地寻求共识。阿部在这个从未有过的新问题面前，缺少果断的应付能力，就在幕府和全国广泛地"征求意见"。他给所有大名（包括外样）写信，要求发表意见，也给天皇朝廷呈递了报告。这个办法在当时情况下是合理的，但也有不幸的结果——第一次把幕府政策当作公众讨论的东西了。在我们知道的大约 50 封回答中，34 封要求拒绝佩里的要求；14 封模棱两可，但是希望和解；只有 2 封公然鼓吹对外商开放贸易。阿部没有受命去与美国人和谈，而鼓吹军事行动的大名只有八个（其中有水户齐昭）。在这个基础上，阿部建议妥协。对佩里他尽量缩小让步，同时在国内实行强有力的备战政策。

256　　　几乎阿部的每一步骤都遇到新的困难。1854 年缔结神奈川条约。它的条款规定开放下田和箱馆，以便美国船只补充水、煤和食物，保证要好好接待美国水手，并同意美国任命一位领事住在下田。这个条约并不是很大让步，但是给日本的锁国政策插进了一个楔子。同时，向大名征求意见，也把涉外问题交给了群众，使四面八方都来批评幕府或给幕府出谋划策。阿部努力争取强有力的大名支持他，指派水户齐昭为负责国防的官员，并咨询其他旁系大名以及外样大名的意见。很清楚，幕藩制不是为联合的国家设计的，它只适合将军的独断独裁。阿部努力要让大名主动地支持幕府，结果只能削弱将军的地位。他废除了传统的对藩的军事设施的限制和造船吨数的限制，本来是出于改进国防的考虑，结果却损害了幕府的绝对地位。阿部很知道幕府必须保持它的军事领导。1854 年他从荷兰订购了军舰和武器，主要港口也都设置了炮台。次年长崎开设了一个海军训练学校，有荷兰的教师。江户也有一座西式的军事训练中心。1856 年又为翻译西方书籍而创建了翻译局。这些设施未免简陋而不及时，对已经不稳定的幕府财政，都是沉重的负担。1855 年一场地震毁坏了江户的若干部分，幕府的关键人物也遇难身亡，财政进一步受到损失。水户齐昭在老中里不得人心，一般谱代形成帮派，反对幕府听取外面意见。1855 年阿部把首席老中的职位转给崛田正睦（1810—1864 年），希望能弥合德川内部的裂痕。

　　同时，和外国列强周旋，仍然是头痛的问题。美国在下田的总领事汤森·哈里斯（1804—1878 年）坚持要压服幕府官员签订一个商务条约。和崛田正睦会面时，哈里斯力陈贸易的好处，并用历史证明其论点。他说中国是在大炮的逼迫下才开放的，而英国正和中国进行第二场战争（1857—1858 年的第二次鸦片战争），这一次英国会得到更大的让步。崛田正睦相信开放日本贸易势在必行，就决定签署哈里斯提出的条约。他还不惮其烦地向大多数的幕府官员和谱代述说自己决定的明智，又向主要大名发出第二次的信，证明此时的国内情绪肯定较以前有利。于是在 1858 年初，崛田就动手起草一个能令人接受的条约。达成协议的最后条款有 14 条，包括互派外交官员，除下田和箱馆以外，在横滨、长崎、新潟和兵库这些地方自由贸易，外国人可在大阪和江户居住，实行常规的税率及治外法权。

　　要签订的条款一旦宣布，反对就来自四面八方。水户齐昭又是反对派的首脑。崛田无奈，亲自到京都去求得天皇的批准。但是，也没料到在这里遇上了障碍。过去温顺的朝廷大臣忽然发现自己的地位在政治上有了重要性，同时又不了解世界形势，就拒绝了他的请求。

　　到 1858 年，京都突然成了国内政治的焦点。不仅幕府把天皇公开推到制定政策的进程中，幕府内和大名中的宗派主义也到了京都，并争取天皇的认可。正在此时，德川的宗派主义突然因为一场内部争论而加深了。1858 年，家定将军逝世而没有继承人。在最大的谱代井伊直弼的领导下，老中和其他谱代大名都拥护纪伊的藩主德川庆福。德川的同族和另外一些谱代大名则赞成德川齐昭的儿子一桥庆喜。于是这个继承问题，就使对外政策上的争论，进一步分化。德川齐昭要打击崛田正睦的工作并为儿子谋得继承权，竟到朝廷上去请求支援。这样就使朝廷插手了原本是幕府内部的问题。换句话说，德川齐昭开始用天皇的名义打击幕府。

1858年，意料之外的事态转折促使老中行动起来。仓促中井伊直弼（1815—1860年）被任命为大老去主持幕府政策，处理派别活动。井伊是1853年鼓吹取消锁国政策的两个大名之一，现在他着手不经天皇同意，就和美国签订商业条约，而且武断地以对德川庆福的偏爱，解决了继位的争端。在短短几个月里，他和五个国家签订了贸易条约，结束了日本200年的锁国政策。同时，为了平息江户的派性活动和京都的阴谋，井伊直弼罢免了许多同情反对派的幕府官员，把水户齐昭、一桥庆喜和包括尾张、土佐、萨摩的大名们软禁起来，并且处决了像吉田松阴、桥本左内这样的鼓动者或对幕府的公然批评者。通过这次的所谓安政大狱，井伊直弼坚持了幕府传统领导的权威，国内国外的问题似乎已经解决。

但是，平静不过是表面现象。井伊的行动只是使宗派的反对转入地下，而他武断地树立幕府权威，使人们心中郁结了仇恨。第二年外国人开始在横滨居住，外国的外交官又到了江户，反幕府和反外国人的情绪在全国聚集起来。1860年3月，一群水户的武士，仇恨井伊对他们藩主的待遇，并且不满他的外交政策，在江户城的一个入口处，刺杀了井伊。井伊之死对幕府的士气和权威是个致命的打击。对幕府来说，这是它末日的开端，此后的一切努力，都是为了和解与妥协了。在日本全国，这次暗杀也为此后的进一步行动发出了信号。安政大狱带来的平静，突然爆发为暴力。

1860—1863年这几年中，恐怖行为指向在日本居住的外国人和幕府及藩的掌权者。这时日本各处都出现了一种新的极端主义的鼓动者，他们动辄为一个主张而动刀。日本人称之为"志士"。虽

然来自全国各地，这些志士却有相似的背景。青年时代他们曾为 19
世纪 40 年代的国内危机和来自国外的日益增长的威胁而激动，在
各自的藩里受过军事训练和国民教育，有奉献精神和使命感。其中
的佼佼者就被派或自愿去江户深造，聚集在某些著名的击剑学校
里。在这里，他们许多人和藤田东湖（1806—1855 年）这样的水
户思想家有接触。水户的藩主水户齐昭坚持维护国家尊严及军事上
必须有所准备的政策，天皇就是日本的象征的主张也日益加强，故
而在训练过程中，这些人也得到有力的政治思想训练。佩里高傲
地侵犯日本土地，特别刺激这些日益反对异族、亲近天皇的人。因
此，在 1853 年以后的几年里这些人带着"攘夷"和"尊王"的口
号回到各自的藩。其中一些人成了新的保卫藩的力量的组织者，另
一些人成为他们大名的顾问或者当联络员，在各藩之间传递消息。260
这是当时政治和军事变化产生的新职位。这种职位需要青春和活
力。另外也有人不满而去，直接从事鼓动，常常要求离开藩主而去
做浪人，以便能自由地使用腰刀而不使主君为难。也就是这种志士
刺杀了井伊直弼。这种志士在 1862 年几乎把老中的领袖安藤信正
置之死地，1861 年刺杀了汤森·哈里斯的荷兰翻译休斯根并攻击了
江户的英国公使馆。1862 年，一个名叫理查森的英国人被萨摩大名
的卫兵杀死，而长州人又在横滨向外国人动刀。1863 年初，长州
人焚毁英国公使馆。同年稍后，长州沿岸的炮队向下关海峡内的美
国、法国和荷兰的船只开火。

　　恐怖主义的行为在西方代表中和本国政治上，很快地得到回
响。外国列强决心要求按照条约不折不扣地执行，并采取强硬手段
报复对他们国人的残暴。而且，幕府已经没有能力执行条约（事实
上幕府已经开始谈论关闭横滨的必要），外国代表们决定直接把信
件交给若干藩及朝廷。1863 年，英国舰队轰炸鹿儿岛，烧毁了它的

城市以报理查森被杀之仇。一年以后，联合舰队（主要是英国的舰队）击败长州炮队，重开下关海峡。1865 年，为了取得天皇对通商条约的批准和赶快开放兵库，联合舰队再次显示海军实力，开进了兵库湾。联军代表在大阪和幕府官员会见，强迫天皇签订了条约。

就是在这几年里，日本国内的政治形势也正经历着深刻的变化。在恐怖活动和西方压力的氛围中，有权势人士（包括幕府官员和大名）在惊吓之余，只有用普通办法维持现状。1860 年后，幕府首脑承认失去了国人的支持，转而公开地利用天皇的支持，同时为自己的利益而与大名联合。渐渐地将军日益依赖天皇进行工作。1862 年作为一种让步，大名一桥庆喜被提为将军的辅佐，而他曾经是将军的政敌。这时参觐交代制度也大大地修改了。几乎在一夜之间，政治活动的中心迁到了京都。1863 年将军在天皇的要求下访问京都，恢复了朝廷的声誉。将军现在只好寻求政治妥协，和大名联合，在天皇主持下决定国家政策。所谓"公武合体"就是 1864 年达成的协议：将军以天皇的名义掌管国事，一个由大名组成的顾问团参加决策。但它缺少团结，不能作为一个团体议论国是，不到一年就解体了。

到 1864 年，联合的办法不成功，而国内领导的危机进入了新的紧急阶段。很明显，权力平衡的真正变化不可避免，德川幕府在国内遭到更大的反对。少数的藩由于最近的财政改革，或由于它们大名的强有力领导，得以实行了军事的基本改革，从而增加了在幕藩天平上的分量。特别是萨摩和长州由于和西方的接触，在军备现代化方面，已经赶上了幕府。在这两个藩和其他的藩中，出现了新的强有力的领导来统率新的武装力量，或者在各藩之间新出现的复杂而激烈的抗衡中充当藩的代理人。在这些新的代理人中，许多人具有志士的性格，他们倾向于把自己的藩拉进反幕府、亲天皇的运动中去——这个运动正朝着朝廷涌动。1860 年以后的几年中，事实上有些人已经在自己藩内领导亲天皇运动，因而 1864 年随着保守的联合企图遭到挫败，这个国家已经陷入自由的政治竞争之中。当大名的思想对未来还相当保守时，他们的活动分子、代理人和官员正在向取消幕府、创造一个天皇领导下的新政府前进。

1864 到 1866 年间，日本的各种团体显然都在探索幕藩制度的弱点。随着年轻的朝廷贵族像岩仓和三条都在秘密地反对幕府，京都就成了勤王者鼓动的温床。幕府的主动权已经让给同族的主要家族，只能努力维持现状，而这也不是容易办到的。它两次要派武装远征军去长州，因为长州要在京都搞暴动。第一次的远征取得了有限度的胜利，结果只是在长州设立了革命的领导。看来有必要进行第二次"严惩"。但在发起第二次远征之前，1866 年 3 月，萨摩和长州的代理人（萨摩的西乡和大久保，长州的木户和高杉）订立了互相支持的密约，虽然他们过去是不和的。长州的第二次远征，对幕府是灾难性的。长州部队用英国进口的武器装备起来，这些新受过训练的军队打垮了幕府的部队。一度强大的幕府军事力量，竟败于一藩之手，可见幕府只有尽力重树霸权或者解体。

在 1867 年初，有两件几乎同时发生的事，把政治形势推上高潮。保守的孝明天皇逝世，他 14 岁的儿子将在 2 月即位。1 月，一桥庆喜终于继位将军，此后就被称为德川庆喜。领导权上的这些关键性变化，使政治动乱归于结束。1867 年的后期，在政治斗争的浓雾中，可以看得出有三股疯狂的力量在活动：幕府拼命挣扎，要通过内部改革保持领导权；某些大名继续努力要建立一个保守的联合；日益壮大的反德川骚动，要恢复天皇政府。

庆喜接受将军的位置本来是不太情愿的。但是一旦就任，他就支持一个强有力的改革方案。这一方案是在法国指导下加强幕府。

当时法国似乎是英国的主要对手，它一直支持幕府，而英国人则支持萨摩和长州。法国公使莱恩·罗什1864年以后就在江户工作，旨在支撑幕府。这个方案既要扩大军事基地，也要用法国内阁、各部和各省的制度来重新组织行政。可惜这些改革，来得太晚了。

与此同时，庆喜在京都正努力在天皇下重建一个权力均衡的组织，希望能为将军保留一个领导位置。因此他继续鼓吹大名联合，但未成功。这时，土佐的大名怕萨摩和长州的权势日益膨胀，提出了一个解决政治组织的妥协办法。所谓土佐备忘录要求将军退位，让给一个在天皇领导下的大名会议。将军的政治权力归还天皇，但是德川的家长仍有他的土地，作为最有权力的人，还可以继续任宰相。1867年11月，庆喜接受了这个倡议。他的辞职带来了一个幕府名义下的"皇室改革"。

对这种解决办法，朝廷贵族中较为激进的分子或萨摩、长州264 及其他一些藩的积极领袖，都不能接受。1868年1月3日（按照日本历法是1867年12月9日），萨摩藩的武装分队和越前、尾张、土佐和安艺的队伍，以反对德川为名，占领皇宫，宣布新的改革，召开了一个会议。德川支持者不得参加这个会议。会上宣布天皇正式执政。按照"神武天皇时代"的模式，建立了政府，宣布废止幕府，没收其土地，庆喜降为一般的大名。这就是1868年的明治维新。

明治政变之后，接着就是一场短暂而实际上半心半意的内战。庆喜接受了1月3日的宣言，退兵到大阪，但他无力约束他的某些司令官。1月27日，德川部队要收复京都，但被装备精良的萨摩、长州和土佐的军队打败。这个在鸟羽伏见进行的战役，结束了德川霸权，正像268年前关原大战产生了它一样。这时革命政府称德川为"朝廷之敌"。一个名叫有栖川的王子受命统率"皇军"（多数是萨摩和长州的队伍）向江户进发，庆喜在江户和平投降。江户北面的会津藩，原是德川的旁系，坚持血战了几个月，在 11 月投降。幕府的海军退到北海道，一直坚持到 1869 年 5 月。德川的抵抗结束，新政府统治了全国。新的领导已经开始了广泛的政治和机构的变革。

十三、明治维新及其意义

1868 年 1 月的事件突然给德川幕府带来了末日。代之而起的是天皇名义下的新的权威中心。日本摧毁了镰仓幕府时代以来的双轨制政府，并已建立起新的统一国家。在紧急关头，天皇又回到了政府的中心。长期以来，名义上统治的天皇和实际的权威分别存在，未始非福，因为在面对外侮的危急时刻，天皇是全国新的凝聚点。旧的秩序在超常的、更古老的信念的名义下，受到攻击，而这种信念最有日本特色。日本接受西方的冲击，首先是在"复古"这个名义下，而"维新"也同时出现。新政府回到了直接依赖天皇权威的"王政"，而实际上天皇仍然处于国家机器和权力斗争之外。

维新运动不仅仅是一场政治权力的再分配。1868 年 1 月，结果成立了一个明显是保守的联合体，由王子、朝廷贵族、大名及其 代理人组成。政治变化的势头和社会及经济改革的推进，远远超过了单纯的幕府的崩溃。对策划维新运动的人说来，最重要的是强化国家、抵御外侮，为了达到这目的，他们提出了"富国强兵"的口号。到了 1871 年，在这个口号下大名被夺权、武士阶级被取消、宣布了社会平等和个人运动的自由，按照西方路线全力重建日本的运动开始了。这次维新标志着日本向近代过渡，因此它也是日本历史的关键性事件之一。

历史学家长久地、热烈地争辩这场维新的意义。在和欧洲历史比较时，一般都要问它能否叫做"革命"。19 世纪 60 年代和 70 年代，日本在政治上和文化上进行了最有戏剧性的改革，而它动作的框架在许多基本方面与欧洲近代革命有所不同。日本没有什么社会对抗，也没有什么点燃法国或者俄国革命的那些政治思想。街上没有暴民，也没有人头滚滚落地。不可否认，经济及社会因素与维新时代许多事件有关。当时也有农民暴动，虽然人数和暴乱程度都逐步增加，但始终是地区性的、非政治性的，没有引出社会或政治抗议的普遍性口号来。商人对所受限制虽有不满，但大体上在经济方面还有足够的用武之地。虽然在反对幕府的领导者中有农民和商人，但明治维新既非资产阶级革命，也不是农民革命。这次变革的主要领导另有来源，他们来自武士阶级内部。可以把反对德川的运动和俄国早期的革命运动，进行有限的比较；要是把维新和晚期的俄国革命或法国革命之间做一正确比较，那就困难了。整个维新时期有两个突出特点：全国都有一种压倒一切的外国危机感和武士阶级涌现出来一个新的领导力量。 267

　　危难时刻自然会把伟大人物推上历史舞台。日本从来没有比 19 世纪 50 年代到 80 年代产生过更多能干的领袖了。正是这批人推动了维新运动和后来的改革。他们的动力是什么？为什么正在这个时刻出现？可能这是有关维新的最基本问题。如果说他们出自对天皇的忠心，或者说主要是想赶超西方，那未免太简单了。E. H. 诺曼有一种理论，风行一时。他说这些领袖来自对政府心怀不满的低层武士阶级，他们的活动很少阶级意识，但间接地代表了资产阶级革命的原动力，这个论点新近也被学者否定了。维新运动的领导者来自武士阶级的许多阶层，他们的行动没有什么阶级意识或集体的动力。他们本身也不认为要利用自己的阶级达到革命的目的。在战后日本的学者中，最普遍的说法是维新运动代表武士阶级重新巩固的运动，要在农民骚动和商人资本扩张面前保持对国家的统治，也就是说这是一场走向政治绝对主义的反革命运动。很明显，这又是把日本历史放在一个不合适的欧洲模子中来考察。

268　　我们必须就一群背景不同的个人和不同的野心来看维新运动背后的动力。这场运动的领袖有 100 多人，而需要我们考虑的只是其中一小部分：

来自朝廷的：

三条实美（1837—1891）

岩仓具视（1825—1883）

来自萨摩的：

大久保利通（1830—1878）

寺岛种臣（1833—1893）

五代友厚（1835—1885）

西乡隆盛（1827—1877）

黑田清隆（1840—1900）

松方正义（1835—1924）

来自长州的：

高山晋作（1839—1867）

木户孝允（1833—1877）

大村益次郎（1824—1869）

伊藤博文（1841—1909）

井上馨（1835—1915）

山县有朋（1838—1922）

广泽真臣（1833—1871）

来自土佐的：

板垣退助（1837—1919）

后藤象二郎（1837—1897）

福冈孝弟（1835—1919）

　　坂本龙马（1835—1867）

来自肥前的：

　　江藤新平（1834—1874）

　　大隈重信（1838—1922）

　　副岛种臣（1828—1905）

　　大木乔任（1832—1899）

来自其他方面的：

　　横井小楠（1809—1869）熊本

　　胜海舟（1823—1899）幕府

　　由利公正（1829—1909）福井

　　井上毅（1844—1895）熊本

　　关于这帮人，我们可以很容易地概括出几条来。他们大多数来 269
自日本西部的外样藩，有反对德川家的传统。他们是特别年轻的一
群，1868 年时一般才 30 岁出头。大多数是在武士阶级的下层成长
起来的，虽然个别的像木户属于较高阶层。作为青年，他们精力充
沛、雄心勃勃，大多数是在藩里，特别是通过军事服役而晋身这一
传统发展事业的道路的。由于不是占有土地的贵族，他们成功的野
心，只能通过政府服务来满足。幕藩制度的分散性，使他们有许多
政治舞台来表现自己。像在革命以前的美洲，日本的创业者也学会
了在领导国家之前，先领导好自己的地区。

　　维新领袖的特点是一律受过高水平教育和特殊训练。大多数都
在自己的藩内以军事技能或学问而得到承认。结果他们在青年时代
就有活跃的业绩，例如作大名的顾问、外交代理人或是新军队的组
织者。军事方面的业绩，也许是最普遍的。西乡、大村、江藤、广
泽、板垣和许多别人，都是第一流的大名部队的军事领袖。伊藤被
任用为翻译，木户是大名的顾问，这些人所受教育也很值得注意。

他们从小就按武士要求接受严格的军事训练（其中有许多人成为出色的剑客），目的是培养实干能力和尚武精神。在智力方面，他们所受教育首先是儒家的，侧重忠诚和对社会的奉献。因此，他们个人的抱负虽然强烈，对国家问题也十分关心，效忠上级权威的思想也被反复教导。他们是志士，大多数都有挽救国家、效忠自己大名270 的愿望。但是几乎没有顽固不化或政治上盲目的。到 1868 年，有一些人曾经出过国（五代、伊藤、井上去过英国，胜曾经坐日本船横渡太平洋），还有别的人在日本国内就和西方人有过联系（大久保、西乡及大隈曾和英国翻译萨托长谈多次）。虽然大多数志士1853 年是激烈的排外者（伊藤曾参加 1863 年对英国领事馆的袭击），但最狂热的分子早已被杀死，而存活的人到 1868 年都信服了西方文化的优越性。几乎全部明治领导者都有这种心理变化，在许多情况下，他们由复古者变成维新者。

1867 年时还很难概括出这些维新领袖的全面目的。事实上这些人仍然是有不同性质的团体中的个人，有的为自己的藩工作，有的就是个人鼓动者。他们中有许多在击剑学校时相识，有的是代表各自封地进行谈判时认识的。但是，他们并没有采取一致行动的计划把他们联结起来。作为个人，他们还不够强大，只有调动藩的力量、利用上级的威望，才能发生影响。他们中许多人仍然是藩指派的部队的司令官或者是大名的政治代理人。所以第一步就是先消灭幕府并代表他们的大名控制天皇。完成了这一步以后的两个目标就是掌握国家的权力并强化它来抵御西方。在达到这两个目标的过程中，个人的野心和政治家的才干，把活跃的代理人推上领导地位。在这个地位上，他们就能领导国家走向根本性的变革。

在 1868 年的最初几个月里，新政府不过是一个被萨摩和长州的强大力量和朝廷的声望联系在一起的联合体。为了稳定，土佐和

肥前也加入了这个联合体。因此有"萨、长、土、肥"这个词表示
四个主要的藩。但其权力均衡还是不稳定的。在大名和高级朝臣为 271
新联合体提供的公开门面的背后，被委以政府实际事务的武士活跃
分子逐渐结合到一起，形成为寡头政治。一个超越形式的政府，在
诸藩之上产生了。但他们小心行事。

1868 年，德川家族被没收的土地组织为县和府，来自西部藩
的年轻领袖被任命为地方长官。同时，中央政府派代理人到 273 个
藩去，以谋求其行政划一，并和中央指示保持一致。在 1868 年里，
通过一系列的对中央政府的改组，挂名的朝臣和大名从有威信的位
置上降下来，活跃的领袖取代了他们。在这些新领袖中，萨摩的大
久保开始成为领导力量。1869 年 3 月，大久保感到进一步中央集
权的需要。在萨摩和长州抽来的军队形成的皇家军队足够强大以
后，大久保和木户就说服萨摩、长州、土佐和肥前联盟四个主要的
藩，把他们的领地和封号还给天皇。别的藩也仿照遵行，于是废藩
的第一步就完成了。虽然藩在名义上存在，它们是被作为统一国家
的一部分对待的；大名改为知藩事而存在，理论上是由中央政府任
命的。

但是，还需要进一步加强中央集权。1871 年春，在木户、井
上、山县、大久保、西乡、大山、三条和岩仓参加的秘密会议上，
终于作出取消藩的决定。得到前任大名的默契合作，又用主要联合
体中诸藩的部队加强中央军力，这一行动就算准备停当了。1871 年
8 月，天皇把前任的大名们召到面前，发布了取消藩的命令。原先
的领地都改为县，由新任命的长官领导。原来的大名都领养老金退
休。取消藩的部队和警卫。从前大名的城堡司令部也被中央政府没 272
收。总共出现了 305 个新的地方行政单位，但在这一年末，合并为
75 个，都由中央任命的知事管理。如果有人反对这一行动，他们也

没有表达的机会。大名只有驯服地退休，在新京城度过徒有虚名和养老金的生活。这样，日本就变成了一个完全集权的国家。此后新的领导人以掌握全权的姿态出现，寡头政治得以进一步推行改革，没有遇到任何反抗。

正像大化改新的后果，日本人又进行了一次政治结构的改革和权力再分配而没有革命。为什么大名，特别是那四个最强大的大名，竟如此乐意地通力合作去取消自己的地位呢？他们不是没有反抗的能力，也不是愚蠢到不知道什么会发生。一般的日本人和他们自己的解释都说是出于对天皇的忠诚，但是，我们如果接受这个答案，以为它足够圆满，那就过于天真了。更可能的是压力和诱因都有，正像在 7 世纪那样。首先，废藩的步骤是缓慢的，而且开始时也不明确。每个步骤都是先从中央获得兵力作准备，所以每个步骤也越来越难以抗拒。不过，给大名的交换条件也并不难于接受，没有断头台等待着。相反地，这些被废的大名，在豁免公务负担的同时，还享受优厚的财政安排。甚至于藩的旧债和纸币，也由新政府承担了。政治上的变动不太剧烈（连德川庆喜也享受舒适的安排，1903 年成为公爵），再加上西方列强的存在所产生的国家危机感，这就给少数有志于重建日本的人提供了条件。

十四、近代国家的诞生

随着改革而来的相对稳健的政治变化，意味着创造一个新的政 273 府机构不需要政治机器的全盘重建。幕府和藩皆已取消，但利用许多旧的权力渠道和存在着的行政机器，仍是可能的；因而可以用渐进的变革去满足近代的需要。1868 年维新领袖们面对建立一个近代国家的需要时，他们意识到两大先决条件：第一个是现实的，要维持权力并得到全国的拥护；第二个是长远的，要使政府有持久而高效的形式。

这些压力都堆在政府身上，而领袖之间又有不一致或矛盾的意见。去过外国的鼓吹以代议制为原则的新型政府；对国内事务要抓紧不放的，则倾向于传统的独裁主义。新领袖们注重实效地处理这些问题，在传统和革新之间、中央集权和不同利益的代表性之间，采取了一条颇为巧妙的路线。

面对一个控制尚不巩固的国家，同时对德川的军事行动结果如何也尚不肯定，新政府于 1868 年早期就在国内宣布了两个行动争取更广泛的拥护。3 月，它召集所有藩的代表开协商会议。4 月，274 发出所谓"誓文"，这是以天皇的名义发布的五项条款，阐明政府将要采取的新宗旨。这个文件很笼统，有的地方措辞模棱两可，是由利和福冈起草的。这两个人都是深受西方政治思想影响的。后来又经过了木户的修改，强调了四个主要点：政府政策要以广泛的协商为基础（当指各藩利益集团之间），个人有自由追求各自的希望，国家利益超越于所有其他利益之上，"过去的低级的风俗习惯"必领代之以西方的近代做法。

两个月以后，起草了国家宪法和行政法规，是为第一次试验行动。福冈和副岛准备的政体书是一个传统官僚形式和西方代议制与分权制的怪诞混合物。在它的规定下，成立了一个新的中央政府机关太政官（因而使奈良的旧制复苏），有权执行所有行政权力。政府的活动分为七个部门。这些部门中，立法部门又分为上下两部：政府官员的委员会和各藩代表会的公议所。其他的部门有行政、神祇、大藏、兵部、外务和民部等省。此外还设立了司法部门以实现三权分立。

新政府夺得了江户，也就是把德川的"天领"变成自己行政的主要根据地。因为这个原因，还因为江户是真正的政治中心，1868年下半年新政府把它的机关都迁到江户，并改名东京。1869年初，天皇被安置到幕府的城堡中去，备极豪华。1869年8月修改政府结构，进一步沿着更传统的路线，加紧了对中央各机关的控制。领导者废弃了权力分割的思想，采用了一套更近于奈良旧制的做法。神祇官和太政官并列，各藩代表会议仍然保留，虽则在解散之前，只举行过一次。政府的主要运转集中在参议和六个省（后来改为八个省）。这些省是民部、大藏、兵部、外务、皇家、司法、公共事业和教育。这时，大多数挂名的政府官员已取消，真正的幕后新领袖，作为参议或各省的正副长官公开出现于群众面前。寡头政治开始形成，它不到20人，几乎是平均地从朝廷和四大主要的藩抽出来的。而在中央政府的下层中，来自萨摩和长州的人占有优势。日本人因此称之为"藩阀"政府。太政官制度一直有效，直到1885年采用内阁制为止。此外也进行过小变革，例如在1871年取消藩以后，1873年民部改为内务省。大久保是当时政府中最强有力的分子，他离开大藏省去主持内务省，其重要由此可见。内务省有权统辖县知事和国家警察，成了维持国内安定和推行某些最有争论的改革的主要机关。

如果明治领导者不能把他们的控制系统延伸到地方上去，这些政府中央机关的变化，也不会有什么影响。1868 年，新的天皇政府要把分散的大名领地、德川辖地和许多朝廷及寺庙土地统一起来。276 表面上虽是超人的难题，而实际上行政工作已经足够统一，所以要同化为全国的县制是相当容易的。上面已经看到藩如何逐步地变为县。1868 年中央政府首先渗透到藩中，为他们接受中央领导作准备。1869 年大名把他们的领地还给皇家，但继续在位，称知藩事。1871 年藩改为县。几个月以后，这些县归并为 72 县和 3 个府（1888 年这些县又进一步并为 43 个县）。到 1873 年，随着内务省的建立，大多数的县知事都是从东京精选出来的（许多是萨摩或长州人），地方行政就这样完全处在中央的控制之下。

在各县之内的城市和乡村的较低层次里，也进行了类似的、审慎的合并。随着藩的取消，在整个政治调整时期，高级当局努力握住权柄，连收税都进行得不曾间断。1871 年全国分成许多同样大小的方块，称为区，目的在于把地方行政改得更为合理。这些区原意是人口普查和地籍情况的新的准确的单位。有一段时间，中央政府要以这种人为的新单位为基础搞一套地方行政制度。但是这个设想失败了。1877 年以后，政府又回到更为熟悉而和谐的安排上去。这时，按照奈良时代的郡把县分成中等大小的单位，其下又分为熟悉的单位町和村。但是新的乡村比德川的社区大，是几个原有的单位合并而成的。在这个新的制度下，德川的乡村一般都保持原来的名字，叫作字。

人们也许奇怪，为何县政府和地方政府的逐步加紧控制没有遇 277 到从前藩和乡村领袖的反抗。有一个可能的原因是 1868 年以后旧的藩和乡村的制度遭到破坏的同时，也为许多有志的武士和乡村的官吏提供了各式各样的新机会。东京对能干的藩官吏成了主要吸引力，而县政府也为从前的藩武士和有能力的乡村领袖提供了就业机会。此外，新的领导又巧妙地安排了一些新的地方会议（大半也是没有实权的），作为安全阀门。这种会议吸引了许多有政治野心的个人的精力，而不危及中央的权力。在政体书下产生的藩议会，甚至于给小藩一种参与了新政府的意识。1871年，政府鼓励在新县的下层设立会议（即协商会议）。在全国范围内，这种会议很快地在村、町和县的层次出现。因此，乡村会议就成了地方上有影响的人物（一般是原来的村长）的贮藏所，否则他们就会没有任何身份。町会议的成员是由乡村会议抽上来的，而县会议又是由町代表组成的。这些团体既有责任发表政治意见，也是政府的代理人，政府要通过他们在许多有争议的改革（如土地所有权和税收）上取得支持。既然这些会议的权力只是辩论，对东京作出的政策，就没有任何障碍。

新政府对农村能维持有力而持续的控制，最重要的结果之一是它在较短时间内解决了最困难的经济问题。事实上，明治政府的经278济措施（虽然不如政治方面明显），同样有助于新政权的最后稳定。1868年初，中央政府没有独立的财源，在年初的几个月里，它不得不依靠某些藩的支持，并向大名的财务代理人强迫贷款。1869年，新政府已经从过去德川的土地上得到收入，但它只够全部支出的一半。发行纸币的办法补足了临时急需。废除藩后，形势稍有好转，但政府又承担了从前藩的债务（约7,813万日元），并要付给大名和武士养老金（1.9亿日元债券和2亿日元现金）。1871和1872年，伊藤和大久保实行财政改革，以十进制改革币制，用元作硬币单位。这时候采用了美国中央储备计划的银行制度，使政府机构能吸收债券以为发行新货币的基础。日本借了少数外债，其中之一就是向英国借了 240 万英镑，这对稳定局势也很起作用。1873 年土地税的改革把政府引上财政长期稳定的道路。

人们一般都把 1873 年日本土地问题的解决等同于俄国解放农奴的措施。但没有一件事比日本历史上这第一次近代土地改革更能说明 19 世纪中的日本和封建欧洲情况的不同了。在日本要土改的动机主要是经济的，而不是社会的。农业税制度的集中化和合理化是主要原因。为了这一目的，采取了三个新步骤，彻底修改了德川的办法。农业税由个人交纳，而不是由村交纳；纳税多少根据土地价值而定，不是看收成；农业税交给中央政府，而不是交给大名。为了实行这次修改，必须明确土地的所有权，新的地契也发给了在德川制度下负责纳税的人。由于武士阶级早已没有土地权了，这意味着新的解决办法没有遗留任何封建集团要对付。只有一些山林土地还在大名家族、宗教团体和少数高层武士手中，原先的"公有土地"都被政府没收了。

日本就这样开始发展一种新的近代土地基础，而经济成分是它首先的决定因素。但是，这个新制度把德川时代晚期佃农制的某些情况带进了明治时代。它没有引起圈地运动，也没有大资本经营的大农场；精耕细作伴随着高度佃农制，一直延续到近代。随着土地转让限制的取消和新税法的建立，耕地流入富裕地主手中的现象实际增加了。据估计，到 1873 年，四分之一以上的土地是佃农耕种的。19 世纪 90 年代，这一数字上升到百分之四十。在这种情况下，很大部分的日本农民没有正式佃农合同而以实物交租。

归根到底，自然是明治新政府集合武装的能力使它有力量采取改革措施，并代表国家、保卫国家。由于维新的武士领袖或者是武官，或者是受过相当军事训练的人，他们驾驭兵力和了解军事需要的技巧是相当高的。在很大程度上，幕府的覆灭是由于国内掌握最新西方战争技术的人对它的打击。1866 年长州挫败幕府，部分是志愿军奇兵队的功劳。这个队里既有平民，也有武士。1868 年德川军队在鸟羽伏见溃败。这两次反德川力量都是以精良的装备和现代化的训练手段取胜的。着手改革以后，明治领导者不得不注意自己的武力。首先是完成对德川的征服，此外就是在一个仍然存在着藩的军队的国家里，如何行使统治权力。

从 1868 到 1869 年底，绝大部分为明治皇家政府进行的战斗，都是由藩军在中央指挥之下进行的。1869 年设立了作战部，由长州的军事天才大村益次郎领导。大村建立了军事学校和兵工厂，为现代化的国家军队打下了基础。他主张国家军队实行征兵制，但未得到采纳。1871 年初成立了约有万人的御亲兵，这些兵都来自萨摩、长州和土佐，并由西乡隆盛统一领导。同时，大村益次郎已于1869 年遇刺身亡，由山县友朋继任，他也是长州来的。山县从欧洲考察归来以后，就推行法国模式的军事制度。1871 年夏取消了藩的制度，原有藩的卫队都编为中央领导，所有武器及军事设施都国有化，与地方无关的国家军事力量得以建成。1872 年年末，实行征兵制的计划完成，1873 年春公布征兵法。这项法令巧合地废除了武士阶级和平民的区别，所以有划时代的意义。兵役法规定所有 21 岁的男子都在登记册上，有义务服三年现役和六年预备役。家长、嗣子、官员和某些职业，不在此列。交纳 270 元可以免去服役。全国分成六个军事区，和平时期有部队 46,000 人。在短短几年中，日本就创造出一支按照欧洲征兵和组织制度的征召部队。

征兵法的社会影响与任何明治早期的维新同样广泛，因为它消灭了武士阶级的最终特权。维新以来，明治政府的若干行动都引出社会革命，虽然人们也许认为它不是有计划的行动。维新领袖是否受到任何明确的社会政策的影响很难说，但在维新时期没有平等原则的强烈表现，则是肯定的。年轻的武士一定为阻碍他们自由活动的限制而沮丧，而他们确是在誓文中写下了自由职业的要求。不过，比这些抽象原则显然更重要的还有国家的概念。"富国强兵"的思想只是偶然地和社会政策连在一起。因此社会平等的行动，往往是其他更有实际原因的措施的结果：取消阶级的樊篱是希望得到自由录用的结果，取消德川对农民的限制是随着新的纳税法而来的，取消武士阶级是建立征兵制军队的副产品。另一方面，对原来的武士和大名提供特殊待遇，还延续了一段时间，甚至于产生了新型的贵族。现代化的日本在适当情况下，还继续接受社会的等级观念。

但是，近代日本有意识地采用了革命的社会变革。原有的四级制废弃了。在这自由经济的社会里，财富、教育或政治地位成了威望的新尺度。紧接着这些变化就是人的能量的强大释放。引向取消阶级限制的措施首先是 1869 年的简化阶级成分。朝臣和大名被指定为华族，武士被指定为士族或卒族，所有其余包括秽多和非人的各阶级都归并到一起，称为平民。不久，大多数士兵也被归入平民身份。1870 年也允许平民有姓，并自由选择职业和住所。过去的武士可以和贵族通婚。到了 1871 年，是否佩带腰刀也可以随便。藩被取消以后，过去的武士显然失去了职业。但作为一个阶级，他们仍然保留着一笔承袭下来的收入。这笔收入是政府发放的养老金，它相当于原来收入的十分之一到一半。

可以想象，安顿武士给政府带来的负担是巨大的。士族和华族大约有 200 万人（458,000 户），而他们的养老金就要用掉政府每年支出的三分之一。因此，政府就把他们的养老金改为一次付清。这一工作完成于 1876 年，强制地把养老金改为 4—14 年内一次付清的有息债券。总数 1.7 亿日元的债券发下去，每户平均 550 日元，这个数目根本不可能用它的利息养活大多数家庭。因此，大量的原来武士从旧日的位置上跌落下来，不知所措，只好在一个新的世界中自谋生路。事实上，1873 年的征兵法令已经降低了他们作为军官阶级的世袭身份，1876 年禁止他们佩刀，他们的特殊服装和发型也不再时髦了。在维新以后的一段时间内，自然也有人进入了新的中央政府和地方政府。另有一些人在新的军队或警察中当了官。有的人找到职业或从事工商，但大多数则在经济上和社会地位上下降，沦为普通工人甚至乞丐。坚决推行改革的原先的武士们对新政策使老伙伴遭到贫困，也不是无所觉察，他们通过中央政府和各县机构，努力以慷慨的条件帮助过去的武士进入商业界、开垦土地，或由政府开发新工业，北海道的开发有一部分原因就是为了帮助武士。

283

消灭武士阶级和带来许多其他根本性改革的政策，不可能在政府中得到所有领袖的一致支持。政府目标是建立强大的国家，在这一点上是联合一致的，但如何进行，就有不同意见。此外，在全国范围内，有许多不满意的个人聚在一起，用他们所知道的唯一手段暗杀和暴动来表示不满。兵役法和修改税收的法令，在许多农民中引起对政府的盲目反对。以往免除兵役的阶级，最怕征兵制，把它称为"血税"。1869—1874 年间，农村内的暴动平均每年几乎 30 起。

但是，对于政府来说，原有武士阶级的反对是最感困扰的。特别是 1871 年以后，由于藩的取消、萨摩和长州对中央政府和各部的垄断，怨恨越来越大。要求政府有更广泛的代表性、对政策应有更公开的辩论、保存藩的制度和武士身份的呼声升高。在政府内部，这些问题随着朝鲜问题而出现危机。有些政府领袖对和朝鲜作战颇感兴趣，特别是西乡和板垣。1873 年，岩仓、大久保和其他重要官员到西方去旅行，在国内的其余领袖作出了和朝鲜交战的决定。大久保从国外归来，更加深信日本需要国内改革和发展经济。他设法推翻了有关朝鲜的决定，结果西乡、板垣、江藤、后藤和副岛愤然离开政府。不久以后，江藤率领大约 2,500 名从前肥前的武士进攻政府。虽然他的部队轻易地被镇压，但熊本、萩和别的地方　284
爆发了骚乱。西乡早已回到萨摩，并在家乡兴办了一系列的私立军事学校，很快他就发现自己被推上了反政府的中心地位。他部下约有 3 万之众，由原先的武士组成。1877 年，西乡领导了一场重要的叛乱。东京政府用 4 万兵力和六个月时间才平息了萨摩的叛乱（日本人称之为西南战争）。叛乱失败后，西乡自杀，大多数追随者被杀。新征来的军队尽管没有经验，但在对付最后的武士反抗上却卓有成效。

十五、近代的改革和西方影响

　　到 1877 年，新的明治国家已经经受住了国内动乱的危机。它已经认可了许多社会和经济机构的重大变化，并且在西方的影响下采取了强有力的现代化政策，就要在西方化的进程上阔步前进。但是，日本传统和西方影响的相互作用，永远不完全是单方面的。从一开始，西方的冲击和日本的反应之间就存在着辩证的关系，而这种关系将延续到此后的年代里。

　　仅就政策方面而言，我们已经看到国内许多人对 1853 年以后的涉外问题，持有极为矛盾的态度。有人主张暂时结束闭关自守以赢得近代国家的国力基础；有人则公开要求驱逐外国人，同时也知道这是不可能的。到 1868 年，萨摩和长州人都深信向西方学习的必要性（至少在军事方面），并认为如果日本想避免中国的命运，主动与西方和平交往将比被迫向西方提出的条件屈服可取。此后日本的领导人经常接受让步，或出于权宜之计，或者是无力抵抗， 因此允许基督教恢复传道活动，以避免外国人的干涉。他们采用了许多西方的法律制度和法庭制度，以使西方强国放弃他们的治外法权。

　　但是，惧怕或自知软弱并非日本很快接受西方做法的唯一原因。在所有亚洲人里，日本人对西方文化和产品表现出最坦率、最强烈的爱好。他们还有极大的倾向性向西方学习知识。誓文中公开提出西方化，把它和建立强盛国家作为新政权的两大目标，事实上二者在起草人的心目中，必然是相连着的。

西方化进程开始得很早。日本一旦敞开大门，就毫不迟疑地走向国外。1860年幕府派遣了一个有80个武士官员的代表团去美国签署商务条约。这个团体由"咸临丸"号船护送到旧金山来回。这只船由荷兰制造，有日本的船长和水手。福泽谕吉曾乘此船赴美，后来他成为日本最主要的西方化的鼓吹者之一。第二个幕府使团在1862年和1863年访问了英国、荷兰和法国。1863年，长州秘密地派了五个年轻武士到英国，其中包括伊藤博文和井上馨。1865年萨摩派遣了19个人出国，其中包括寺岛宗泽和五代友厚。在这些幕府和藩的尝试之后，建立西方式兵工厂、造船厂和军事学校及外语学校的热潮接踵而至。维新以后，交流的节奏加快。最引人注目的明治政府的官方出使是岩仓1872—1873年的使团。团中除岩仓、大久保、木户、伊藤外，还有40多名政府其他领导。他们去了美国和欧洲，表面上说是为了修改1858年的"不平等条约"。代表团的长篇报告强调了日本的落后和向西方学习的必要性。同时也指出 287 日本的优势（例如没有宗教偏见）和西方国家强大起来也不过是最近50年到100年内的事，日本搞现代化充满信心和目的性。

岩仓使团之后，政府开始有系统地雇用外国顾问，希望他们参与必要的改革。幕府和有些藩早已开始了这种做法，到1875年大约有五六百个政府雇用的专家。在商务条约签订和1890年之间，总共或许有3,000个外国的政府顾问来到日本。他们请德国专家组织新的大学和医学院，再晚一些时候，就请赫尔曼·勒斯勒和阿尔贝特·莫斯（1846—1925年）这类人帮助起草宪法。德国学者路德维希·里斯（1861—1928年）在东京大学设立了一个史学研究机构。美国顾问帮助建立农业站和全国的邮政。在北海道开发中，霍勒斯·凯普伦是高级顾问。拉特格斯大学的默里于1873年被邀到日本，帮助建立小学校制度。作为外交部顾问，史密斯教给日本人一套外交技术。英国的顾问则活跃在铁路发展、电报和公用事业方面。海军几乎完全是以英国制为基础，陆军则依靠法国的教官。法国的法官居斯塔夫·布瓦索纳德在为日本采用法国的法典方面，充当顾问。日本甚至还请来意大利的画家和雕塑家来介绍西方艺术。所有这些顾问都被安排在日本政府机关中，放在日本人的监督之下，这正是典型的日本人的嫉妒和骄傲。一旦日本人觉得他们自己可以应付，就立刻结束这些顾问的任用。

288 　　自然，日本人认识西方还通过官方顾问以外的途径。按条约开放的口岸，特别是横滨和神户，成了西方影响的滩头堡。这里出现了外国社会，并带来了他们自己种种的文化表现。除了一排排的商行、货栈之外，西方社会还建造了住宅、教堂、学校和医院。这些港口社区成了中心，教育家和传教士从这里走向日本内地的城镇。西方文化对日本的侵袭是迅速而广泛的。同时有数以百计的日本私人到国外去参观、留学。

　　西方世界如此使日本人着迷，我们也不妨花上片刻时间思考一下它的本质。在一定程度上，西方世界一定比20世纪的西方对日本显得不友好。它不给日本提供援助，因为那是竞争的帝国主义扩张时代。但是，日本人一旦能抵住西方列强，就会出现另一个因素。西方以自己的宗教和进步而骄傲，也意识到自己的文化负荷和使命，就很热情地提供建议和帮助。在国际事务处于随意的放任主义时期，世界对好问的日本人是开放的。西方很骄傲能把自己的秘密和人分享。在这方面西方诸国对日本摆出一副比今天统一的面孔，而今天的西方是被一条重要的裂口分为两大阵营的。1870年西方代表着"进步、基督教和科学"。

　　不过西方也给日本许多矛盾的指点，为国家的发展提出了不同的模式。在政治组织方面，有英法的自由主义和普鲁士的君主独裁主义这两种不同型式。在价值观方面，传教士的精神要求就和科学家及社会达尔文主义者的世俗观念相左。所以19世纪70年代和80年代的日本人不但面对着模仿外国文化以达到现代化的困难，也必须决定西方生活的哪些特点最值得学习。 289

　　像在任何借用文明的过程中，所谓"日本反应"正是许多个别的、甚至于矛盾的个人或团体的行为的混合物。一方面，那些嫌恶自己过去和它的价值的人，鼓吹全盘接受外国的东西，他们说："日本必须再生，以美国为母、法国为父。"来源于当时盛行的社会达尔文主义的学说，建议日本人应该通过异族婚姻吸取高级的血液流入自己的血管。这种建议居然得到像井上和伊藤这样高层政治人物的短暂支持。日本语言的改良，甚至于作废，也被认为是"进步"的需要。狂热地采用西方办法，使他们攻击日本过去的一切。日本的政府、艺术、文学、哲学都被认为是愚昧无知、野蛮文化的产物。对许多人说来，西方的做法成为不可抗拒的时尚。他们劲头十足地穿上西服，戴上西式帽子，留起头发，戴上手表，撑上伞，学着吃肉。全国很快地采用了西方的物质文明，有时候简直是盲目的狂热。铁道和电报推行到了农村，政府的房屋和工厂也采用了新式建筑。德、法和英、美的政治和社会思想都注入了教育。有20个小组争论这些问题。

　　从19世纪70年代早期开始，对西方化基本问题的讨论就开始了。东京有许多讨论俱乐部辩论外来的最新思想及其在日本的应用。其中以森有礼在1873年创造的明六社最为重要，因为它的许多会员后来在思想界、教育界都很有影响。这些会员中有庆应大学的创始人福泽谕吉、东京大学后来的校长加藤弘之、天皇的导师西 290
村茂树、后来东京师范学校校长西周和东京女子高等师范学校的创始人中村正直。虽然这个组织历史不长，但出版了一份杂志普及西方思想并讨论日本和西方文化的主要区别。

明治现代化的早期精神在"文明开化"这个口号中表现得最好，它感召了很多明六社的知识分子，成为把日本看成处于野蛮状态的人的主题。对这些人说来，西方以它开明的文化、科学和平等及个人主义的社会价值观提供了进步的希望。在"文明开化"的鼓吹者中，福泽谕吉最为突出。他1866年出版的《西洋事情》极为流行。这本书描写了他去西方旅行时发现的神奇新世界，那里有国会、铁路、汽轮、银行、博物馆和大学。在19世纪70年代，福泽成为真正的知识分子领袖。他介绍能为日本所用的西方思想，并在国内演说改革之必要性。他最厌恶的是"封建的"社会价值观和支持它的儒家教条。他的《劝学篇》于1872年出版，包括着有名的开篇警句："上天生人没有让他高于别人，也没有让他低于别人。"1875年他出版的《文明论概略》试图为日本人解释近代文明的意义。他号召日本人把自己从过去解放出来，因为一旦获得自由，"世界上就没有什么能阻挡人的勇气和才智。"

对福泽谕吉说来，政治和教育是进步和个人主义开明特性的最好例证。但是，善于思索的日本人还要进一步探讨西方成功的奥秘。为了彻底的开化。日本人不需要像欧洲人一样生活、甚至于有一样的信仰吗？对许多人说来，基督教就成了真正的问题。中村正直是明六社成员之一，在1872年就声称没有基督教的西方艺术和技术，就是一个没有灵魂的空壳。新岛襄（1843—1890年）在美国多年，接受基督教教育，回国在1875年建立了同志社，这是一座向日本灌输基督教原则的学院。1873年取消禁止基督教传教活动的禁令以后，传教士引起了日本人的极大兴趣。有一段时间，他们在从前的武士中极为成功，许多武士把他们对大名的耿耿忠心，转到对开明的西方的新上帝上。1880 年约有三万日本人皈依基督教，而这个数字到 1890 年增到了三倍。

基督教为日本人提出了存在意识和国籍这一最根本的问题。是否必须成为基督徒才能实现现代化、才能进步？而作了基督徒就一定要放弃神和天皇？在初步繁荣的表面下，关于基本价值的斗争继续进行着。在日本的西方侨民中，对此也有不同的看法。商人和科学教师很快就把科学和宗教分开了。赫伯特·斯潘塞削弱了传教士的教义。1890 年东京第一高等学校教师内村鉴三因为自己信奉基督，拒绝给天皇的画像行礼。抗议的风暴导致内村撤职，群众对日本接受"外国宗教"的不满表面化了。

钟摆不仅仅离开了基督教，也从自由主义的思想和对西方化的过分狂热摆了回来。因为早先对西方生活的过分狂热，不可避免地会引起种族中心主义的反应。传统主义的反应永远最接近表面。19世纪 80 年代它就出来要求日本人在外国影响面前保持自己的文化。另一方面，人们也听到这样的论调，说西方文化对技术有用，但日本的精神和伦理准则高于西方，应该保留。日本的精华是它的"国体"，永远不能丢掉。反应有两种趋向，一种认为西方思想是对的，另一种则号召回到神道和儒教的精神传统上去。

并非所有知识分子（连明六社里对革新深信不疑的分子在内）对自由的福音感到放心。进一步的考虑常常是：自由会不会带来放纵？或者个人主义是否导致无政府主义？对这种人来说，社会达尔文主义的思想和德国的中央集权制特别合拍。德国的政治思想成了1889 年新宪法的主要基本原理。

恢复日本价值的最有影响的鼓吹者是在政府内部，特别是在宫内省。传统主义者把注意力集中在教育上，并努力影响教育的根本原则。在任何方面的改革，日本人都没有像在教育方面发展一个新教育制度那样行动迅速而目的明确。明治领导者知道，作为现代化的主要力量，教育是重要的。不过，一开始最重要的价值就成了问题。教育的基础是在全世界寻求知识，还是教导对国家忠诚和奉献的精神？1868 年的维新中，涌现出一批神道学者，他们以天皇价值的名义要求取消以儒教为本的教育。西方科学训练的鼓吹者成功地打击了他们。1872 年颁布学制，号召推行完全西化的初等教育制度。但是，要使以神道为基础的对天皇的支持，与儒家的个人和公众的道德原则联合起来的可能性，在日本的强国运动中，还是有潜力的。这些对抗的思想最后因为 1890 年"教育敕语"的颁布而归于统一。这个文件把神道集权主义、儒家伦理思想和教育为国家服务的近代态度，熔于一炉了。

日本面对西方影响寻找自己国家的存在价值，经历了三个不同阶段：由热情地鼓吹全面西化到吸收和修改西方文化，再回到日本传统的某些方面。由此产生的思想混合体是明治晚期的知识分子的"开明的保守主义"。这些人依然很渴望西方的进步，同时开始把为自己国家落后而感到的羞愧变为新的骄傲。这种骄傲既来源于现代化的成功，也来源于深深依赖着的传统价值。儒家的社会态度和神道的政治思想，就这样用来支持国家威信的新思想。

十六、明治宪法和日本帝国的出现

尽管明治政府采取了许多机构更新的办法，建立新政治制度的 任务却若干年未得解决。太政官制度到 1873 年带来了一个对日本政治领导者特别合适的、高度集中的政府制度。在早期迅速的社会和经济改革中，这种权力机构是有效的，1877 年，并在武装叛变中保护了自己。不过，它还面对着许多方面的反对，有两个基本问题没有得到解决。一个是通过某些宪法结构的形式，满足西方列强的愿望；一个是赢得全国人民的同意。1878 年内务卿大久保被刺，刺客说他"阻碍了公众的讨论、压制群众权利、在外交工作上有失误，降低了国家的实力和声望"。这些话代表了民权运动中反政府的抱怨，而这个运动在 1873 年以后日益壮大。

70 年代对中央政府的反对首先来自维新的领袖。他们以这样或那样原因发现自己处于领导集团之外。他们原先也是武士，希望对国家大事有更多的发言权。明治政府成了萨摩人和长州人把持的 寡头政治的说法，已经让有些人造反、有些人要求更多参与政治的机会。要求产生一个选举出来的议会，是从某些武士要求作藩的代表开始的。但它很快就变成一个强大而分布面甚广的政治运动。自由、人民政权和人民代议制的思想助长了个人政治利益和地方政治利益的要求，而这些思想是通过穆勒和卢梭的翻译作品，在日本得以传播的。

1874 年，一群因为和朝鲜作战问题而离开政府的政治领袖，发表了一个设立议会的建议书，板垣、福岛、江藤和后藤皆在其中。

板垣因而承担起政治行动的事业，推动在全国各地成立政治组织。1875 年在大阪一次集会上，他成了若干地方组织集合起来的全国组织的首脑。这个组织叫爱国社。虽然这个组织不够广泛，不能称为政党，但他们利用许多手段，例如公开讨论和报刊舆论，对政府施加压力，希望设立一个国家议会、减轻土地税和修改不平等条约。

到了 1875 年，明治政府对这个压力不得不有所反应。他们并不反对在日本政府里最后采取某种形式的代议制。木户早就鼓吹要制定宪法为国会和限制各部责任作准备。但是别的人，特别是大久保不同意。1875 年大久保改变了看法，与木户及板垣妥协，允许颁发将要逐步建立立宪政府的诏书。为了起草宪法，天皇任命的新机关元老院成立。

296   1876 和 1878 年间，元老院准备了四个宪法草案。这些草案的思想，都是非常自由的，因而岩仓和大久保不能接受。为了澄清气氛，1879 年岩仓要求政治寡头中的主要成员摆出他们对立宪政府的看法。除了大隈以外，所有人的看法都很拘谨，唯有他为了政治原因还坚持己见。大隈最后提出意见时，他主张的是与英国相仿的内阁负责制，因此和政府主要领导成员决裂，而他们则谴责他是利用民权运动谋求个人政治利益。1881 年大隈被逐出政府，其余的领导成员利用这个时机，发出诏书，约定 1890 年颁布宪法。岩仓已经草拟出一套基本原则给负责起草宪法的伊藤作指导。宪法要来自天皇，各部大臣要对天皇负责，而立法要由政府执行。显然，日本是把普鲁士当作最合适的学习楷模。

在 1881 到 1889 年间，政府领导和民权运动的领导，都为立宪政府成为现实那一天而工作。伊藤去欧洲旅行，回国时带来一帮政治学家为顾问。随着宪法的面目开始明朗化，政府提前使主要的非代议制机关运行，以为将来新政府的支柱。1884 年建立了包含五个阶层的新贵族，为上议院的基础作准备。有 500 个特权证发给从前的朝臣、大名和少数维新时期的武士首脑，这些人现在都已成为政治寡头中公认的人物。1885 年，太政官为内阁所取代，内阁里的大臣向天皇负责。为了通过宪法，1888 年枢密院成立，其中的终身大 297 臣由天皇指派。这些人在 1890 年后仍将作为天皇的高级顾问而继续存在。因此，到 1888 年时，大多数在宪法下应该有的机关，都已准备就绪。唯一缺少的就是议会，而它将是寡头政治对代议观念的主要让步。

同时，那些政府以外的人希望通过选举得到新的政治地位，也开始组织他们的追随者。板垣和后藤组织了自由党，大隈成立了立宪改进党。这些政党得到知识分子、报纸编辑、各种新的经济行业和国内某些地方的地主的支持，对议会的建立也鼓起了相当大的政治激动。他们的行动对政府造成足够的干扰，政府试图平息它。1882 年政府组织了一个它所控制的政党叫帝政党，一年以后，又给警察解散政治集会和查禁报纸的权力。板垣和大隈发现在自己的组织内部，不可能得到和谐，到 1884 年自由党解散，大隈也离开了改进党。

明治宪法公布于 1889 年，是西方政治技巧和日本传统政治思想的奇妙结合。关于政府的哲学，特别在处理君权、天皇与政府关系、天皇与人民关系这些问题时，它根据的是日本人多少世纪以来传下的"国体"原则。天皇法定为绝对的、神圣的君主，高于政府之上，是国家的化身。日本人民是他忠诚的臣民。

宪法规定政府机器是高度官僚主义的、中央集权制的。宫内省和存在于宪法和正常政府渠道之外的皇室典范，都是为天皇服务的。天皇有枢密院作顾问，他是在总理和内阁之上的。总理和内阁 298 只向天皇负责。陆军和海军大臣都统属于天皇，而天皇是海陆军的总司令，不受民事限制。地方行政由内务省直接控制，而知事是由中央指定的。

宪法规定议会和无权的地方议会倒有些小小途径，可供人民参政。议会由上院和下院组成，成员是仔细选出来的。在初选中，大约有45万人有资格参加，这仅仅是全国人口的百分之一稍多。下院是为辩论政府措施而设立的，没有真正的动议权。不过，它利用了阻碍和批评的权力，结果下院唯一有效的权力就是不投国家预算的票。又有规定：如果某年的预算被否决，前一年的预算就自动有效。这个规定又削弱了下院的权力。

但是，如果像有些人那样把明治宪法看成盲目、反动的文件，也不完全公道。虽然它保证了政权的权力，虽然它加强了保守的政治和社会的价值，它却是一个近代的文件，特别是考虑到它起草的年代。就日本自己的政治史而言，它肯定是个新生事物，它奠定了近代以法统治的基础，并且设立了日本人民能在政治上进一步发展的机构。议会的设立不仅是对反对派喧闹的让步，为了让反对派接受议会，伊藤在政府中还进行了艰苦的工作。他本人则相信他为群众真正发表意见提供了一个机构，从而能最后参加政府的决策。宪法确是为了保持政治现状而小心设计的，但比某些高级官僚所希望的独裁主义要好得多。宪法公布以后，立刻得到日本新闻界和全世界宪法学者、律师的赞许，包括赫伯特·斯潘塞和奥利弗·霍姆斯。[1]

宪法里有两条特别有助于放宽日本的政治进展。第四条规定政府要按宪法行事，这就为理论家主张天皇上边要有法律、因而政府要考虑群众愿望铺平道路。第二，议会和选举的手续为政党活动提

1　霍姆斯（1841—1935年），美国法学家。——译者

供了舞台，最后政府不得不考虑对政党压力的反应，不得不放松明治晚期特别突出的寡头政治的统治。因此，宪法为高度控制下的政治现代化过程提供了工具。

但是，明治宪法也有严重的缺点。它不仅把"天皇"的君权制度化了，而且把历史上支持日本君王的神话和教条罩上了可凭信的外衣。天皇始终是象征性的、感情上最可珍惜的国家代表。日本的政治决策方式，向来由"无需担负责任的君主"说出他政治顾问们的共识，这就模糊了责任的所在，而这种特殊方式又被宪法延续下来。正是天皇的绝对主义和中央集权的官僚体制加在一起，使后来的代议制不易很好执行。

不论有什么缺点，1889年的宪法在西方政论家的眼里已经把日本提到"文明国度"之列，而这一点很快地反映在日本和西方列强的关系上。明治领袖的主要目标之一就是使自己的国家在先进国家中占有一席之地，以便洗去不平等条约的耻辱。到20世纪初，日 300 本已大致达到这一目标，并被认为是近代史上的一大成功，因为它在短短的50年中，由一群没有抵抗能力的无名小岛变成了近代帝国，还打败了中国和俄国。

如果以后没有日本对中国内地的侵略、没有珍珠港事件、没有1945年广岛的原子弹爆炸，日本在维新后的历史是一大成功的看法，是不会动摇的。但是以后的事件使许多历史学家嘲讽地把日本看成新兴的帝国主义国家。他们问道：日本的国家在"帝国主义时代"要如此激烈地竞争，对日本人民有好处吗？明治宪法的独裁主义本质和明治寡头政治的国际政策，是否把日本放在一条损害一般人福利、通向战争、通向扩张的道路？日本是否有意地选择帝国主义为自己的国家风格，因而在1945年给自己的人民带来灾难呢？

为了答复，人们只能问19世纪90年代的日本，还有什么别的选择。当然，我们不能同意这种想法，以为 19 世纪 90 年代制订的计划必然把这个国家在 1945 年引上毁灭。日本在国际上的行为，是许多压力和利益的结果。如果 1853 年到 1945 年之间有一线连贯性的话，对侵略土地的兴趣就可能不如对希望承认和安全来得强烈。从近代阶段之初和西方接触开始，日本就表现出"在世界各国中不肯屈居第二"的决心。这就必然给领导者提出一定的要求。

在 1853 年，如果日本要作为独立的国家而存在，它就需要设立一个以国力为后盾的外交机构以保护自己的国际利益。此外，为了得到行动自由，日本就需要有西方认为"文明"的机关形式，就需要在国内有能接受的法律，就需要在国外玩弄条约和协议的把戏。再者，为了不屈居第二，也就是有竞争力地进入国际事务的场地，就需要更多的自信。它需要一种愿望和能力，把国家力量的锋芒限制在外交上——最后是敢于冒战争的危险。日本进入帝国主义竞争是有它的优势的——它的领袖十分重视外交关系。他们情愿把国内最好的人才放在国际外交上，并且把国家必要的资源即现代化的海陆军和群众强有力的舆论，给这些人作后盾。

日本成为一个世界近代强国，在 1905 年打败俄国这个戏剧性的时刻以前，是分成几个阶段进行的。从 1853 年到 1871 年，日本的领导者们必然是用时间和让步来换取他们要学习的新的外交手腕、国际和谈及国防的本领。有时候人们也不记得 1868 年前日本人能学到多少，因为在国内斗争的两派，不论是幕府或藩的官员早已和外国外交官直接打交道，而且效果很好。他们已经从英国的哈里·帕克斯爵士或法国的莱昂·罗什学到了西方国际政治上的一些好点子。故而在 1868 年以后，日本政府赶紧着手解决西方国家保护在日本的侨民问题。他们想尽办法减轻西方国家施加的压力。直到 1871 年副岛被任命为外务大臣，不久以后又聘美国的 E. S. 史密斯为他的顾问，日本人才得以开始他们的积极外交阶段。

在 1871—1894 年间，日本的领导者集中精力于两个主要目标：在近代外交语言中使日本取得国际地位，和修改不平等条约。外务省的新领导轻易地实现了第一个目标。1871 年日本和中国签订了一个商务条约，条约以国际外交的语言规定两国是平等的。1872 年，日本坚持对琉球群岛的行政管理权，次年又把小笠原群岛置于日本海军的管辖之下。1875 年，通过签订条约从俄国"得到"千岛群岛，当时日俄之间在库页岛的边境线，也予以划分。

在朝鲜问题上，第一次出现了对外关系的真正危机。朝鲜拒绝立即承认日本的明治政府，政府成员怒而建议日本与朝鲜进入战争状态。岩仓和大久保压制这个政策，造成了政府领导内部的严重分裂。1874 年，部分地为了缓和在朝鲜问题上失败一方的情绪，政府派了一个海军部队到台湾去。台湾的土著曾杀了几个琉球的水手，出兵就是直接报复。这次出征代价很大，处理得也不太成功。但是，外交上日本得到又一个成功。它用高超的外交手段，从法理上怀疑中国对台湾的主权要求，并使自己对琉球的主权得到承认，占了中国的上风。

1876 年，日本迫使朝鲜开放。它用的炮舰战术就是 1853 年西方人用以对付它的。结果签订了江华条约。该条约不仅把朝鲜开放和日本通商，而且有一条关于朝鲜独立的条文，这就成了日后朝鲜脱离中国影响的一个楔子。日本人在汉城设置了强大的使馆卫队，开始直接搞帝国主义，与俄国、中国争夺在亚洲大陆上的影响。

19 世纪 70 年代和 80 年代，有上述外交方面的进展，但在修改条约方面，却遭到挫败。在这些年里，条约一直是主要的政治问题，像寺岛和井上这样的有名人物，都因未能和外国达成修改条约的协议，而在全国受辱。1889 年，外务相大隈被刺，失去一腿，刺客就是因为他在条约中未能取消与外国人开设混合法庭的条款。但是，形势已开始变得对日本有利。西方列强看到日本采用新宪法，而且实行了以西方模式为基础的商业和立法法规，对日本要求废除治外法权的拒绝，也开始放松。1894年好运终于来到。外务相青木和英国外交大臣金伯利商谈，约定1899年取消治外法权，别的国家也都照办。虽然日本到1911年才得到关税自主权，但最令人烦恼的不平等条约已经取消。

　　从1894年开始，日本进入了一个国际关系的新阶段。开始它和中国作战，11年以后，又以战胜俄国而结束。1894—1895年的侵华战争，不可避免地使日本在世界人民的心目中成熟了。日本相当轻易地取得胜利，使世界吃惊，同时也向西方列强展示了日本已经迅速掌握现代武器。这次战争也证明日本是一个将在远东舞台上争霸的大国，它的兵力还相当小，但它的地理位置使之能以很快的速度把兵运到亚洲大陆。日本对西方强国的可能威胁，很快在1895年的三国干涉中得到承认。由于怕日本进一步向大陆扩张，俄国、德国和法国遂采取行动，阻止日本割据辽东半岛以为侵华战争的部分赃物。

　　1900年，在义和团运动中，日本人加入了联军，进驻北京。日本人的良好纪律和训练，他们的"勇气、英雄行为和克制"的品质，给西方人以深刻的印象，特别是英国。两年以后，日本和英国签订同盟条约，在世界造成轰动，这是一个西方大国和东方国家之间的第一个条约，日本在外交关系上得到了最确切的承认。不过，日本的领导人还在担心俄国扩张到满洲和朝鲜。1904年，日本在旅顺攻打俄国，在两年的残酷战争之后，第一次使一个欧洲大国败于亚洲人之手。

　　日本之所以能在国际上站稳脚跟并成功地和帝国主义列强竞

争，不仅在于 1868 年后政治上有戏剧性的改革和它善于外交。在这些成就之外，还有机构上和技术上的改革，把日本推上可观的经济发展的道路。这些改革为日本在国际贸易方面提供了竞争的条件，同时也发展了工业。尽管它成为近代经济综合体的成功，在早期还不特别明显，但已属可观。

日本早期的社会和经济改革已如上述。19 世纪 60 年代和 70 年代对大多数的社会活动和经济革新的限制也已取消。同时，结构和制度上的变化，有助于产生有利于经济发展的环境。大多数发生的事情都没有长期的系统计划，但总的说来，都是以"富国强兵"为前提的。阶级和职业的限制取消了，虽然对武士不利，却解放了巨大的生产力，使许多人才从事各种各样的新工作、新职业。同时，政府修订了土地税则，建立了统一的币制和银行系统，为新的活力提供了用武之地。

在维新以后的最初年代里，主要是农业部门支援政府并积累财政储备，在这个基础上发展新的工业。像 E. H. 诺曼等历史学家曾 305 批评明治政府，说他们执行的政策，是为了帝国主义国家的利益压榨农民。稍后些的研究如洛克伍德和罗索夫斯基表明，在国家经济中，政府并没有起重大作用。日本走的路和大多数欧洲国家一样，是在发展经济的第一阶段依靠农业作为主要支柱。在日本早期，最值得注意的是小商人的充沛精力、农业生产的不断改善和日本人民的乐于储蓄，虽然生活水平很低。在某些领域里，政府自然要行使领导权，特别是在兵工业的发展和某些重工业上。政府对轮船和铁路也予以特别鼓励、特别关照。在政府管理下，邮政和电报也发展迅速。但是，日本经济现代化的真正秘密，并不在此。

日本的现代化经济发展的真正起步是在 1886 至 1905 年的 20 年间。1886 年标志着所谓松方紧缩通货的结束。这时日本已经拥有

一个健全的货币制度，足以支持大规模的工业发展。1876 至 1881
年之间，政府不得不冒险地增加纸币发行以应付萨摩战争的军费和
偿付武士的津贴。猛烈的通货膨胀引起严重的预算危机，并影响了
收支平衡。松方于 1881 年出任财政大臣，制定了一套艰苦的紧缩
通货的政策，设立了日本银行以改组日本的银行系统，于是日本政
府就被放在健全的预算制度之上了。在松方的指导下，政府财政上
有了支付能力，国家也有了现代化的货币系统。与此同时，一群有
306 进取心的企业家在经受住紧缩的恐怖之后，已经作好开创新事业的
准备。

　　但是，最早使日本经济在世界经济中站稳打好基础的，并不是
令人瞩目的重工业。在这个时候，为出口的丝生产，才是最重要的
发展之一。它本是扎根于农村的传统经济，但是为增长的国际需要
服务。一旦日本人能使这个工业现代化，能控制质量以满足欧洲市
场的要求，日本人的丝就有了广大的市场。在 1899 年至 1903 年之
间，日本年产生丝 1,500 万磅，成为世界上最大的生丝来源。

　　仅次于生丝业的棉纺业是日本很赚钱的工业。随着棉纺技术机
械化，日本很快地调整了国内的劳工组织以适应新工业的需要。大
部分农村的剩余劳力（主要是妇女）被吸收进了新工厂做短工，工
业化就可以顺利进行而不至于引起对农村传统经济根据地不应有的
破坏。到 1907 年，日本已有 150 万纱锭，大约年产 4 亿磅棉纺。

　　有了这两种工业负担着贸易的主要平衡，日本渐渐地向多种经
营迈进。但是，要到 1905 年后，才在国内和世界市场上见到成效。
不过，1905 年已经能看出日本向经济发展的新阶段迈进了。在 19
世纪 80 年代，生丝、茶叶和大米占日本出口的三分之二。后来的
15 年中，只有铜和煤增加为出口的主要项目。但是到了 1905 年，
一半以上的日本出口产品是机器制造的，包括棉纱、棉花和丝的匹

头。东京、大阪、横滨和神户已经成为新的重工业和商业、财政集　307
团的中心。原始的工业化阶段在酝酿中。

俄日战争结束的时候，日本已经是一个名副其实的区域霸权
了。它现在被称为大日本帝国是恰如其分的。它拥有一个帝国，包
括1895年获得的台湾和1905年到手的辽东半岛，不久又得了朝鲜。
在亚洲大陆上，日本成了帝国主义角逐者中的正式成员。国家元首
是令人望而生敬的明治天皇，健壮的体魄正好象征着国家的尊严。
他是个成熟的人，有威严的形象，经常穿着大元帅的军装出现在马
背上。他向全世界表明日本的国力，在国内则成了子民的慈父。

日本人民把他们国家主义的意识指向天皇，也就第一次地团结
成为一个国家。到1905年，日本已经战胜了中国和俄国这两个国
家。这两场战争都是全民战争，需要全国的努力。征兵制度在所有
阶级中执行。报纸和政府的宣传着重于全国的努力和年轻人为之献
身的国家目标。为死难者修建的靖国神社成了为国牺牲这种新感情
的焦点。日本不仅发展成了一架可怕的战争机器，同时，在这架机
器背后也创立了一个以天皇为象征的统一国家。

十七、20 世纪 20 年代

——政党和群众运动

1912 年明治天皇的逝世象征性地结束了日本力争成为近代国家的第一时期。新天皇大正在和他父亲极不相同的情况下即位。这时帝国的基础已经奠定，建国的初步工作已经完成。大正时期（1912—1926 年）的日本面对着明治宪法带来的、结构内部发展和分化的压力的挑战。到了 1920 年，它面对着扩大工业化问题、群众参加政治的问题以及介入国际上日益复杂的事务的问题。用政治学家的话说，就是日本面临着迅速现代化的社会内部一体化的挑战。

在大正时期，不论是国内或国外，在有些方面都比上一个时期更为难以对付。1900 年以后，日本的外部世界更加不友善，1918 年国际情况变得和 20 世纪初期大不相同。第一次大战的悲剧和俄国革命的震动，使西方列强清醒起来。国际民主的思想把帝国主义为所欲为的时代结束了，而国际民主的思想是国家自决的思想、或者打了一场战争就能消灭所有战争和对国际联盟的希望所养成。不过，日本却是以很不相同的心态进入这个战后时期的。国家没有遭到战争的痛苦，也不像欧洲各国那样怀着各自的民族仇恨。日本从德国和别的西方国家占到便宜，改善了它在世界贸易中的地位。在中国和太平洋，它还得到了新的战略地带，结果对否认帝国主义政策就没有积极性。而且，日本在各大国的关系中，仍然感到不安全，对他们在亚洲大陆上的利益和特权，心怀仇恨。如果心怀叵测的二十一条表明日本要和中国解决争议的决心，武装进犯西伯利亚，对日本人说来，就是第一次世界大战在东亚合乎逻辑的后果。

于是在西方列强开始进入他们所希冀的平稳的世界秩序时，日本作为一个帝国主义争夺中的后来者，仍然处于不安定状态。这时它刚被接受进和英、美、法国组成的高级国际会议，发现还需要受这些西方大国决定的国际协议的约束。西方民主国家的声望很高，他们要求各民主国家在世界上和平共处的希望也很高。但是，这种希望对日本越来越成了限制，甚至于是不友好的现实。开始，日本倒也努力去根据凡尔赛、华盛顿和伦敦的外交安排玩弄国际游戏，以适应战后秩序。但是，它自己的国防需要及国内的愿望越来越和西方各国的利益冲突。

与此同时，日本在国内面临着巨大而复杂的问题。到 1918 年，国内的政治活动——政治的性质和领导层的呼声或抗议——已经经历了巨大的变化，就像大多数人民的社会和经济情况也发生了巨大变化一样。日本现在是一个城市化程度很高的工业社会。1920 年人口超出 5,500 万。东京有 200 万以上的居民，大阪也有 100 多万。310 工业劳动力有 160 万人以上。日本不再是一个少数有政治影响的高官就可以支配的国家了。新职业的出现，国民教育制度带来的文化普及，征兵制度导致的民族主义情绪，使日本成为一个"群众社会"，在这个社会里，大的和新的阶级利益和集团利益，已经开始分离出去。反过来，他们又找到新的方法表现自我：通过传媒和大的组织，通过能利用传媒或能掌握政治组织及直接政治行动技巧的新型领袖们。在某些明显的高贵派别之外，新的政治行动还涉及大的利益集团、党组织、群众组织和工会。国内的主要问题是在这些团体中保持平衡、适当地满足他们的需要和希望，而不和国家利益发生不应有的冲突和紧张。这个国家要的是国内稳定和国际安全。

谈到 20 世纪 20 年代的日本政治，历史学家采用了一些简明的名词去辨认若干利益集团。这些集团都在争夺对政府政策的控制。20 年代在日本政治上处于支配地位的是一个组织了明确机构的精英利益的牢固联合。它最显赫的分子是贵族、高级官僚（日本人称之为门阀）、保守政党的领袖、大商业利益集团（财阀）、农村地主利益集团和军事官僚（军阀）。

311　在 20 年代，出现了某些新的群众利益的呼声与上述的主要权力联合相对立。产业工人和佃农最关心的是他们自己的经济安全和社会福利。城市的白领工作者、新闻记者、教育工作者和其他知识分子，倾向于代表被忽略了的"消费者利益"，就呼吁知识分子反对政府。因此 20 年代的政治是为了争夺权力平衡在两个层次上进行的。权力平衡是在构成政府的精英内部之间，同时也是政府和代表各团体利益的力量之间的斗争。

这里真有生死攸关的问题。到 20 世纪 20 年代国内最大的怨言是人口过剩。第二次世界大战以来，我们能回顾这些人口过剩的论调，并看到真正的问题并不在于人口的多少（当时的日本人口几乎是 1920 年的加倍），而在于经济机会不均等。当时在日本确实存在着大群失业者或就业不足的人。日本的岛屿狭窄、自然资源贫乏、起步发展经济的生活水平低下，这意味着明治时期从开始就存在着激烈的生存竞争。80 年代以后，日本经济结构迅速变化，经济的技术基础也变化迅速，这就引起了发展速度的极不平衡。只有全部经济中的一小部门有近代工业，故而 20 年代这个部门掌握在一小撮工业集团手中，他们给传统部门带来剥削和沮丧。例如，1913 年日本只有 52 家公司有 500 万日元以上资本。但是这些公司虽然拥有全国百分之三十八的资本，却难以代表所有企业的百分之一的三分之一，结果就是经济学家所谓的"双重经济"。在这种经济中，现代工业和传统企业并存，传统工业为国内的低生活水平服务，为工资和劳动订出标准，并承受吸收剩余劳动力的主要负担。

1920 年以后，日本面临着必须在国内调整的两个主要问题。第一个是日益增多的大企业雇用的工人需要关心。劳工法和工会法赶不上工业的扩张，工资也不能反映"大工业"创造出的利润。结果是管理机关和政府越来越感到压力，要求改进劳动条件和提高工资。第二个是农业问题。工业发展和城市化，没有改变日本农业的型式。租税仍然非常高，技术上仍然是小规模集约生产的水平。日本农民越来越沦为大土地所有者的田地上的佃农。他们仍以实物交租，并得不到法定租佃合同的保护。同时，贸易和食物供应的现代化需要改建农业市场。这时开始由朝鲜大规模进口粮食，由台湾进口食品（水果及食糖），由美国进口小麦和其他农产品，日本农民的优惠地位和自给自足遭到破坏。此外，日本农民继续倚重生丝的生产，以为第二个收入来源。因此，生丝市场的兴衰和农民的福利息息相关。生丝降价会给日本农村带来灾难，像 1920 年每百磅生丝就由大约 4,000 日元落到 1,000 日元，1920 年约有一半土地是租佃的。

佃农要求改善劳动条件、提高待遇，引起了代表受压抑的部分人口的利益的政治运动。在 20 年代里，工会和佃农协会在数量上和胆量上都增加很多。要求扩大选举权并为农民和工人福利立法，成了社会主义思想的主要内容，也是左翼政治讲坛上的主要内容。不过，政治上有权者并不能轻易听到这些声音，政治情绪因而升级。最后，随着全国都卷入选举权、纳税和劳动立法的纠纷之中，活跃的共产党的出现，带来了社会动乱的幽灵。

所有这些国内问题，都被日本的对外关系弄得更加严重了。国内和国外各部门，继续敏感地联系在一起。日本国内经济和外面世界的关系一直是不稳定的，首先是由于缺少能到手的原材料，其次是日本所要进入的是个竞争性极强的市场，而它自己又是个新来者。这就迫使日本经济非常依赖外边的资源，特别是中国。到1920年，中国已是日本的煤、铁和棉纤维的主要来源，同时它又是日本百分之五十的纺织品市场。日本还继续依靠生丝作为国内的主要出口产品。如何保护这些使经济稳定的基础，就成了需要关心的问题。日本经常在考虑是依赖世界的合作还是就近建立自己的经济集团的问题。

第一次世界大战结束以前，国内国外的经济问题都是统治政府的大人物私下决定的。当时被称为元老的明治寡头政治的老人，还是公认的国家领袖。到20年代，老领导中只有山县活到1922年逝世。西园寺是后来加入元老院的，活到1940年，但他的影响不大。20年代的形势较前开放多了，控制也放松了一些。把社会精英分为派别的争论，或者群众利益希望得到承认的努力，都成了群众熟悉314 和辩论的题目。这个国家如果要让使之分裂的利益集团满意地解决问题，必须设计利于政治活动的新机制。

在西方民主国家，与国会相连的政党是公认的扩大参政基础和利益规模的手段。政党对日本的政治进程不太合适。不过，1920年以后，随着寡头政治的崩溃和政党参政的增多，政党在日本似乎也有希望成为政治进程的中心工具。因此，西方观察家们把20年代的日本看作初步的民主和政党政府的时期。日本的历史学家也承认政党在政治上所起的重要作用，却常常把那十年描写为政治混乱、国际上衰弱的时期，而真实的情况是处于二者之间。仔细研究一下20年代日本政党的本质和他们在政府中扮演的角色，不难看出他们既不能代表自由或民主的力量，也不能在政治市场上充当利害相关的团体的中间人。政党在日本政治中起的作用和英美政党不同，但也的确在开辟明治政治那种高度精英结构和强调建立议会的必要性上，起了重要作用。它们说议会可以解决 20 年代特有的广泛存在的利益矛盾。

有了明治宪法和内阁，日本的政治就为政党活动提供了舞台，虽然活动是受限制的。早年的政党大部分是为政府中的党派竞争服务的，而这个政府又是被有权力的政治人物和职业官僚所把持。不过，这些政党越来越代表官僚以外例如财阀或农村土地所有者的利益。到明治末期，它们经常被指望作政府里各类精英斗争的调解人：在剩下的元老之间或文官与武官之间。因此，当明治首脑逐渐退出政治舞台时，政党就日益重要。它们是政治势力的中心点，也是继承元老的较弱首脑求得政治支持的渠道。

1912 年，一些政党组成的联合阵线支持某些官僚反对武装部队逼迫议会通过拨给巨款的法案，这是第一次表明政党具有权力影响政治决策。更重要的是 1913 年同志会成立，作为居统治地位的政友会的对手，这就为两党制奠定了基础。五年以后，真正的政党政府出现，在这个政府里，内阁多数党的领袖是总理大臣，这才开始了日本政治的新时代。所以能如此的原因，既有国外的，也有国内的。当时世界情绪倾向于民主，加上俄国革命的胜利，即使在日本也产生了对政府专制的抗拒情绪。后来在 1918 年，日本又遭到一系列"米骚动"的震撼，日本政府对此是该受谴责的。经济计划连年失当以至于消费品严重短缺，1918 年夏米价飞涨，城市中的不满爆发为破坏性的骚动。这些骚动绝大多数以米店或货栈为对象，持续了三个星期。政府宣布戒严令，并派兵进入每个主要城市。街上的暴民和政府部队之间有冲突，这在全国范围内留下了仇恨。寺内大将被迫辞职，元老为了安抚激动的群众，只好转向政党。政友会的领袖原敬是一介平民，被任为总理。

委政原敬标志着新型的政治领袖和新型政府的出现。此后的
316 总理都是由寡头政府内部以外选择出来的。原敬虽是身居高位的官
僚，基本上是个政党成员。他的力量主要来自他的政党和他所联系
的新闻界及大企业。他被称为"伟大的平民"，是很适于赢得刚刚
觉醒的公众的信心的，而他的保守主义又使政府能接受他。

从 1918 年到 1932 年（当中有几次间隙）存在的政党政府是政
治利益的结合。但和 1918 年以前存在的政党政府相比，在成分上
和政策上有很大不同。这时的主要政党有二：政友会（主要是自由
党的继承者）和宪政会（1927 年后改名民政党），后者先遵循的是
老改进党路线，后来又遵循最近的同志会路线。二者都是保守派，
因为都代表少数精英的利益。他们倾向于维护文官利益而反对武官
利益，并且比官僚更和企业合作。众所周知，政友会支持三井财阀
的利益，而民政党支持三菱。两个政党都对议会政府承担责任，这
样，政党就成了把政治带进议会公众舞台的工具。

政府首脑在国际和国内事务中都倾向于采取一个有节制的路
线。因此，在 20 年代对反政府团体的要求，一直是小心谨慎地应
付，同时还通过扩大选举区来扩大群众的参政活动。此外，也作好
了参加世界合作政策并裁减军备的准备。国际主义的潮流始于 1921
年，这时日本参加了华盛顿会议。在会上约定要维持太平洋的现
状，并重申中国的"门户开放"政策。1920 年日本已经加入了国际
317 联盟。1928 年它是反战的凯洛格—布里昂条约的签字者之一。1930
年，在激烈辩论之后，日本认可了伦敦海军（紧缩）条约。这个把
日本防御边缘限制在太平洋内的条约，是日本和西方列强合作的极
限。那时英国、美国和日本之间的关系已经紧张起来，日本的武装
力量相信根据伦敦条约在必要的防御上已经让步太多。同时日本正

在增加对中国的控制，这也注定要和别的"门户开放"的大国发生矛盾。

在 20 年代那十年里，国内政治的主要问题是建立普选制度和扩大议会政府的规模。新出现的反政府力量意识到，如果想在政府有发言权，必须扩大选举区，而现有政党又绝非普选的可靠支柱。作为精英派性活动的助手，它们也不喜欢扩大它们不能控制的选区。因此，当 1919 年学生示威、群众暴动突出了成年男子普选权的问题时，总理原敬拒绝让议会讨论此事。至少政友会是不支持更大选举权的，而原敬也不情愿损伤政治力量的平衡——政友会已经有了权势，广泛的选举权是否有利可图尚不肯定，这个交易是不值得的。1921 年，原敬被暗杀，他对促进普选没有什么贡献。

在街头巷尾和议会内部，对选举权扩大问题的激动不安继续升级。反对政友会的政党终于看到了支持选举权事业的好处。1925 年宪政会领导的联盟，在议会里得到多数地位，总理的位置就归了加藤高明。加藤是能够支持通过新选举法的法案的。1925 年 5 月，所有 25 岁以上的男子都有选举权这一条写入法律，选民一下子就由 300 万增加到 1,400 万。在此以前几天，政府把军队由 21 个师减为 17 个师。这两件事都算是"人民"对"政府"的胜利而得到欢呼。但这也不能看成是日本政治自由化的标志，再过几年的行动就证明这一点。对群众让步及采取"柔和"的国际政策所遭到的反对，逐渐表面化了。尽管选举权扩大了，政党政府作为稳定政治的手段，最终还是遭到谴责。

1925 年以后，保守政党的弱点表现在既不能使自己成为新选举法的合法代言人，也不能对着来自官僚和军部的、日益增长的责难，为自己辩护。20 年代后期，日本的政治经常伴着暴行，因为左派和右派的极端主义分子都乞灵于直接动作。代议制政府的根基仍然很浅。虽然 1918 到 1932 年称为政党政府时代，但实际上 11 个总理中只有六个来自政党，其他五人都是职业官僚或军官。六个政党总理中，有三个在岗位上遭暗杀。1925 年的立法并不像它表面上表示的那样，说是参与政府的一个胜利，因为选举法又和"治安维持"法案联系起来。这个法案增加了警察对自由言论和集会结社的限制，标志着限制"危险思想"的新阶段。甚至于缩减军队的效果也被抵消了，因为许多裁减下来的军官都被派到学校去开展扩大的军事训练。在这些情况以外，20 年代晚期的世界情况不景气，大批的劳工和农业人员陷于穷困。在 1929—1931 年这个黑暗年代里，劳工的鼓动日益高涨，新的群众政党的活动给选举火上浇油，议会的功效大成问题。1930 年首相浜口不顾海军的强烈抗议，批准了伦敦海军条约，在东京爆发了群众的强烈反对，日本国际形象的本质受到攻击。不久以后，浜口被暗杀。最后一个政党总理犬养毅面对军队在满洲的独立行动，要挽救议会政府于必然的灭亡，出来反对扩军，并号召整顿军纪。1932 年 5 月他被一些"爱国社团"的低级军官暗杀。他的逝世结束了日本政党政府的第一阶段。

对许多作者来说，20 世纪 20 年代这十年只证明日本政党制度的不足和终于失败。也有人说它证实了过时的宪法和反民主的"天皇制度"为军国主义和法西斯主义所取代的必然性。更有别的人看到这十年的关键在于所谓日本的自由力量和军国主义及官僚主义的精英们所特有的潜力相比，是微弱的。要理解这个时期的重要情况，肯定必须研究 20 年代的左翼运动和它们的潜力。

支持公民权、社会福利、普选并反对贵族和大企业影响的呼声，分别在一些"社会运动"中表现出来。在 20 年代初期，所谓的民主运动，引起全国很大兴趣，其衰亡越来越把反政府的领导引向社会主义和共产主义。在这些民主运动中，第一次主要是能言善辩的知识分子在讲话，后来的两次，主要依赖有组织的劳工的支持。

毫无疑问，日本的群众运动必定是以寡敌众地进行。要达到人民有代表权，是 20 年代反政府的主要目标，但是有两个障碍。第一个是精英本身的联合，它又不肯与群众选举的人分享政治权力；320第二个障碍是明治宪法把君权的位置摆在政治之上，而且保护政府机关的决策不受人民的控制。如果新的群众利益集团要在政府中有发言权，必须调整人民的主权，而放松精英对政府主动权的控制，也是必要的。

20 年代早期，"民主"运动的特点基本上是采取议会式及合法途径来争取政府吸收群众意志。1889 年以来，围绕天皇有许多静止的学说，东京大学教授美浓部达吉（1873—1948 年）首先温和地与之决裂。1911 年他提出的理论说：天皇只是国家的机关，而不是国家本身。这种说法本来是宪法学说领域内一个技术性问题，但它的确令人给天皇的身份及其政府以重新解释，这就为以后天皇要对人民福利负责的看法作了准备。

紧接着第一次世界大战的结束，又有一个东京大学的教授吉野作造（1878—1933 年）到国外考察欧洲民主的根源。他把美浓部的学说更推进了一步，试图证明代议制政府是可以存在于当时的天皇制度之下的。他不再要求人民的主权，他鼓吹"民本主义"以对付"民主主义"。这样一来，他避免了攻击宪法规定的天皇身份，但指出天皇"在政治上行使国家主权的根本目的是为了人民"，也得到了民主。

吉野在他生命中短暂地步入政治。1918 年他组织了一个叫作黎明会的政党。他主持群众大会，发表演说攻击枢密院、贵族院这些既得利益者，要求实现普选以使群众能表达自己的意志。他的活动是基督教社会主义、儒家的政治道德和工会的奇怪混合物。

在短期中，受到学生和工会的热烈拥戴。但是，他反政府情绪的公开表示，他发起的集会游行，使政府不是相信而是害怕。1920年采用选举法案失败后，这个运动销声匿迹，吉野也回到他的书本中去了。

少数政治领袖像犬养和浜口怯生生地把缓和的政治变革推上了当时的政党舞台，但两个人都被暗杀。吉野作造的经验也只能告诉日本的多数持不同政见者：只有具备更武断的性格和更强的政治联系的人，才能影响政府。因此，知识分子领导就越来越倾向于马克思的政治哲学，而不在政党制度内部进行工作。人民参政的新先锋变成社会主义的劳工运动，并在一段短时间内成了共产党。

社会主义作为政治运动在第二次世界大战以前的日本，它的历史是很不规则的。首先是传教的基督教社会主义者把它介绍到日本，立即对具有社会良心的日本年轻的理想主义者发生强大的感染力。1901年，他们设法成立了一个社会主义政党，这个政党是以"四海之内皆兄弟"、消灭阶级、重新分配财富和公用事业公有化这些原则为基础的。这个组织很快地被内务省粉碎了。1911年，12个自称为无政府主义者（包括幸德秋水）被处决，是对这个运动严重的心理打击。几乎在这十年期间，听不到这一运动的事。这时期中最著名的社会主义者之一片山潜（1859—1933年）离日赴欧，最后他转变为共产主义者，老死于苏联。

第一次世界大战以后，开始了社会主义运动的第二个时期。俄国革命刺激了日本的知识分子，1918年的米骚动也进一步鼓动了他们的革命热情。社会主义的知识分子和劳动工会的领袖，这时为建立群众政治活动的根据地而合作。1921年还努力要恢复社会主义党。战前的领袖和学生团体及工会代表，成立了一个名叫社会主义联盟的组织，不过，政府很快地把它解散了。有组织的工人继续把社会主义原则带上政治舞台。铃木文治（1885—1946 年）于 1919 年成立了日本劳动总同盟，它是个为政治也为经济而战斗的组织，影响很大。大企业集团于是建立了一个协调会，与之对峙。1921 年，神户码头罢工，是劳工的第一个主要胜利。大约有三万名工人离开了工作岗位，不顾警察干涉，举行群众大会和示威游行，有数月之久。资方最后和工会领袖妥协，工人使用的新策略第一次得到合法性的承认。结果工人运动发展很快，到 1929 年，工业方面加入工会的成员有 30 万人。

　　成人选举法令的通过，为任何可以动员新的工人或农民选举的团体，提供了可能。组织起来的工人努力这样做，但政友会和民政党显然吸收了选举法改变后的最多选票。1925 年以后，所谓群众政党发展很快，这些政党多由工人主宰而倾向于主张限制他们的要求。以马克思主义为方向的劳动农民党成立于 1926 年，是新政党中的第一个。在若干次改变和派别分裂之后（包括社会民主党和无产大众党），这些劳工政党于 1932 年联合成为一个执行中间路线的社会大众党。1935 年，这个党得票 60 万张以上而在内阁下院 466 个席位中占了 18 个。次年，它得到了 37 个席位，达到了它影响的高峰。

　　劳工—农民政党的困难在于他们缺少稳定的领导而直接依赖工会的支持。因为左倾，它们经常受政府的骚扰。尽管声称要为群众说话，这些群众团体并不广泛地恳求群众参加，而是在自己的组织中自以为高人一等，因而易于出现派别活动。所以如此的原因之一，就是在 20 年代中期，左派的政治运动受到共产主义渗透的影响，结果政治活动就愈来愈走向激进主义和感情主义。

　　尽管日本共产党早在上海和共产国际的活动有联系，它的发展与终于在中国成为执政党的中国共产党可不相同。它的历史更像西欧各国的模式。它是由少数活跃的领袖人物组织领导的，经常在地下工作，得到强有力的知识分子的支持，从不经营群众基础，从一开始就遭到警察的镇压。共产主义要求取消天皇制，并和日本的国体彻底决裂。这种理论固然受到日本政府的诅咒，就是日本人民的大多数也不能接受。共产党自然能利用劳动阶级的抱怨情绪，并支持对贵族、资本主义、政党的腐败及日本缺少民主的抨击。但是它和传统价值决裂走到了极端，只能是一个搞搞颠覆活动的少数党。

第一个共产党是 1922 年建立的。它的领袖有德田球一、大杉荣和荒畑寒村，但组织得不好。1923 年在该党文件被发现之后，警察就把它捣毁了。文件是存在早稻田大学教授佐野学手中的。同年，东京大地震，使警察有机会把各种左倾嫌疑分子围捕起来。大杉荣在拘留中被杀。1926 年组织起来的"第二党"采用了第一个党的正式政纲，它号召取消天皇制和内阁、重新分配财富、执行对苏联有利的外交政策。在 1926—1928 年间，共产党人渗入工会，并在大学校园内活动。但是，警察通过新成立的保安局也加紧了反共活动。1928 年大规模拘捕，1929 年就确实地把这个共产党消灭了。1931—1932 年大约有 400 名监禁的共产党员接受公审，结果是除了极少数铁杆领袖外，几乎全和共产主义断绝了关系。此时国内因为日本军队在满洲取得的胜利而兴奋。除了知识分子还私下继续阅读马克思主义文献外，"危险思想"无法再流传下去。日本和共产主义的露水姻缘至此告一段落。

回顾 20 年代这十年，它是日本人民有强烈的政治意识的十年。国家被根深蒂固的社会、经济问题所困扰，人民又被互相矛盾的思想意识所愚弄。这些思想反映着把政治和工、农、知识分子隔开的巨大的紧张形势。放宽选举权标志着向更大代表性的重要迈进，但群众参政的基本问题并未解决。特别是中间路线的政党还不能提供一个机构既能维持政府内部各利益集团的均衡，同时又提供为人民意愿服务的渠道。到了 20 年代末期，日本的国际环境发生变化，加上全球范围内的衰退，日本就发生了新的危机。在非比寻常的压力下，日本政治必须走向右的或左的极端。在这种情况下，社会主义的政策不可能取胜，日本选择的道路就是在右倾的领导下，厉行国家的统一。

十八、从满洲到太平洋战争

325　　日本在近代史上，1931 年是个重要的转折点，因为那年 9 月日本的武装部队进犯满洲南部，使日本政府在亚洲大陆上直接行动，并最后抛弃了 20 年代已经出现的国际关系结构。满洲事件的原因，与其说是日本要转向扩张主义，不如说是国内问题深重和国际形势紧张的结果。在世界各国中，也不单是日本采取了它的路线。至少在表面上，日本和 1940 年就缔结了军事同盟的德国和意大利是很相像的。日本在 30 年代，很像欧洲的轴心国，进行了猛烈的政治改革。它在自己的人民当中，煽起了一阵狭隘的民族主义狂热，同时让他们指望通过向外扩张得到富裕，通过建设完全的福利国家得到幸福。

　　第一次世界大战结束以后，日本对要求中国"门户开放"的民主强国，更加疏远了。华盛顿会议以后，日本对美国进一步失望，

326 因为它认为这次会议就是西方强国对日本实行遏制政策。1924 年，美国在大萧条之后宣布排斥日本移民的法令和高关税政策，更使日本和美国的关系紧张。同时，日本在中国的"特殊利益"又受到顽固的英国和复苏了的国民党政府的阻碍。这时在欧洲，随着法西斯意大利和纳粹德国的兴起，民族社会主义和集团经济组织的概念已被接受。大萧条使民主国家及其经济、政治制度的声望都黯然失色。可以说此刻的世界是由富国统治的，而穷国就没有合理的机会取得安全并实现自己的理想。对许多人来说，日本的命运在亚洲大陆，而不是与西方列强合作。

在国内国外，对"积极的政策"的要求从四面八方传来。对日本来说，萧条是惨痛的经验。许多小企业倒闭和下层农业人口的贫困，产生了巨大的社会福利问题。政党的领袖，因为贪污腐化和机会主义，毁坏了自己的形象，也失去了人民的信任。但是，对共产主义的恐惧又使许多日本人不敢追随左翼领袖。在日本国内的许多部门，最急需的好像是一个强有力的独裁政府，军事上作好侵略准备和关心下层社会的群众。社会主义和共产主义会以群众的名义把天皇和日本的国体毁掉，而民族社会主义和军国主义却能以它所关心的臣民名义把国家神圣化。日本的极端军事武装化，既是决定在东亚进行侵略的结果，也是日益感到不安的结果。它觉得自己是处于防卫敌意日甚的西方列强的位置上。

把日本描写为 1941 年已经成为法西斯或极权主义的国家，像有些作者那样，实际是不恰当的。日本在军事动员和狭隘民族主义下重新改组，结果，其社会和政治情况就和纳粹德国及法西斯意大利所特有的情况，迥然不同。日本所谓的"新体制"，没有只依靠一个希特勒或墨索里尼，它也不是一个侵略性政党的强制性产物。1941 年的日本，倒更像它自己称谓的"防御国家"，在这个国家里，全国都为集体主义的防卫目的而聚集在一起，在意识形态方面转向它心理安全的传统，并粉碎了所有政治上的不同政见以维护国家的统一。在日本的防御国家里，按照明治宪法以天皇为中心的政治结构依然完整，以保护政府精英的既得利益。进入政治的新成分，是军国主义和民族社会主义的概念。

在 20 年代后期的日本，右倾高潮的各种成分都准备就绪。一个国家赞助的神社，为恢复日本历史特点的半宗教信仰，提供了仪式的基地。许多秘密的爱国组织，为狭隘民族主义和日本主义及新的民族社会主义，提供了传播的渠道。不受文官约束的武装部队又是在国内国外最后实现这些观念的有力工具。以上这些情况，如果只有一个，都不足以把日本推上它实行的路线，但是放在一起，再加上政党政府在国内和国外的失败，就准备了必要的条件。

明治政府在维新期间有意识地为了国家的目的利用当时存在的神社。1871 年，国家拨给神社资助，并把神社分为 12 级，以伊势神社为首，直到农村小社为最底层。神官得到官方委任，主管神社的机构，发展了新型的国家礼仪。在初级小学的所谓修身课上，教授神道学、国家起源的神话和皇室的尊严。因此，它并没有立即和流行的民族主义的情绪联系上，而是保持着"天皇崇拜"——也就是对天皇肖像的崇拜、天皇"教育敕语"的宣读仪式，并通过以神社为中心的爱国的礼仪来加强社会和国家的团结。神道给日本的爱国主义以一种特殊的神秘感和文化的内向性。

右倾的政党也是在明治维新以后出现的。早期的秘密组织如玄洋社（1881 年）或黑龙会（1901 年）都不是以右倾为目的的。二者都是精英人士的运动，目的是在海外扩张日本的利益，特别是在朝鲜和满洲。第一次世界大战以后，20 年代的社会紧张日益加剧，这类组织就把他们的重点转到国内问题上，警告大家要反对"危险的思想"和政治上的激进主义。日本国粹会是床次竹二郎（原敬总理的内务相）和一些政友会的领导成员于 1919 年组成的。他们把官吏和商人集合到一起，他们的政纲要求工人和资方的和谐，要求以天皇为中心的国家统一，并反对激进的政治。据说它很快就拥有了十万名以上的党员。赤化防止团是和日本共产党同一年成立的。国本社是男爵平治（当时为司法相，后任总理）在 1924 年成立的。这个组织的成员主要是文官和武官。它的目标是保持日本国家的特点，并追求"它在亚洲的特殊使命"。

在 20 年代，这些主要从政府和企业界吸收追随者的组织，首先关心的是保护日本社会不受激进主义影响，并冲淡爱国的狂热。到了 20 世纪 30 年代，右倾组织的思想又注入了新的成分。随着国 329 内问题的日益严重和日本的国际地位贬低（至少在日本人的心目中认为如此），沿着民族社会主义路线重新改组国家的信念，对许多个人有吸引力，特别是那些在军事机关边沿的人。开始有人议论日本有被颠覆的危险，明治维新的工作仍然有待于完成——也就是说需要"昭和新政"。

北一辉（1885—1937 年）是大家公认的、在 30 年代中叶把民族社会主义注入右倾运动的思想潮流的人。他是黑龙会一个成员，鼓吹日本在大陆上的利益。1919 年，他写了一本《日本改造方案大纲》。他主张通过军事政变以达到明治维新的真正目的。他声称正是天皇身边的不称职者把事情搞糟了。这本书很快就遭到查禁，但在 30 年代早期，在军人圈子里秘密地流传着。北一辉的计划是要军事领袖接管政府，以便天皇不再受无能的顾问的影响，可以行使自己的合法权利。在暂停宪法并解散内阁以后，天皇和他的武装支持者就可以建立一个"直接的集体意志"机构，把领袖和人民联系起来。最后，将产生一个新的政府，一个没有派别斗争和贪污腐化的政府。同时，贵族要废除，天皇要放弃财富，大企业要缩小，劳动阶级要得到支持，日本社会将得到和谐。在国外，日本将领导亚洲摆脱西方影响。到 20 年代末期，昭和新政的理论基础已准备停当，它鼓吹在天皇制的框架内进行革命，它的思想基本上是反议会 330 的、超国家的、反资本的。

在日本，最终传播民族社会主义思想最强大的工具要属军部。武装部队一直是最强有力的政治利益团体，在 20 年代它越来越对政党政府的政策有意见，并和政府的政策疏远开来。在军部上层，海陆军的高级军官，对文官领导的政府要削减军费，或在安全利益上作出让步，感到失望。中下级军官里，有许多来自大萧条中遭到困难的家庭，因而对日本农民和工人面临的经济问题和共产主义思想的危险，十分关注。部队是处在一个特别能影响国家政策的敏感地位上。在上层，海陆军司令可以直接插手政府政策而不受文官的限制。他们可以在大面积范围内发挥影响，例如通过军事训练方面及在殖民地地区。而且，通过征兵制和广泛的预备兵役组织，军队在全国人口中的比例也愈来愈大。军人还利用人民对他们的好感，这种好感来自围绕武士阶级的神秘气氛。军官和"腐败的政客"完全相反，被认为是没有个人动机的、"超政治的"、对国家的福利和安全怀有责任感的。

在 20 年代，部队勉强接受了政府的政党领导，并参与了这个要他们和别的精英集团一起讨论国家大事的制度。他们对政党政治越来越幻想破灭。在年轻的新军官中，对文官的领导批评得特别猛烈。这些青年军官不过是军事学院狭隘训练的产品，缺乏政治经验，几乎没有机会到国外旅行。他们只有强烈的社会责任感和对世界事务的狭隘观点。对国际和谈和国内的代议制，他们感到不耐烦，但对昭和新政的概念有兴趣。"昭和新政"就是把国家交给能果断地解决问题的领导。他们甚至于对自己比较谨慎的上级也不耐烦，终于采取了政治上的行动主义和军事反抗主义，作为强迫上级行动的手段。到 20 年代晚期，特别是在陆军中出现了明显的"年轻军官的问题"。陆军中的激进派发现了两个主要的行动范围：在满洲的相当自主的关东军和一些新成立的秘密社团。

20 年代晚期，出现了许多不详的、直接行动的小阴谋集团。它们的名称就表示出他们目标的国家主义性质：神武会、天剑党、血盟团、樱会。最后的这个组织最著名，因为它是第一个诉诸武力的。它的成员包括许多年轻军官，例如桥本欣五郎，后来就参加了满洲事件。为武装成员和北一辉的思想搭桥的是一个名叫大川周明的平民，他是拓殖大学的讲师，激烈鼓吹在国外搞军事扩张，在国内搞武装接管。

到底什么原因使日本挺进满洲，并因而为军人占据优势而使国家陷入困境打开方便之门呢？必须结合日本面临的"大陆问题"来理解，因为这不是少数狂热分子的工作。在30年代，相当多的日本人都相信保护日本人在中国的特殊利益十分必要，特别是为了战略的和经济的原因去统治满洲。不过，蒋介石的南京政府似乎在日益强大，沿黑龙江的苏联军队也越来越形成威胁。特别是在武人心里，他们认为在此关键时刻日本同意伦敦海军条约、削弱自己在太平洋上的地位，简直是疯狂、愚蠢。1930年，"必须有所举动"的说法流传日广。关东军在大连的司令部就在讨论日本形势的严重性，并为可能的军事行动作好准备。

1931年9月18日，关东军的野战军在沈阳附近挑衅，并根据事先谋划占领满洲，满洲事件的责任是无可置疑的。某些下级军官点燃了导火线（其中有樱会的桥本上校），但是，现已查明：关东军内的高级军官和东京的陆军省及总参谋部，都参与了这一行动，或事前打好招呼，以便在战事发生时不去干扰。政府内的文职官员，面对既成事实，也不能控制军事行动。

在满洲的大规模军事行动深刻地影响了日本的国内政治、经济和国际地位。在国内，日本轻易取得军事胜利的喜报，带来了暂时的欢欣鼓舞。民族主义高涨，沙文主义鼓励进一步直接行动。1931年，有两件秘密组织的恐怖计划在行动之前被揭穿。1932年2月民政党竞选的负责人、三井公司董事长被暗杀，这是对党派和财阀进行攻击的象征。同年5月15日，一群年轻陆军和海军军官，第

332

一次试图以恐怖手段实行昭和新政。虽然他们成功地杀死了首相犬
养，还攻击了东京警察总署、日本国家银行和内大臣牧野的寓所，
但他们未能做到他们预期的戒严和军事接管。

　　尽管 5 月 15 日事件不成功，它对日本政治的影响却是持久的。
流血停息以后，一向负责选择新首相的老年政治家们，发现各政党
已经不能维持国人的信心。因此，他们就在海军上将斋藤之下设立
了一个非党派的"国家统一内阁"，这样，党派政府的时代实际上
结束了。此后，陆军和海军利用陆相和海相的职位，越来越能左右
首相的选择。此时荒木将军被任为陆相，真崎将军被任为教育总
监，倾向新政的人就被放上了高度敏感的地位。

　　5 月 15 日的叛变，对陆军的士气和群众舆论的影响也是巨大
的。陆军高级领导名义上不承认那些狂热的反叛者，但在以后的军
事法庭审问中，表现了相当矛盾的态度。反叛者是被当作犯错误的
爱国人士来对待的。在审讯中，允许他们为自己侃侃而谈、论证昭
和新政的目标，以及抨击现存的社会和政府成员。

　　如果说满洲事件在日本产生了新的政治心态，那么获得满洲则
对日本在东亚的战略地位和在世界上的经济地位，都有深刻影响。
1932 年 2 月，满洲组成傀儡的"满洲国"，整个地区由关东军总司
令管辖，他同时又是日本国驻"满洲国"大使。"满洲国"表面上
是个独立的"国家"，不受日本文官政府的管辖，它成了日本陆军
计划经济的实验场。1931 年以后的几年里，他们用许多办法把满洲
发展成一个自给自足、能支持陆军在大陆的工业基地。满洲从未给
岛国本土带来好处，事实上，陆军还榨取了国内财阀亿万日元去开
发它。但是，"满洲国"证实了日本人有能力在海外搞大规模的经
济开发。几乎在一夜之间，小城"新京"就成了一个有 30 万居民
的"首都"，它有很大的建筑物、公园和柏油马路。在十年不到的

工夫内，日本人修筑了 2,000 英里铁路、若干有战略意义的机场、水坝和鸭绿江上的水电站。为了便利与日本工业中心的直接航运，他们甚至在朝鲜的日本海沿岸建立了一个名叫罗津的新港口。到了太平洋战争时期，满洲已经是大陆上最工业化、最军事化的地区。它的工业力量仅次于日本，而日本又在国内经济上作出牺牲、再通过朝鲜把它和国内联成一个很大的战略联合体。

　　从长远看，对日本整个经济更重要的不是开发满洲，而是在 1931 年的军事行动使日本政府和企业发生了新的关系，并促进日本摆脱世界性的衰退。1931 年以后，危机感弥漫全国，使政府有可能采取措施、增长经济。满洲的军事行动以外，日本还采取了一个"贸易攻势"，它在 1931 到 1936 年之间使日本出口翻了一番。在同英、美和德国的激烈竞争中，日本是第一个从衰退中恢复过来的。日本在这次攻势中使用的技巧，在它的竞争者当中引起不满。它们说极低的工资、有问题的营业方法和劣质商品，让日本占了便宜。但是，它成功的真正原因则是正统的、依靠正确使用经济学说和全国努力的结果。1932 年日本取消了金本位，把日元贬值，贬到在世 335 界市场上日本产品能有竞争力的水平。1931 年颁布的重要产业统制法，允许政府"合理改革"产业、归并产业、消除"浪费的"竞争并提高效率，以便与外国竞争。在此过程中，诚然牺牲了许多小规模的产业和企业，全国的生活水平也都很低，因此在经济复苏中，日本的消费者没有得到好处。满洲的危机倒为政府向消费者和工人提供了借口。政府发起了一个宣传运动，宣传有危机存在，并要求 336 成立"国内前线"或"工人部队"以配合战场上兵士的行动。它向工人鼓吹苦干、爱国和节衣缩食，为了遥远未来的富裕。

　　满洲事件最关键的结果，也许就在日本的国际地位和外交政策上。入侵满洲显然是不合乎日本与西方列强的国际协议的。英国和美国尤其被日本的行动搅得不安，虽然它们除了在国际联盟里指摘日本不道德外并未采取报复行为。在提到日本是侵略者时，李顿调查团也含糊其辞。但是，国际联盟的报告反对承认"满洲国"为独立国家。因此，国联对日本人夸耀它有可能用包含日本在内的条约来约束日本时，只能引起日本的反感。1933 年日本退出国联，次年东京外务省发出所谓的天羽声明（有时被称为"亚洲的门罗主义"），它代替门户开放政策，提出要对东亚的和平负完全责任，同时还要在中国和西方列强关系上，把中国当成自己的保护国。日本已经开始从西方列强的"门户开放"的伙伴关系中撤退出来，终于在 1940 年和轴心国联盟。

总而言之，满洲事件及其后果，给日本国内国外都带来很大变化。在国内，国家的情绪立即转变。在满洲的胜利鼓动了极端主义的传播，同时对批评日本行为的国家心怀怨恨。20 年代的特点是鼓吹"国际主义"，这个潮流一下子就转变了。所有被认为是不爱国或对国家利益有损的思想和行动，都遭到激烈攻击，例如 1935 年，美浓部教授被迫从贵族院辞职，因为他在早年著作中提出了"天皇机关说"。社会传媒对自由思想者讽刺谩骂，而对武德和民族主义情绪，则大肆吹捧。

正是在这种舆论的大气候下，陆军的极端主义者进行了若干昭和新政的进一步尝试。1934 年 11 月，陆军里发现一个阴谋，牵涉到领导的上层和卜层军官。受到牵连的有军事教育总监真崎将军。陆军内的保守领导看到军纪松弛的严重性，试图彻底整顿，就把以真崎为首的 3,000 多人调动了工作。1935 年 8 月，极端主义的相泽中校杀死永田将军，因为永田使真崎离职。后来公审相泽时，更成了一次民族主义情绪的大暴露。相泽自称动机纯正，并带来女学生血书为自己作证。在审判的高潮中，作为缓和首都地区紧张形势的手段，从 1905 年起一直驻在东京附近的陆军第一师，忽然被通知要作好调往满洲的准备。1936 年 2 月 26 日第一师兵变，将近 1,400 名兵士带着刚发到手的武器，跟着一群极端主义的军官，试图以血战夺取政府，并杀死所有阻碍"昭和新政"、给皇室抹黑的人，以保卫祖国。他们成功地占领了警察总署、陆军省、总参谋部和新的内阁大楼三天，杀死内阁成员若干人，使东京中心陷于恐怖之中。最后，陆军中明智的人，在天皇的支持之下，使叛军投降。这一次的惩罚是迅速而悄悄进行的：103 个人被判罪，其中有 17 人死刑。338 反叛之后，继之以清洗，并在部队内部重整纪律。1936 年的二月事件，是最后一次公开用暗杀手段推行昭和新政。

　　一般都假定第一师的反叛是日本预谋好与中国交战的一连串事件中的一环，后来的研究表明这种假定有问题。也许 1937 年 7 月日本的对华战争是在意料之中，但它不同于满洲事件，不是陆军军官事先策划的结果。日本是慌乱中撞入对华战争的。可是战争一旦开始，由于事前双方都有安排，大规模作战就不可避免。日本的文武官员似乎都要为日本的在华利益而奋斗，中国的领导也决心站起来反对日本对长城以南的进犯。

　　具有讽刺意味的是 1936 年 2 月和 1937 年 7 月之间，在日本居然短期地出现了政党活动的复活和政党对陆军干涉政府的批评。经济已从大衰退中恢复过来，消灭了失业。1937 年大选中，社会大众党极受群众欢迎，在内阁中获有 37 个席位。政党领袖努力在联合政府中重新发出反陆军的呼声。但总的说来，潮流的走向还是文官向部队妥协，并发扬民族主义精神。1936 年春，掌权的广田内阁公然采用侵略的外交政策，号召在中国北部建立一个"特别的反共、亲日、亲满洲国的区域"作为日本民族存在的"基本原则"的一部分。日本的领袖开始越来越把国家的军事战略目标和经济、道德的期望混同起来。1937 年 6 月，为了解决政党和陆军之间加重了的紧张状态，公爵近卫文麿被任命为总理，日本迎来了一个把使命和命运全放在侵略大陆的领袖身上。作为一个贵族，而且具有接近皇室的吸引力，他的被任命令人感到日本又回到它"根本的价值"上来了。

到 1937 年，日本陆军计划把苏联看作东亚的主要威胁。华北的问题又越来越错综复杂。占领满洲以后，陆军一直向北京的边缘挺进，利用"自治"的政权或独立的缓冲地带，以取得间接统治。华北有棉花和煤矿资源，还是日本商品的广大市场，所以牢牢掌握华北，对日本国防，十分重要。日本所需要的是一个对它友好的"独立"的华北，而中国人不肯与之合作，使日本滋生了要以直接行动解决中国问题的要求。

与此同时，蒋介石也已巩固了南京政府的统治，并开始坚定地拒绝日本的要求。1937 年春，蒋介石已经和他的共产党对手缔结了统一战线以抵抗日本在华北的侵略行动。1937 年 7 月 7 日，中日部队之间的战争在北京附近爆发时，一个小小的边界事件，很快地成了全面战争。这时日本和中国之间，已经没有和解的余地了。

卢沟桥战事的爆发，标志着旷日持久的中日战争的开始。这一事件实际持续到 1945 年日本完全失败才算结束。日本的领导没有预料这场战争拖延如此之长，特别是文职领导还盼望着像满洲事件的那种胜利。但是，到后来败局已不可挽回，日本人陷入了劳而无功的挣扎之中。这场挣扎使日本在国内更加军国主义化、组织军事化，最后于 1941 年向美国发动攻击。在此情况下，只有战胜才能保住国家的面子，但是，日本人纵然流尽鲜血，胜利也是不可能的了。

　　侵略中国的战争是分三个阶段进行的。在 1937 年 7 月到 12 月之间，日本军队迅速占领了华北的主要部分，并夺得蒋介石的首都南京。本来希望南京陷落，蒋介石就不再抵抗。也许是出于对南京政府抗日的报复，日本军队进行了大规模的洗劫和屠杀。两天之内，有 12,000 平民被害，这就是历史上的"南京大屠杀"。[1]

　　蒋介石向内地迁都，迁到汉口，在汉口继续指挥抗日。因此，在第二阶段的战斗中，日本就要占领汉口和广州。1938 年 10 月，广州陷落。蒋介石进一步向内地迁都，迁到长江三峡以上的重庆。在此后的第三阶段战斗中，中国人采用游击战术，利用地形争取时间，使日本人陷于不能自拔的境地。1938 年以后，日本统治了中国的主要城市和铁路线，但经常受到占据了农村的中国游击队的困扰。

　　到了 1940 年，中国战事每天大约要日本耗资 400 万美元，送到中国战场上的日本人在 150 万以上。部队中伤亡很多，而国内对主要商品的配给也已开始，这个事件就变得严重起来。在政治和宣传中，越来越听到绝望的呼声要求结束战争。对于中国人，日本人发起了强大的宣传攻势，声称日本军队正在进行一场无私的"圣战"，要把中国从共产主义和西方影响下解救出来。他们努力要在华北建立一个亲日政权，结果就在南京设立了一个汪精卫的傀儡政 341权，不过，日本的政治控制和经济剥削，最后被证实为愚蠢的、不协调的。

　　与中国的战争在日本国内的反响是深刻的。日本此时向全面军

　　1　遇害人数大大失实。据我国学者研究，日军占领南京时至少屠杀了 30 万人。——译者

事动员和集中的经济计划转化，政府日益处于军方的控制之下，国家主义和爱国主义的口号都被用来激励人民为国尽力。借天皇名义产生一个以军事为基础的民族社会主义机构，这种极端主义的目标在1936年被粉碎，1940年日本又被推入战争动员之中。它向人民灌输中央集权下经济统治的思想，这种思想和军事极端主义者的预想十分相像。正如某些观察家所云，事实上日本的昭和新政是从上层完成的。日本人和美国人交战，几乎是出于对"国家任务"、对天皇和对中国"圣战"的歇斯底里使命感。

1937年晚些时候，日本向政府控制私人部门（主要是政治党派和私人的企业集团）迈出了重要的步子。为了利益的均衡，成立了一个内阁的咨询机构，包括四个军方代表、三个政党成员、两人来自财政和企业和一个来自外交界。又由政府各部门抽调了20个人，组成企划院，以协调国家政策。1937年11月成立了大本营，以协调这两个部门的计划和行动。1938年3月，首相近卫帮助陆军在内阁通过了国家总动员法，使首相有权自己决定国内事务。政府可以超越内阁，它就开始制定管理国家经济的非常措施，实行物价控制和配给制，对物资和劳动力也都实行配给。

342　　从此，要采用一个在国家生活各方面都实行军事化的计划，就非常方便。1940年近卫公爵第二次任首相时，他宣布为了把日本变成一个高级的国防国家而成立了新体制。1940年早期，各政党被迫解散，其地位由大政翼赞会所替代。以单一政党的概念为基础，这个会要把日本全国的官僚和政治力量统一起来，支持"天皇的目标"。不同的意见被集体的单一目标掩盖起来。同时，余下的为数不多的工会也合并为一个为战争出力的爱国工人组织。

大政翼赞会虽然部分以民社党为模式，它的组成和活动方式，与欧洲的民社党基本不同。这个会不是用来夺取政府的党，正好相反，它是一个日本领导者用以装点意见一致的门面的机构。所以这个会没有活跃的办事员，也不依靠集会或演说。它倒更像一党制，是通过社会压力来消除不满或不忠的情绪，从而和政府保持一致。结果它就更像是一个平息对战争和国家主义的反对或邪说的手段，而不是政治控制的积极力量。因此，德国的民社党先掌握政府，然后产生一个极权主义的国家再投入战争；而日本则是先有战争，越来越觉得不安全，才有"国防国家"的。在日本最后发展为全面战争的过程中，逐步地动员了全国的资源（物力和人力），但全国军事化的模式和德国或意大利并不相同。

　　在大政翼赞会之下，总动员分为三级：第一级是我们所谓的人民动员，也就是要把后方统一起来。1941年中期，全国都已有系统地组成邻组。通过镇、城、县和国家委员会，成为一个金字塔形的国家级组织。这个邻里组织，以住所为单位，把家家户户都强制地吸收进一个委员会里来。这个组织按照德川时代的模式，成为实现一致的强大力量，因为在这种制度下，持不同政见者和落后分子都没有藏身之地。这个组织还是鼓舞后方士气、替政府做宣传的工具。它们也管配给、民防和收集后方给前方战争的捐赠，例如购买飞机的现金或是献给政府的黄金。

　　大政翼赞会方案的第二个特点是被称为国民精神总动员，它包含着国内所有政治、社会和文化团体的大混合。政党和工会已经在一定程度上联合了，就对新闻界、各种职业团体和大学施加压力，叫他们把设备归并到一起，并统一他们言论的口径。

　　言论正是大政翼赞会所关注的第三方面，即精神动员。当日本人发现自己处于守势、并在国内国外都面对极大问题时，维护国家身份和自信的斗争，就产生了极大的压力，要求思想一致，并在大日本主义和国家主义的口号下团结起来。从反面说，他们尽一切努

力扑灭不同思想；从正面说，日本人则高呼这样的口号如"皇道"、
344 "大和魂"、"八纮一宇"和"祭政一致"。精神动员也要求公开反对
西方主义、把西方影响从日本生活中清除出去。影院里西方电影的
观众越来越少，火车站招牌上的英文也取消了。人们用射箭代替打
高尔夫球。小学校里教授"国体之本义"，叫学生接受日本的历史
神话、神道中有关天皇神威的教条、日本人民的不同凡响和日本要
沟通中西、统一世界的使命。正像神道神话的荒诞，日本人使自己
深信自己的国家是正义的，也相信他们在这个现代世界中担负的创
造性使命。

　　到 1940 年，日本陷入了一系列的事件之中，使它沿着极端国
家主义和世界孤立的路线越走越远，最后和美国开战。在欧洲，大
战早在 1939 年爆发，德国开始取得的胜利和日本遭遇的令人沮丧
的情况，形成鲜明的对比。1940 年 6 月，尼德兰和法国陷落，许多
日本人就相信轴心国肯定会赢得欧洲。对日本来说，好像时机也已
成熟，它可以在亚洲建立一个自给自足的集团。因此在 1940 年晚
些时候，在外务省松冈的领导下，完成了对门户开放列强的外交革
命。9 月，它和德国、意大利签订了日德意三国军事同盟条约，该
条约承认日本在东亚的最高地位。1941 年，松冈又和苏联签订了
互不侵犯条约，这样就可以放手南下，去侵犯法、荷、英属殖民地
了。1938 年首相近卫发表建设"东亚新秩序"声明。到 1940 年，
他重申新秩序的政策，发展出"大东亚共荣圈"的想法。在这个圈
的中心，是一个日本为主的防御集团，圈的周边在南方是那些殖民
地。这种扩张的设想，已经使美国开始不安。

345　　观察家们在华盛顿会议之后，早就看到日美之间的冲突是可能
的，因为日本的利益和主张门户开放的大国要维持现状的努力，互

相矛盾。不过，直到第二次世界大战爆发，在大陆上日本扩张使英国的损失最大，因而反抗日本的，也最属英国。但是1939年以后，日本在中国继续作战，且不停地向南推进，日本就成了太平洋上对美国安全的主要威胁。不过，美国并未很快地对日采取强硬政策。罗斯福总统发现他的顾问有不同意见：格鲁大使相信忍耐可以使日本政府中的温和派在政策控制上占上风并遏制军国主义的领导；而国务院内的"老中国通"们则主张只有强硬的表示，才能使日本军国主义者就范。事实上，美国手中有很厉害的武器对付日本，因为日本的国防工业十分依赖美国的钢铁和石油。1939年，罗斯福总统发表相当温和的"道义禁运"的演说时，没有说要禁运这些商品，只是把日本归入了极权主义的阵营。1940年夏季，日本人进军法属印度支那，罗斯福中止了美日商务条约，并限制对日本出售战略物资。德意日三国条约把欧洲和太平洋问题连到一起，更恶化了美国的处境。1941年夏，日本军队进入南印度支那，美国、英国和荷兰对日本实行出口货物全面禁运，这就切断了日本急需的石油和橡胶的供应。日本军官估计这些物资的储量，只够两年之用，而这个情况是不能忍受的。这时日本已被美、英、中、荷（他们所说的ABCD）"挤上绝路"。日本人，尤其是军人，都认为必须把这个包围圈打破。 346

　　1941年夏，野村、赫尔会谈时，两国关系已经到了绝路。美国决定日本不但应退出印度支那，也要退出中国。日本则决心要美国放弃对蒋介石的支援，承认日本在远东的霸权，并且放松石油禁运，特别是来自印度尼西亚的供应。双方在目标和承诺上都不断升级，以致难以退步。日本人相信他们过去的希望，现在已是绝对的必要，而为了国防的需要，他们的要求是合法的。美国逐渐认为极权主义给世界带来威胁，而日本人的进一步扩张是无法想象的。彼此双方都有严重的估计错误。日本加入轴心国集团意在威慑美国，而美国采取强硬政策则希望日本让步。

1941 年 9 月，在一次高级武官和文官的联席会议上，日本的领导决定，如果 10 月还不能就汽油问题达成协议，就和美国作战。10 月东条将军升任首相，预期有战争发生。在 11 月御前会议上决定：如果外交谈判最后失败，就定于 12 月 1 日动员。这是个孤注一掷的决定，不过和美国交战比从中国撤退或国内叛乱还容易接受一些。日本的军事计划是很周密的。他们想在珍珠港消灭美国的太平洋舰队，并在菲律宾毁灭美国部队。他们认为德国在欧洲取得胜利之前，美国不可能以全力对付日本，这是一个致命的错误估计。在珍珠港的不宣而战，把美国人团结起来，他们决心全力以赴地粉碎日本。

太平洋战争持续了四年之久，给日本人民带来了无限的痛苦。
347 日本帝国和军事机构也完全破坏。但是在一年时间里，日本人的闪电战术曾得到完全胜利。12 月 7 日在珍珠港美国损失了 7 艘战舰、120 架飞机和 2,400 名战士。日本人迅速占领了菲律宾、香港、新加坡和印度尼西亚。到 1942 年 3 月，日本军队到了新几内亚，并做好进攻澳大利亚的准备。到 5 月它已经占领了缅甸，还考虑征服印度。但是，珍珠港事件把美国人团结起来了，他们万众一心，美国和盟国强大的军事力量和工业实力，开始使日本失利。1942 年 6 月，日本海军在中途岛失去了四艘最好的航空母舰。8 月，盟军第一次在瓜达卡纳尔岛作两栖登陆。战线过长的日本帝国被迫采取守势。

在 1942 年夏天到 1944 年之间，盟军主要在欧洲作战。不过，日本船舶也因盟军的潜水艇而蒙受巨大损失。在吉尔伯特群岛和马绍尔群岛中，也有若干有战略价值的岛屿被夺回。1944 年夏，盟军向日本本岛发动了两次规模巨大的两栖挺进。一次是冲向马里亚纳群岛，在 6 月占领塞班岛，1945 年 3 月占领硫磺岛。另一次是在 1944 年 10 月夺回菲律宾。1945 年 5 月这两路兵力在冲绳会师，6 月就从日本人手中得到冲绳。现在的盟军已到了日本本岛的门口，而本岛也在轰炸的射程之内。1944 年晚些时候，盟军飞机开始对日本城市有系统地轰炸。1945 年 3 月 10 日以燃烧弹攻击东京，估计有 10 万人被杀。在这些空袭中，总共有 668,000 个市民在日本丧生。到 1945 年夏天，日本在军事上完全被打败，但是不肯接受波茨坦公告所要求的无条件投降。8 月，日本遭受了两大打击，使投降成为必然。8 月 6 日第一颗原子弹扔到广岛。8 月 8 日，俄国向日本宣战，进入满洲。9 日又有一颗原子弹扔到长崎。在军方的不断反对之下，天皇于 8 月 14 日自己承担了责任去"忍受不能忍受的事"，日本于次日接受了波茨坦公告。

348

十九、占领与恢复

　　盟军占领日本是世界史上少有的一个章节。除了彻底征服之外，没有一次占领是如此注意政治和社会的改革。也很少有什么社会像日本在 1945 到 1952 年的短短期间，改造得如此彻底。日本从来没有打败仗因而土地被占领的经验，它对盟军占领的反应也是不寻常的。

　　1945 年夏天的日本，是一个体力和精神都耗尽了的国家。从对中国开战始，310 万日本人失去了生命，其中有 85 万是平民。这个国家经历了最可怕的震惊：燃烧弹袭击城市，和两枚原子弹的爆炸。百分之三十以上的日本人无家可归。几乎有一年没有海上交通，内陆的运输也濒于崩溃。严重的食品缺乏，使国人大半近于挨饿。居民道德沦丧。农民在黑市出售食物，谋取暴利。富人把传家珍宝都拿出来换生活必需品。工业被毁，只剩下原有能量的四分之一。通货膨胀几乎把日元贬值到战前的百分之一。人民本来是在夸张的战时宣传和超级国家主义的教育下培养起来的，随着日本的无条件投降，一切都毁灭了，他们在情感上和思想上都感到困惑。

　　但是，日本很快完全从战争的废墟和战时的价值体系观念中恢复过来。能做到这一点，特别要归功于三个因素。第一是日本这个国家被粉碎了，盟军控制了对它社会体系的最后决策——保留日本政体的主要结构，对天皇地位加以调整，但不完全取消。第二个是日本人民作为一个民族，还保留着其社会的和政治的训练的意识——也许这是第一个因素的必然产物。第三个因素是日本人把战争归罪于社会上军人方面，这就避免了战败的心理后果。日本人对战败既已作好最坏的心理准备，他们对仁慈的占领的反应，先是放心，后是热情。日本人本来是个重实效的民族，他们被民主强国所败的事实，一夜之间就把他们变成了信奉民主制度的效率的人。

从长远的观点看，如果日本在第二次世界大战以前，没有那一段长期的现代化运动，它战后的变化，也不可能发生。因此，战后时期是 20 年代政党政府的直接产物。不过，日本也有可能在战后恢复中成为一个典型的社会主义国家，如果当时情况如此要求它的话。在 1945 年，对日政策主要是在美国拟定的，而主要的执行者又是美国的麦克阿瑟将军和日本的吉田首相。这是非常重要的。因为麦克阿瑟虽然基本上是个极端的保守主义者，但他简单地以理想主义的词语把自己看成是民主使者。吉田又是代议制政府的信奉者，他能为日本人民的尊严和文化的独立性争辩。

盟军的占领军总司令部体现在麦克阿瑟一人身上，几乎是由美国独家经营，这一点是很特殊的。因为美国在太平洋战争中的功劳，再加上原子弹带来的声誉，日本没有像德国或朝鲜那样被分割。占领军总司令部的政策是按照华盛顿的基本条文制定下来的，但是，到了东京，对它的解释就相当自由了。幸运的是派到日本去的军事顾问和执行占领军总司令部指令的日本政府官员，关系搞得很好。

占领政策主要分为三大项：非军事化、民主化和恢复。前两项是重点，因为开始时对日本的军事化十分仇恨，在非军事化下，日本所有战时得到的东西，都被剥夺，还不得不取消军事设施赖以生存的制度。首先，日本帝国确实又回到 1868 年只有四个主要岛屿的情况，它失去了对满洲、台湾、库页岛和千岛群岛的控制。冲绳和小笠原群岛都由美国托管。日本帝国的缩小使 650 万日本人必须遣返回国，而这些人许多都已在殖民地定居下来。非军事化要求把日本的武装力量摧毁，取消陆军省和海军省及军工生产、航空运输，甚至在一段时间内，连商船也被取消。为了消灭参与过日本扩张的分子，占领军司令部下令清洗了18万处于政府领导位置、公共设施和教育方面的人，25个和战时暴行最有关系并对发动战争最有责任的人，在战犯法庭被起诉。有7个人在1948年被绞死，为首的是原首相东条英机。

352　　其他一些不太严厉的、要削弱日本军事力量的措施，则是要在日本的土地上播下民主的种子。取消神道、削减国家对神社的资助、停止学校里以神道为基础的课程，这些措施都是要从日本人的思想中清除掉产生极端国家主义的传统教条。天皇也不得不在无线电广播中"否认自己的神性"。

　　占领军总司令部采取的最重要的政治变革就是制定一部新宪法。1947年，作为明治宪法的补充，这部新宪法从根本上改变了日本国的政治结构。它产生了一个真正的代议制政府，在这个政府里，统治权牢牢握在人民手中。新宪法的第一句话就是"我们日本人民"。它还给天皇以新的定义："国家和人民团结的象征。他的地位来自人民的意愿，而人民是掌有统治权力的"。它按照英国的模式，建立了对选举者负责的内阁，20或20岁以上的男人和女人都有选举权。议会的上院下院都由选举产生（上院称为参议院）。宪法规定司法部门是独立的，地方政府的高级职位也由选举产生，包括县知事在内。新宪法使警察制度分散。人权是通过新宪法的人权法案得到保障的。第九条包含着著名的反战条款：除了自卫，放弃一切战争。总之，这恐怕是当时的美国都不能采用的自由的宪法。

　　这部新宪法，虽然像是日本人所制定，但是和占领军总司令部政府组提供的草案，大部分相合。日本领导能接受它，就说明日本人民大部分对接受其中规定的变化，是作好了准备的。1947年以后，它一再抵制修改政府制度、为代议制政府更好发展提供了条件，从而证明这对日本人民是合宜的。

占领下的改革也要针对经济进行。重要的力量放在打碎大的财阀康拜因，以便分散经济。为了防止重新组合，通过了反垄断353法规。支持工会，并鼓励工会和资方争取管理力量的平衡。在一年内，工会会员猛增到450万。占领下影响最大的改革之一是土地改革。为了从根本上解决佃农耕种和不在当地的地主问题，改革要求所有这样的地主把两英亩半以上的耕地出卖，而自己耕种的土地所有者则可以保存七英亩半土地。很快地就有500万英亩的耕地易手，而自耕的土地一下子由所有土地的百分之五十三上升到百分之八十七。用实物交租的办法基本上消灭。这些改革，加上战后农业的发展，是战后日本农村在经济上和政治上都稳定的原因。

最后，战后还实行了教育改革。虽然占领军没有取消文部省，但它要求分散国家的教育体系。在普通教育中，实行了6—3—3—4学制，最后四年是大学。地方上的学校的校务委员会有权决定课程的一部分。建立了家长、教师联合会，他们设法减少课堂教学的权威气氛。为了扩展高等教育的基地，县立大学也应运而生。最重要的改革也许是占领军发起的课程表和教科书的彻底修改。这些措施取消了"修身"课，代之以"社会研究"。历史教科书修改后，提出了新的多元论观点。同时还引进了像政治学这样的新的社会科学课程。在简化字体方面也向前迈了一大步。

占领到1951年截止，但在1947年以前，它的基本政策，都已实行完毕。在开头的几年里，占领军和日本人双方都充满了理想主义：占领军方面，很多是原先的"公平施政"官僚，而日本人方面，则认为改革是相宜的。到了1948年，占领的本质起了变化，

354 占领军总司令部越来越把决策权交给日本人。随着在国内反对"公平施政"方案的呼声日益高涨，对苏联和中国共产党的矛盾引起在东亚的冷战，美国在日本的基本政策也有所改变。日木木来是美国的敌人，逐渐变成了美国在亚洲的主要同盟者。因此，1948 年以后，美国在日本的战略利益开始重于非军事化和改革，基本政策也就向恢复和重建转变。朝鲜战争爆发后，日本立即对美军非常重要。以恢复经济为主要目的，早年的经济和财政的限制都放松了。1950 年允许日本设立国防自卫队，到 1960 年，它发展为 20 万人，拥有坦克、飞机和海军。宪法第九条的条文在字面上还保留着，却鼓励日本参与自卫。

　　1951 年美国及其他 47 个国家和日本签订了和平条约。苏联和共产党中国仍然不肯承认与日本的外交关系。1952 年美军正式结束了占领，但在日美之间还签有安全条约和行政协定，规定美国的军事基地在日本继续存在。如果发生战争，美国有责任保护日本。因此，日本仍在美国的保护伞下，并继续为美国提供最重要的军事条件，以为美国在东亚的力量根据。不过，日本恢复了行动自由及在世界上的地位。1956 年日本和苏联恢复了外交关系，并被接纳入联合国。

　　被占领的岁月——"日本的美国插曲"——和随之而来的几年调整时期，在日本历史上构成了一个重要的分水岭。有些人把这个
355 时期看成是日本和传统最后决裂并接受了没有封建或儒家色彩的制度和价值观的时期，其重要性仅次于明治维新。但是，要区分开历史、传统和占领时期达到高潮的强制性变化的因素，也有困难。肯定地说，如果没有 19 世纪 70 年代和 80 年代的变化、20 世纪 20 年代的经验，1945—1947 年制度上的改革也不可能生根。自然，也

很难知道战时的贫困、战败的恐惧和社会与经济的改革深度有多少关系。占领不仅是催化剂，但也不是战后日本的唯一动力。我们说战争的痛苦、失败、失望和被占领加在一起，把日本推过了现代化运动的第二个分水岭。它建成了一个群众有权管理、群众都参与的社会，建成了一个群众消费的社会。这个社会的经济增长率是现代任何社会中最可观的。

到 20 世纪 60 年代中叶，日本虽然仍旧没有自己的军事力量，对世界大事仍旧没有什么发言权，但它创造了一套统计数字，证明它是世界上第三工业大国。它的人口已经超过一亿，男人的平均寿命 65 岁、女人 70 岁。1965 年人均收入在美金 600 元以上。只有百分之二十五的劳动力从事农业，日本已经具有现代先进国家的人口统计特点。1950 年，日本在造船业上超过英国，1961 年在钢铁生产上又超过英国。在 60 年代里，日本的收音机和电视机制造，仅次于美国。在同一时期内，汽车制造方面超过西德，成为世界第三。日本对印度和巴基斯坦经济项目捐资，开办亚洲发展银行，在向发展中国家捐赠援助方面居世界第五。W. W. 洛克伍德称之为日本的"新资本主义"，这个新资本主义好像把日本经济在战前结构上的不平衡问题，已经克服了绝大部分。

日本人虽然住在布满电视机和高速火车的土地上，还不能相信自己的国家在经济上已经不再风雨飘摇。原因之一可能是这个国家的领导，还有很大的不稳定性。在被占领的年代里，日本比任何亚洲国家都更接近实际上的民主国家。战后日本则越来越像西方社会，它有比较稳定的两个政党，百分之七十五的选票在多选择的基础上进行选举。也就是说，日本在解决政治和群众关系方面要先进得多。但是，我们还可以看到在利益平衡上和日本政治所依托的思想体系上，还充满着一定的不安，深深的裂痕依然显而易见。在强

大的自民党后面，政府依然在机关的利益之下进行工作。在 1950
和 1951 年之间，有八万多人得到平反，这有助于把在战前气氛中
成长起来的精英政治家召回。同时，作为"永远是少数党"的社会
党有它的难处。部分原因是由于它是以重要政党的形式出现的，而
又不能达到内部团结——宗派主义永远在困扰着左派。在政治事务
上，占领军的早期政策是非常自由的。释放战时政治犯出狱，其中
就有共产主义者。同时也鼓励政治集会。从 1947 年 6 月到次年 3
月，社会党的片山哲短期地担任内阁总理，但是，战前涉及共产主
义与工会主义的宗派主义，仍继续把社会主义的领导在国内和国际
政策上分为两派。在首相吉田领导下，保守党很快回到领导岗位，
并且蝉联下去。社会党虽然声势渐大，仍然是个少数派，而且缺乏
357 掌权的经验。由于他们非常倚重工人的支持，就避免了英国或美国
那种大党之间意见一致的现象。说日本是"一个半党"制度，是不
无道理的。所以到 1960 年社会党企图阻挠接受美日安保条约，在
他们所谓的"多数的暴政"下，采取了故意妨碍议案通过的策略。
在保守党和日本左派政党的思想紧张形势之外，还有学术界、知识
界和新闻界继续反对政府。日本人民经常担心激进主义，不论强暴
的行动是右倾的或是左倾的。

　　国内的不稳定和日本人对世界安全的意识的恢复，也是紧密联
系着的。日本在国际上受尊重地位的恢复迟迟其来；而日本人对战
争的痛苦记忆犹新，也不愿意坚持自己的权利。同时，在战后世界
中，日本对美国依赖极深，任何一个更为自由的行动，都会立即在
日本面前引发出冷战紧张局势和对付共产党中国的问题。到了 60
年代末期，日本对世界的反应仍然十分谨慎。在很大程度上，它的
未来需要开放的世界经济和权力的平衡。日本自己政治制度的开放
性，也极大地取决于它能否和全世界维持一个有利的关系。

日本史年表

约公元前 150,000 年——前陶文化的证据

约公元前 7,000—250 年——绳纹文化

约公元前 250 年——弥生文化的出现

公元前 660 年——神话传说中神武天皇即位

约公元后 300—645 年——大和时代

552 或 538 年——佛教由朝鲜传入

593—622 年——圣德太子摄政

607 年——第一次遣使中国

645 年——大化政变后实行改革

702 年——大宝法典的颁布

710—784 年——奈良时代

752 年——奈良东大寺大佛供养

781—806 年——桓武的统治和大宝制度的恢复

794—1185 年——平安时代

805 年——天台宗传入

806 年——真言宗传入

838 年——第 12 次（最末一次）遣使中国

858—1160 年——藤原时代

995—1027 年——藤原道长的极盛时期

约 1002—1019 年——紫式部撰写《源氏物语》

1086—1129 年——"白河院政（太上皇摄政）"

1159—1160 年——平治之乱；平清盛武力的优势

1175 年——法然上人（1133—1212）建立净土宗

1180—1185 年——源平战争

1185—1333 年——镰仓时代

192 年——赐赖朝以将军称号

1203 年——北条时政被任为"执权"（即将军的摄政者）

1232 年——北条氏颁布"贞永式目"（即镰仓法典）

1274、1281 年——蒙古入侵

1334 年——后醍醐领导的建武中兴

1338—1573 年——足利（或室町）时代

1368—1394 年——第三代将军义满（1358—1408）

1449—1473 年——第八代将军义政（1490 年殁）

1467—1477 年——应仁战争

1542 或 1543 年——葡萄牙人到达种子岛；西洋火器传入

1549 年——传教士沙勿略（1506—1552）到达日本

1568—1600 年——安土桃山（织丰）时代

1568 年——织田信长占领京都

1582 年——明智光秀暗杀信长

1586 年——丰臣秀吉修建大阪城堡

1590 年——秀吉势力极盛

1592 年——秀吉第一次入侵朝鲜

1595 年——全国"检地"（土地丈量）

1598 年——秀吉死，从朝鲜撤军

1600 年——德川家康关原之战的胜利

1600—1868 年——德川（或江户时代）

1603 年——德川家康取得将军称号

1614—1615 年——占领大阪城堡

1622—1623 年——基督徒遭受最大迫害

1623—1651 年——第三代将军德川家光完成幕府各种制度

1637—1638 年——岛原起义

1639 年——发布锁国令

1641 年——荷兰商馆迁到长崎出岛

1688—1704 年——元禄时期

1716—1745 年——第八代将军吉宗（1648—1751）实行享保改革

1787—1793 年——宽政改革的创意者松平定信（1759—1829）势
力极盛

1804—1829 年——文化、文政时期

1804 年——尼古拉·雷扎诺夫到长崎

1837 年——儒家学者大盐平八郎在大阪领导米骚动

1841—1843 年——水野忠邦从事的天保改革；"株仲间"（商人行
会）取消

1853 年——佩里准将到达浦贺

1854 年——与美国缔结神奈川条约

1858—1860 年——井伊直弼任"大老"（高级顾问）

1858 年——与美国订立通商条约

1862 年——"参觐交代"制度放松

1865 年——天皇批准与外国列强订立的条约

1866—1867 年——庆喜（1913 年殁）第十五代亦即最后的将军

1867 年——睦仁（明治）即位

1868—1912 年 明治时代

1868 年——1 月 3 日天皇恢复统治权力；颁布天皇五条誓文

1869 年——大名将领地归还天皇

1873 年——新国家征兵法；新土地税制度；建立内务省

1877 年—— 2 月至 7 月萨摩叛乱

1881 年——允诺制定宪法的诏书

1885 年——内阁制度开始；第一任首相伊藤博文

1889 年——公布宪法；山县有朋（1838—1922）任首相

1890 年——发布《教育敕语》

1894—1895 年——中日战争

1899 年——修改条约；结束治外法权

1902 年——缔结英日同盟

1904—1905 年——俄日战争

1910 年——吞并朝鲜

1912—1926 年——大正时代

1914 年——大隈任首相；日本对德宣战

1915 年——强加给中国二十一条

1918 年——"政党政府"开始；政友会原敬任首相

1921—1922 年——华盛顿会议

1925 年——议会通过全民选举法与保卫和平法

1926—1989 年——昭和时代

1930 年——签订伦敦海军条约

1931 年——爆发"满洲事件"

1933 年——日本退出国际联盟

1937 年——近卫文麿（1891—1945）任首相；7 月爆发侵
华战争

1940 年——近卫首相宣告"新体制"；与德、意订立三国联
盟；创建大政翼赞会

1941 年——东条英机将军任首相；12 月 7 日进攻珍珠港

1945 年——日本投降

1946 年——麦克阿瑟将军任占领军总司令；天皇承认没有
　　　　　"神性"；公布新宪法；吉田茂任首相；占领下
　　　　　的改革

1950 年——日本人建立国家警察预备队

1951 年——旧金山的和平会议

1952 年——美国对日本占领结束

1953 年——《美日安全条约》

1956 年——日本被接纳入联合国

1960 年——反对续订《美日安全条约》的示威

1964 年——佐藤荣作任首相；东京的奥林匹克运动会

日语名词表

（本表包括原书中出现的日语名词，本来是根据日语读音次序编排的。为了中国读者的方便，重新按汉语读法编排。注音用汉语拼音，同音字再按声调的阴阳上去分先后。例如"关白"在"管领"之前，"管领"又在"贯"前。——译者）

baixing	百姓（hyakusho） 农民。
bu	部（be） 早期日本的服务社团，依附于每个氏，645 年后废除。
caifa	财阀（zaibatsu）"企业集团"，20 世纪 20 年代出现的大工商业的卡特尔。
canjin jiaodai	参觐交代（sankin-kotai）"交替侍从"，这是德川时代的一种制度，要求大名有一半时间在江户侍从将军。
chen	臣（omi） 早期的贵族称号，表示和皇家有亲属关系。685 年以后，失去其重要性。
cun	村（mura） 村庄。
dabao	大宝（Taiho） 701—703 的年号。702 年颁布的行政与律令法典，都用这个名字。
daming	大名（daimyo） 15 世纪以后，地方高层人物拥有年产万石或以上大米的领地者。
dan	石（koku） 粮食的计量单位，约为 5.2 蒲式耳。

ditou	地头（jito）"武装的土地管理员"，镰仓政府指派协助管理庄园。
fan	藩（han）大名的领地。
fengxing	奉行（bugyo）特派员，委以特殊行政职务的官员。
fushi	浮世（ukiyo）"飞逝的世界"，城市中供人娱乐的时髦地带。也有"浮动的世界"之意。
fuguo qiangbing	富国强兵（fukoku kyohei）明治早期国家领袖的口号。
gongjia	公家（kuge）朝廷上的文官贵族。
gufen	古坟（kofun）史前时期的坟丘或古墓。
gushi ji	《古事记（kojiki）》根据民族传统所写日本历史，与《日本书纪》形成对照。推定完成于712年。
guanbai	关白（kampaku）皇家的摄政者。藤原家族在9世纪时所得封号。
guanling	管领（kanrei）足利幕府中的主要官员。
guan	贯（kan）"串"；铜钱的计量单位；1000铜钱。
guo	国（kuni）古代日本地方酋长所统辖的地区。645年以后，这样的地区归并为较大的"国"，共有66个。
guoxue	国学（kokugaku）德川后期兴盛的、研究神道的学派。
guozao	国造（kuni-no-miyatsuko）大化改新（645年）以前，地方贵族的称号。
jialao	家老（karo）大名的主要家臣。
jiandi	检地（kenchi）丈量土地，特别是为征税而丈量耕地。

jiangjun	将军（shogun） 从 12 世纪到 19 世纪的日本军事首脑。
jiang you	酱油（shoyu）
jun	郡（gun）国以下的单位。
laozhong	老中（roju） 德川幕府的高级幕臣。
lian	连（muraji） 685 年以前贵族的高级称号。
liang	两（ryo） 金币的单位。
mengmei	勾（momme） 财务往来中，银两的重量单位。
minquan	民权（minken） 人民的权利。
mufan	幕藩（baku-han） 近代称德川政府的制度为幕藩，指幕府权力居大名（藩）之上。
pudai	谱代（fudai） 德川将军的"同族"，也由将军所封。
qiben	旗本（hatamoto） 德川将军封予土地的家臣，品级低于大名。
qinfan	亲藩（shimpan） 与德川将军家族有旁系血缘关系的大名家族。
Riben Shuji	《日本书纪》 官方编写的日本历史。受中国影响，完成于 720 年。
shen	神（kami） 神道的中心概念，指灵魂或神。
shi	式（shiki） 庄园制度下，属于土地的权利和义务。
shi	氏（uji） 包含一个主要家族和若干旁支的贵族家系。
shishen	氏神（uji-gami） 一个贵族"氏"家所崇拜的保护的或创业的神灵。
shouhu	守护（shugo） 在镰仓和足利幕府下，国所委派

的"军事管理者"。

tianhuang	天皇（tenno）
tianling	天领（tenryo）　德川将军直接管辖的土地。
ting	町（cho）
tingren	町人（chonin）　不属于武士阶级的城市居民；商人和工匠。
waiyang	外样（tozama）　德川将军的"联盟大名"，愿服从于德川氏的大名。
wujia zhufadu	武家诸法度（buke shohatto）　"武士家族的法规"。德川幕府要求大名服从的基本法。第一次公布于 1615 年。
wushi	武士（bushi）　武装贵族。
yujia ren	御家人（gokenin）　"家臣"，通常指将军亲近的陪臣。
yuanlao	元老（genro）　年长的政治家，19 世纪 90 年代到 20 世纪 30 年代间，在明治维新中，曾任天皇顾问的人。
yuan	院（in）　隐居之地；退位的天皇。1086 年退位的白河天皇开始通过"院政"施加政治影响。
zhanguo daming	战国大名（senkoku daimyo）　战国时代的大名；最早的、真正的大名。
zhiquan	执权（shikken）　镰仓时代的幕府摄政者。
zhixingdi	知行地（chigyo-chi）　封地。
zhuangyuan	庄园（shoen）　不受中央政府控制的土地所有权；私有地。
zuo	座（za）　中古时代日本的贸易或商业行会。

参考书目

　　本书许多内容是以日本历史学家用日语写出的著作为根据的。我在此没有列出这些著作的目录。但是，对日本史的性质和范围有兴趣的读者，可以参阅我的《日本历史——日本参考和研究资料指南（国际文化振兴会书目丛刊）》（*Japanese History: A Guide to Japanese Reference and Research Materials*，the Kokusai Bunka Shinkokai bibliographic series）和下面征引的由历史学日本国内委员会所准备的书目。

　　下列书目侧重政治和社会史，因而对大量的翻译文学作品注意不够。其实文学作品对了解日本历史上历代的文化环境是很有用的。在下面书目中，从西尔伯曼以下的项目开始，都提供这方面的资料。国际笔会刊行的参考书目更为完全，值得推荐。

秋田（Akita，G.），《近代日本（1868—1900）立宪政府的基础》，剑桥，马萨诸塞，1967。

艾伦（Allen，G. C.），《日本的经济扩张》，伦敦，1965。

——，《日本的经济复兴》，纽约，1958。

——，《近代日本简明经济史》，修订本。伦敦，1962。

东京美国大使馆，日本报纸的每日总结；日本杂志倾向；日本杂志摘要。油印本。

美国历史学会，《历史文献指南》，纽约，1963。

姊崎正治（Anesaki，M.），《日本宗教史》，伦敦，1930。重印本，东京，1963。

朝河贯一郎（Asakawa，K.），《入来文书》，纽黑文，1929；东京，1955。

——，《日本早期的制度与生活》，重印本，纽约，1963。

——，《中古日本的土地和社会》，东京，1965。

《大亚细亚》，莱比锡，1924—1935，1944。伦敦，1949。

亚洲研究协会，《参考书目》（每年度九月号），1955。

——，《亚洲研究学报》，安阿伯，1956——（原为《远东季刊》，1941—1956）。

阿斯顿（Aston，W. G.），《日本书纪，从早期到 697 年的编年史》，伦敦，1896；
　　重印本，1956。

比尔兹利（Beardsley，R.），霍尔（Hall，J. W.）和沃德（Ward，R.），《日本
　　乡村》，芝加哥，1959。

比斯利（Beasley，W. G.），《大不列颠和日本之开放，1834—1858》，伦敦，1951。

——，《日本近 150 年史》，史比赫，1964。

——，《日本近代史》，伦敦，1963。

——，（编辑并翻译）《日本外交政策文件选编，1853—1868》，伦敦，1955。

——，与普利布兰克（Pulleyblank，E. G.）（合编），《中国和日本的历史学家》，
　　伦敦，1961。

博雅尔（Beaujard，A.），《清少纳言，她的时代和她的著作（古代日本的一位
　　女文人）》，巴黎，1934。

贝克曼（Beckmann，G. M.），《明治宪法的形成：寡头政治家及日本宪法的发
　　展，1868—1891》，堪萨斯州劳伦斯，1957。

贝拉（Bellah，R. N.），《德川宗教：前工业化日本的价值》，伊里诺州格兰科，
　　1957。

本尼迪克特（Benedict，R.），《菊与刀》，波士顿，1946。

本勒（Benl，O.）和哈米施（Hammitzsch，H.），《日本的精神世界：从神话到
　　当代》，巴登—巴登，1956。

贝内特（Bennett，J. W.）和石野（Ishino，I.），《日本经济中的家长式统治》，
　　明尼阿波利斯，1963。

贝尔纳（Bernard，Henri，S. J.），"日本和菲律宾的西班牙人外交关系的开始
　　（1571—1594）"，《日本学志》，1，1（1938），第 99—137 页。

——，"欧洲文化和日本文明的最早联系"，《法日学会会报》，10，1（1938），
　　第 1—74 页。

贝西汉（Bersihand，Roger），《远古至现代的日本历史》，沙尔施米特（Schar-
　　schmidt，V. S.）德译本，斯图加特，1963。

布莱克（Blacker，C.），《日本的启蒙：福泽谕吉著作研究》，纽约，1964。

博纳（Bohner，H.），"圣德太子"，《德国东亚自然与人类学会会报》，补编 XV
　　卷，东京，1940。

博顿（Borton，H.）（编），《东西方之间的日本》，纽约，1957。

——，《日本的近代世纪》，纽约，1955。

——，《德川时代日本的农民暴动》，纽约，1968。

——，及其他，《关于日本的英、法、德文书籍，及论文选目》，剑桥，马萨诸塞，1954。

博克瑟（Boxer，C. R.），《日本的基督教世纪，1549—1650》，伯克利，1951，第二版，1967。

——，《亚恩公司在日本，1600—1850》，海牙，1950。

布劳尔（Brower，R. H.）和迈纳（Miner，E.），《日本的宫廷诗》，斯坦福，1961。

布朗（Brown，D. M.），《中世纪日本的货币经济：钱币使用的研究》，纽黑文，1951。

——，《国家主义在日本：一个初步的历史分析》，伯克利，1955。

《远东和非洲研究会会刊》，伦敦，1920—。

邦斯（Bunce，W. K.）编，《日本的宗教》，拉特兰，佛蒙特，1955。

比托（Butow，R.），《日本投降的决定》，斯坦福，1954。

——，《东条与战争的到来》，普林斯顿，1961。

张伯伦（Chamberlain，B. H.）（译），《古事记》，二版，神户，1932。

钱布利斯（Chambliss，W.），《血洗岛村：土地租佃、赋税及地方商业，1818—1884》，图森，1965。

近松门左卫门（Chicamatsu，M.），《近松主要剧作》，基恩（Keene，D.）译，纽约，1961。

科恩（Cohen，J. B.），《战争和恢复中的日本经济》，明尼阿波利斯，1949。

康罗伊（Conroy，H.），《日本对朝鲜的攫取，1868—1910》，费城，1960。

克雷格（Craig，A. M.），《明治维新中的长州》，剑桥，马萨诸塞，1961。

克劳库尔（Crawcour，E. S.），"德川时代日本商业的变化"，《亚洲研究学报》，22，4（1963），387—400 页。

克劳利（Crowley，J. B.），《日本对自治的追求》，普林斯顿，1966。

德特默（Dettmer，R. P.），《奈良时代的税法》，威斯巴登，1959。

——，《日本历史纲要》，达姆施塔特，1965。

多尔（Dore，R. P.），《日本的城市生活》，伦敦，1958。

——，《德川日本的教育》，伯克利，1965。

——，《日本的土地改革》，伦敦，1959。

——（编），《近代日本社会变化的诸方面》，普林斯顿，1967。

迪穆兰（Dumoulin，H.），贺茂真渊，"对日本宗教及精神史之贡献"，《日本学志》单刊第八号，东京，1943。

——，《禅宗：历史及风貌》，伯尔尼，1959。

杜司（Duus，P.），《大正日本政党的抗衡及政治变化》，剑桥，1968。

厄尔（Earl，D.），《日本的天皇与国家，德川时代的政治思想家们》，西雅图，1964。

恩布里（Embree，J. F.），《须惠村：一个日本村庄》，芝加哥，1939。

——，《日本的国家》，1945。史密森协会，1950，10月。

埃利奥特（Eliot，C.），《日本的佛教》，纽约，1959。

艾休斯（Esthus，R.），《老罗斯福和日本》，西雅图，1966。

费正清（Fairbank，J. F.），赖肖尔（Reisehauer，E. O.）和克雷格（Craig，A.），《东亚文明史》，卷二：《近代的改革》，波士顿，1965。

菲尔瑞（Feary，R. A.），《占领日本，第二阶段，1948—1950》，纽约，1950。

费斯（Feis，H.），《被征服的日本》，普林斯顿，1961。

——，《通向珍珠港之路》，普林斯顿，1950。

福武直（Fukutake，T.），《日本的人与社会》，东京，1962。

福泽谕吉（Fukuzawa，Y.），《自传》，东京，1940。新译本，东京，1960。

加斯帕东（Gaspardone，E.），"日本古代纪年"，《亚洲学报》，230（1938），235—277页。

金斯伯格（Ginsburg，N. S.），《亚洲的典范》，恩格尔伍德克利弗斯，新泽西，1958。

贡第尔（Gonthier，A.），《日本制度史》，布鲁塞尔，1956。

赫罗特（Groot，G. J.），《日本的史前期历史》，纽约，1951。

格鲁塞（Grousset，R.），《东方的文明》，卷四：《日本》，巴黎，1930。

贡德（Gundert，W.），《日本宗教史》，东京，1943。

阿格诺埃（Haguenauer，C.），《日本文明的起源》，巴黎，1956。

霍尔（Hall，J. W.），"堡垒城市和日本的近代城市化"，《远东季刊》，卷15，第一期（1955），37—56页。

——，"德川日本的儒家教师"，尼维森（Nivision，D. S.）和来特（Wright，A. F.）合编，《儒教在行动中》，斯坦福，1959。

——，"日本的封建主义——一个重新估价"，《社会和历史比较研究》，卷五，1962，第15—51页。

——，"近代日本大名的基础"，《亚洲研究学报》，卷20，1961年第3期，317—329页。

——，《500—1700年日本政府和地方权力：以备前国为根据的研究》，普林斯顿，1966。

——，"日本史学史"，《历史的教师》，休士（Hughes，H. S.）（编），伊萨卡，1954。

——，《日本史：日本参考和研究资料指南》，安阿伯，1954。

——，《日本史：探讨和理解的新领域》，历史教师服务中心，出版物34。华盛顿，1961。

——，《田沼意次（1719—1788）：近代日本的先驱者》，剑桥，1955。

——和比尔兹利（Beardsley，R. K.），《通向日本的十二扇门》，纽约，1965。

——和詹森（Jansen，M.），《近代早期日本制度史研究》，普林斯顿，1968。

霍尔（Hall，R. K.）（编），《国体之本义：日本国家实体的基本原理》，高特莱（J. O. Gauntlett）译，剑桥，1949。

哈米施（Hammitzsch，H.），"水户学派及其规划方案：梅里先生碑阴，弘道馆记，弘道馆学则，正气歌"，《德意志东亚自然与人类学学会会报》，31 卷（1939）。

原胜郎（Hara，Katsuro），《日本历史——从远古到今天》，巴黎，1926。

哈利森（Harrison，J. A.），《日本的北方边疆》，盖恩斯维尔，佛罗里达，1953。

——，《上古和中古日本史学史的新启发》，盖恩斯维尔，佛罗里达，1959。

《哈佛亚洲研究学报》（Harvard Journal of Asiatic Studies），剑桥，1936—。

小泉八云（Hearn，L.），《日本，一个解释的尝试》，纽约，1904。

亨得森（Henderson，D. F.），《调解与日本法律》，西雅图，1965。

埃尔伯（Herbert，J.），《日本的源泉：神道》，巴黎，1964。

——，《日本本土的神》，巴黎，1965。

西施迈耶（Hirschmeier，J.），《明治日本企业家的起源》，剑桥，1964。

霍尔顿（Holton，D. C.），《近代日本与神道国家主义》，修订本，芝加哥，1947。

——，《日本的国家信念》，伦敦，1938。

本庄荣治郎（Honjo，E.），《德川时代日本的经济理论和历史》，纽约，1965。

——，《日本社会经济史》，纽约，1965。

家永三郎（Ienaga，S.），《日本史》，旅游丛书，卷 15，东京，1959。

池信隆（Ike，N.），《日本政治民主的起始》，巴尔的摩，1950。

——，《日本对战争的决定》，斯坦福，1967。

艾克尔（Ikle，F. W.），《1936—1940 年间的德日关系》，纽约，1956。

井上光贞（Inoue，Mitsusada），《明治维新以前的日本史入门》，东京，1962。

《远东国际军事法庭，判决、文件、证据》，油印本，东京，无日期。

入江昭（Iriye，A.），《帝国主义之后：在东亚寻求新秩序，1921—1931》，剑桥，1965。

伊藤博文（Ito，H.），《对日本帝国宪法的评论》，东京，1906。

岩生成一（Iwao，S.）和邦马昌（Bonmarchand，G.）（合编），《日本历史辞典》，东京，1963—。

岩田（Iwata，M.），《大久保利通：日本的俾斯麦》，伯克利，1964。

詹森（Jansen，M. B.）（编），《转变中的日本对现代化的态度》，普林斯顿，1965。

——，《日本人和孙中山》，剑桥，1954。

——，《坂本龙马和明治维新》，普林斯顿，1961。

《日本季刊》，东京，1954—。

琼斯（Jones，F. C.），《日本在东亚的新秩序》，伦敦，1954。

荣德龙赖（Joüon des Longrais，F.），《镰仓时代：档案史料（1150—1333）》，东京，1950。

——，《东方与西方：日本与西方制度之比较》，东京和巴黎，1958。

——，《藤原多子：嫁了两个天皇的故事（二代之后），1140—1202》，巴黎，第一卷，1965。

肯普弗（Kaempfer，E.），《日本历史及暹罗王国的描述，1609—1692》，三卷本，伦敦，1727—1728；格拉斯哥，1906。

河井（Kawai，K.），《日本的美国插曲》，芝加哥，1960。

河野健二（Kawano，K.），"法国革命与明治革命：经济及社会方面"，《法国革命历史年鉴》，35（1963），1—14页。

基恩（Keene，D.）（编），《日本文学选集——由最早期到19世纪中叶》，纽约，1955。

——，《日本发现欧洲》，伦敦，1952。

——，《日本文学》，伦敦，1953。

——，《活的日本》，纽约，1959。

——，《近代日本文学选集》，纽约，1956。

基德（Kidder，J. E.），《佛教以前的日本》，第二版，纽约，1959。

北畠亲房（Kitabatake，C.），《神皇正统记》，博纳（H. Bohner）译注，东京，1935。

北川（Kitagawa，J.），《日本历史上的宗教》，纽约，1966。

克卢格（Kluge，I. L.），《三善清行——生平及其时代》，柏林，1958。

国际文化振兴会（Kokusai Bunka Shinkokai，K. B. S.），《日本研究的标准参考

书目，附描写性注释》，卷三：《历史与传记》，第三部分，东京，1963—1965。

高坂正显（Kosaka，M.），《明治时代的日本思想》，阿波什（Abosch，D.）译，东京，1958。

库布林（Kublin，H.），《亚洲的革命者：片山潜的生平》，普林斯顿，1964。

德拉马泽利耶（de la Mazelière，A.R.），《日本历史与文化》，八卷，巴黎，1907。

兰格（Langer，W.L.），《帝国主义的外交》，第二版，纽约，1951。

劳勒斯（Laures，J.），"信长与基督教"，《日本学志》特刊第 10 号，东京，1950。

——，《高山右近与日本教会的开始》，明斯特韦斯特发林，1954。

洛克伍德（Lockwood，W.W.），《日本经济的发展——1868—1938 期间的增长和结构变化》，普林斯顿，1954。

——编，《日本的国家和经济企业》，普林斯顿，1965。

陆（Lu，D.）《从卢沟桥到珍珠港》，华盛顿，1961。

马尔姆（Malm，W.P.），《日本的音乐及乐器》，东京，1959。

马丁（Martin，J.M.），《日本的国教——神道》，二卷本。香港，1924—1927。

丸山真男（Maruyama，M.），《近代日本政治中的思想和行为》，伦敦，1963。

马克森（Maxon，Y.C.），《日本外交政策的控制：1930—1945 年间文武对抗的研究》，伯克利，1957。

麦卡洛（MaCullough，H.C.）（译），《太平记：日本中世纪的纪事》，纽约，1959。

——，《义经》，斯坦福，1965。

麦克尤恩（McEwan，J.R.），《荻生徂徕的政论》，剑桥，1962。

麦克拉伦（McLaren，W.W.），"日本政府文件"，《日本亚洲学会学报》，52，第一部分，1914。

——，《日本明治时期（1867—1912 年）的政治中》，纽约，1916。重印本，1965。

米勒（Miller，F.O.），《美浓部达吉——日本立宪主义的解释者》，伯克利和洛杉矶，1965。

《日本学志》，东京，1938—1943；1951—

摩雷尚（Moréchand，Guy），"太阁检地——丰臣秀吉的土地调查"，《法国远东学校学报》，53.1（1966）。

莫利（Morley，J.W.），《1918 年日本向西伯利亚的挺进》，纽约，1957。

莫里斯（Morris, I. I.），《国家主义和日本的右翼：战后潮流的研究》，伦敦，
　　1960。

——，《光彩照人的王子的世界：古日本的宫廷生活》，纽约，1964。

紫式部（Murasaki, S.），《源氏物语》，韦利（A. Waley）译。两卷本，波士
　　顿，1935；一卷本，纽约，1960。

——，《源氏物语》，德译两卷本，苏黎世，1966。

那霍特（Nachod, O），《日本历史》，三卷，哥达，1906；莱比锡，1929。

那次田（Najita, T.），《妥协政治中的原敬》，剑桥，1967。

中村（Nakamura, J.），《日本的农业生产与经济发展（1873—1922）》，普林
　　斯顿，1966。

尼什（Nish, J.）《英日同盟》，伦敦，1966。

野田良之（Noda, Y.），"日本对法兰西法律的接受"，《国际比较法研究》，15
　　（1963），543—556 页。

诺曼（Norman, E. H.），《安藤昌益和日本封建主义的剖析》，东京，1949。

——，《日本作为近代国家之出现：明治时代的政治、经济问题》，纽约，1940。

——，《日本的士兵和农民，征兵制的起源》，纽约，1943。

绪方贞子（Ogata, S.），《在满洲的挑衅》，伯克利和洛杉矶，1964。

冈仓觉三（Okakura, K.），《茶道》，纽约，1906。重印本，拉特兰，1957。

大隈重信（Okuma, Count S.）（编），《开国五十年史》，两卷本，伦敦，1909—
　　1910。

《远东经济学家》，东京，月刊，1934—

《太平洋事务》（Pacific Affairs），温哥华，1928—。

帕卡德（Packard, G.），《东京的抗议—— 1960 年安保条约的危机》，普林斯
　　顿，1966。

帕比诺（Papinot, E.），《日法主要日本历史及地理名称词典》，香港，1899。
　　重印英文本，安阿伯，1948。

帕辛（Passin, H.），《日本的社会和教育》，纽约，1965。

——（编），《美国和日本》，恩格尔伍德克利夫斯，新泽西，1966。

日本笔会，《日本文学的欧洲文字译本目录》，第二版，东京，1961。

皮奥维萨纳（Piovesana, G.），《晚近日本哲学思想，1862—1962》，东京，1963。

皮托（Pittau, J.），《日本明治早期的政治思想》，剑桥，1967。

普拉特（Plath, D. W.），《公余时间：近代日本和对享乐的追求》，伯克利，1964。

奎格利（Quigley, H.），《日本政府和政治》，纽约，1932。

拉明（Ramming，M.），《日本手册》，柏林，1941。

赖因（Rein，J. J.），《普鲁士王国政府委托之日本旅行考察和研究》，二卷，莱
　　比锡，1881—1886。

赖肖尔（赖世和）（Reischauer，E. O.），《日本的过去与现在》，三版，纽约，
　　1964。

——，《美国和日本》，修订本。剑桥，1957；第三版，1965。

——和费正清（Fairbank，J.），《东亚文明史》，卷一，《东亚：伟大的传统》，
　　波士顿，1960。

——和山极越海（Yumagiwa，J.），《早期日本文学选译》，剑桥，1964。

赖肖尔（Reischauer，R. K），《早期日本史》，二卷本，普林斯顿，1937。

历史学日本国内委员会，《日本在斯德哥尔摩第十一届历史科学国际会议上》，
　　东京，1963。

——，《日本在维也纳第十二届历史科学国际会议上》，东京，1965。

勒农多（Renondeau，G.），"日本僧兵史"，《高级汉学研究所杂志》，XI，巴
　　黎，1957，159—344 页。

鲁滨逊（Robinson，G. W.）和比斯利（Beasley，W. G.），"日本史学史（11—
　　14 世纪）——一种特殊形式的日本式的史学之起源与发展"，《世纪》
　　（Saeculum），第 8 辑（1957），236—248 页。

罗根多夫（Roggendorf，J.），《近代日本浅论》，东京，1963。

——，《日本文化研究》，东京，1964。

罗索夫斯基（Rosovsky，H.），《日本资本的形成，1868—1940 年》，格伦科，
　　伊里诺伊，1961。

桑瑟姆爵士（Sir Sansom，G. B.），《简明日本文化史》，修订本，纽约，1943。

——，《日本史》，三卷本，斯坦福，1958—1963。卷一，1334 年以前的日本
　　史。卷二，日本史 1334—1615。卷三，日本史 1615—1867。

——，"日本早期的法律和行政"，《日本亚洲学会学报（2）》，卷九，67—109
　　页（1932）；卷十一，117—149 页（1934）。

——，《西方世界与日本》，纽约。1958。

斯卡拉皮诺（Scalapino，R.），《战前日本的民主与政党运动》，伯克利，1953。

——，《1920—1966 年日本的共产主义运动》，伯克利，1967。

——和升味准之辅（Masumi，J.）《现代日本的政党与政治》，伯克利，1962。

施温德（Schwind，M.），《日本岛国及国情之考察与研究》，3 卷，（印刷中）
　　1967—

谢尔登（Sheldon, C. D.），《日本德川时代（1600—1868）商人阶级的兴起》，
　　洛克斯特瓦利，纽约，1958。

涩泽敬三（Shibusawa, K.）（编订），《明治时期的日本生活及文化》，特利
　　（Terry, C. S.）译，《百年文化协会丛书》，东京，1958。

重光葵（Shigemitsu, M.），《日本和它的命运》，纽约，1958。

新见吉治（Shimmi, K.），《日本武家统治史：对日本封建制度之理解》，巴塞
　　尔，1939。

篠田（Shinoda, M.），《镰仓幕府的建立，1180—1185》，纽约，1960。

西波尔德（Siebold, P. F. von），《日本及其邻邦及保护国史料》，2 卷，1852。

西梅斯（Siemes, J.），"赫尔曼·勒思勒与德国宪法入日本"，《国家》，2
　　（1962）181—196 页。

——，《赫尔曼·勒思勒与明治国家的形成》，东京，1966。

西尔伯曼（Silberman, B. S.）《日本与朝鲜：评注书目》，图森，1962。

——（编），《日本汉字与文化：名著选读》，图森，1962。

——，《近代化的部长们》，图森，1964。

——和哈鲁图年（Harootunian, H.）合编，《近代日本的领袖》，图森，1966。

史密斯（Smith, B.），《日本艺术史》，纽约，1964。

——，《日本——历史与艺术》，苏黎世，1965。

史密斯（Smith, T. C.），《近代日本的农业根源》，斯坦福，1959。

——，"十七世纪的日本农村"，《经济史杂志》，卷 12，1—20 页，（1952）。

——，"日本的贵族革命"，《耶鲁评论》，卷 50，370—383 页（1961）。

——，"德川时代意识形态中的'德'"，收于多尔（Dore, R. P.），《近代日本
　　社会变化诸方面》，普林斯顿，1967。

——，"日本近代化中的旧价值与新技术"，《远东季刊》，卷 14，355—363 页
　　（1955）。

——，《日本的政治变化与工业发展：1868—1880 的政府企业》，斯坦福。1955。

史密斯（Smith, W.），《近代日本的儒教》，东京，1962。

斯佩（Spae, G.），《伊藤仁斋——德川时代的哲学家、教育家、汉学家》，纽
　　约，1967。

斯波尔丁（Spaulding, R. M.），《日本帝国的高级文官考试制度》，普林斯顿，
　　1967。

斯托利（Storry, R.），《双料的爱国者》，波士顿，1957。

——，《日本近代史》，巴黎，1963。

——，《近代日本史》，伦敦，1962。

斯韦林根（Swearingen，R.）和兰格（Langer，P.），《日本的红旗》，剑桥，1952。

托伊伯（Taeuber，I. B.），《日本的人口》，普林斯顿，1958。

高桥幸八郎（Takahashi，K.），"战后日本史学研究现状及总趋势"，《史学评论》，216（1956），59—66 页。

——，"明治革命在日本农业史上的地位"，《史学评论》，210（953），229—270 页。

邓嗣禹（Teng，S. Y.），《日本关于日本及远东之研究》，香港，1961。

桑伯格（Thunbetg，Ch，-P.），《十八世纪的日本》，重印本，巴黎，1966。

梯辛（Titsingh，I.），《日本王代一览》，克拉普洛特编，伦敦，1834。重印本，1965。

托特曼（Totman，Conrad），《德川幕府（1600—1843）的政治》，剑桥，1967。

托藤（Totten，G. O.），《战前日本的社会民主运动》，纽黑文，1966。

丰田尧（Toyoda，T），"法国革命与明治革命：讲座派与劳农派的解释之研究"，《法国革命研究年鉴》，35（1963），16—24 页。

《日本亚洲学会学报》，东京，1872—1922，1924—1940，1948 以下。全部详细索引见 1958 年 12 月号（第三辑，第六卷）。

土屋乔雄（Tsuchiya，T.），"日本经济史"，《日本亚洲学会学报（2）》，第十五卷（1937）。

冢平（Tsukahira，T. G.），《德川日本的封建控制》，剑桥，1966。

角田柳作（Tsunoda，R.），及其他，（合编），《关于日本传统之史料》，纽约，1958。

瓦利（Varley，H. Paul），《应仁之战》，纽约，1967。

沃格尔（Vogel，E.），《日本新的中产阶级：东京郊区一个薪水阶级及其家人》，伯克利，1965。

韦利（Waley，A.）（译），《日本的"能"》，伦敦，1921。

王伊同（Wang，Y. T.），《1368—1549 中日关系》，剑桥，1953。

沃德（Ward，R. B.），《近代日本的政治发展》，普林斯顿，1968。

——和吕斯托（Rustow，D.）合编，《日本和土耳其的政治现代化》，普林斯顿，1964。

沃纳（Warner，L.），《日本的不朽艺术》，剑桥，1952。

韦布（Webb，H.），《日本简介》，剑桥，1957。

——，《德川时代的日本皇家制度》，纽约，1968。

——，《日本史料研究手册》，纽约，1965。

怀特（White，J. A.），《俄日战争的外交》，普林斯顿，1964。

威尔逊（Wilson，R.），《日本明治政府的起源》，伯克利，1957。

山极越海（Yamagiwa，G.），《大镜》，伦敦，1967。

弥永千利（Yanaga，C.），《佩里以后的日本》，纽约，1949。

杨觉勇（Young，J.），《邪马台的地望：日本史学史研究个案》，巴尔的摩，1958。

吉田茂（Yoshida，S.），《吉田回忆录》，波士顿，1962。

吉桥（Yoshihashi，T），《沈阳的阴谋。日本军部的崛起》，纽黑文，1963。

察赫特（Zachert，H.），"德川时代及其对日本民族性与国民精神的影响"，《德意志东亚自然与人类学学会会报》，28G，1938。

索　引

（按汉语拼音顺序重新编排。
所标的页码系原书页码，请参照本书边码使用）

G

区域国别史丛书

第一辑

图书在版编目(CIP)数据

日本史/(美)约翰·惠特尼·霍尔著;邓懿,周　良译.
北京:商务印书馆,2023
（区域国别史丛书）
ISBN 978 - 7 - 100 - 22970 - 8

Ⅰ.①日… Ⅱ.①约… ②邓… ③周… Ⅲ.①日本—
历史　Ⅳ.①K313.0

中国国家版本馆 CIP 数据核字(2023)第 196735 号

区域国别史丛书
日本史
〔美〕约翰·惠特尼·霍尔　著
邓懿　周一良　译

商 务 印 书 馆 出 版
（北京王府井大街36号　邮政编码100710）
商 务 印 书 馆 发 行
北京艺辉伊航图文有限公司印刷
ISBN 978 - 7 - 100 - 22970 - 8

2023 年 12 月第 1 版　　　开本 880×1240　1/32
2023 年 12 月北京第 1 次印刷　印张 10⅜　插页 2
定价:58.00 元